公務員試験 第3版
過去問攻略Vテキスト ㉑

TAC公務員講座 編

人文科学(下)

地理
思想
文芸

● ── はしがき

本シリーズのねらい──「過去問」の徹底分析による効率的な学習を可能にする

合格したければ「過去問」にあたれ。

あたりまえに思えるこの言葉の、ほんとうの意味を理解している人は、じつは少ないのかもしれません。過去問は、なんとなく目を通して安心してしまうものではなく、徹底的に分析されなくてはならないのです。とにかく数多くの問題にあたり、自力で解答していくうちに、ある分野は繰り返し出題され、ある分野はほとんど出題されないことに気づくはずです。ここまできて初めて、「過去問」にあたれ、という言葉が自分のものにできたといえるのではないでしょうか。

頻出分野が把握できたなら、もう合格への道筋の半分まで到達したといっても過言ではありません。時間を効率よく使ってどの分野からマスターしていくのか、計画と戦略が立てられるはずです。

とはいえ、教養試験も含めると20以上の科目を学習する必要がある公務員試験では、過去問にあたれといっても時間が足りない、というのが実状ではないでしょうか。

そこでTAC公務員講座では、みなさんに代わり全力を挙げて、「過去問」を徹底分析し、この『過去問攻略Vテキスト』シリーズにまとめあげました。

網羅的で平板な解説を避け、不必要な分野は思いきって削り、重要な論点に絞って厳選収録しています。また、図表を使ってわかりやすく整理されていますので、初学者でも知識のインプット・アウトプットが容易にできるはずです。

『過去問攻略Vテキスト』の一冊一冊には、"無駄なく勉強してぜったい合格してほしい"という、講師・スタッフの思いが込められています。公務員試験は長く孤独な戦いではありません。本書を通して、みなさんと私たちは合格への道を一緒に歩んでいくことができるのです。そのことを忘れないでください。そして、必ずや合格できることを心から信じています。

2019年6月　TAC公務員講座

●── 第3版（大改訂版） はしがき

　長年、資格の学校 TAC の公務員対策講座で採用されてきた『過去問攻略 V テキスト』シリーズが、このたび大幅改訂されることになりました。

◆より、過去問攻略に特化

　資格の学校 TAC の公務員講座チームが過去問を徹底分析。合格に必要な「標準的な問題」を解けるようにするための知識を過不足なく掲載しています。

　『過去問攻略 V テキスト』に沿って学習することで、「やりすぎる」ことも「足りない」こともなく、必要かつ充分な公務員試験対策を進められます。

　合格するために得点すべき問題は、このテキスト 1 冊で対策できます。

◆より、わかりやすく

　執筆は資格の学校 TAC の公務員講座チームで、受験生指導に当たってきた講師陣が担当。受験生と接してきた講師が執筆するからこそ、どこをかみ砕いて説明すべきかがわかります。

　読んでわかりやすいこと、講義で使いやすいことの両面を意識した原稿づくりにこだわりました。

◆より、使いやすく

・本文デザインを全面的に刷新しました。
・「過去問 Exercise」などのアウトプット要素も備え、知識の定着と確認を往復しながら学習できます。
・TAC 公務員講座の講義カリキュラムと連動。最適な順序でのインプットができます。

　ともすれば 20 科目以上を学習しなければならない公務員試験においては、効率よく試験対策のできるインプット教材が不可欠です。『過去問攻略 V テキスト』は、上記のとおりそのニーズに応えるべく編まれています。

　本書を活用して皆さんが公務員試験に合格することを祈念しております。

2023 年 3 月　TAC 公務員講座

●── 〈人文科学（下）〉はしがき

　本書は、地方上級・国家一般職レベルの大卒公務員試験の合格に向けて、過去問（過去に出題された問題）を徹底的に分析して作成されています。

　過去問を分析すると、ある科目の学習範囲の中でも出題の濃淡が見られることがわかります。本書はその出題傾向を踏まえて編まれた受験対策テキストですが、特に人文科学という科目の性質に合わせて工夫された部分について、はじめに示しておきます。

1. 人文科学の学習について

　人文科学の範囲は非常に広いものです。世界史、日本史、地理、思想、文芸など科目数が多いうえ、それぞれの出題の内容も決して容易な学習で解答できるものばかりではありません。したがって、人文科学の出題に対して確実に得点できるようにするにはかなりの時間と労力が必要になります。しかし、公務員試験では多数の科目をこなさなければならず、人文科学だけにそれほど時間を割くわけにもいきません。

　そこで、有効に学習を進めるには、ある程度学習範囲の取捨選択が必要です。特に選択解答制が導入されている試験では、人文科学、社会科学、自然科学といった一般知識分野は全問解答する必要がないので、いくつかのジャンルは切り捨てることも可能です。例えば高校時代に日本史を学習しなかった受験生にとって、これをはじめから学習し直して得点源にするのは困難ですし、文芸の分野は興味のなかった人にとっては全く未知の世界であるといえるでしょう。どのジャンルがこうした対象に該当するかは各人によって異なりますから、本書ではすべての分野を網羅的に扱っていますが、これまでの学習経験などに照らして検討するとよいでしょう。

2. 過去問チェック

　各節末に「過去問チェック」を設け、主にその節で学習した事柄の理解を確かめられるようにしています。当該論点の掲載箇所も示していますので、正解がわからない場合は戻って確認してください。

　人文科学のような一般知識分野の科目では記述に含まれる誤りを見つけることが問題を解く作業の中心になりますが、この誤りはキーワードが誤っているような単純なものから、学習内容についての立体的な理解が求められるものまでさまざまです。「過去問チェック」をとおして実際の出題の「呼吸」を体感しておきましょう。

　また、解説をとおして、正しい基準で判断できたかどうかも併せて確認するようにしましょう。

2023 年 3 月　TAC 公務員講座

本書の使い方

　本書は、本試験の広範な出題範囲からポイントを絞り込み、理解しやすいよう構成、解説した基本テキストです。以下は、本書の効果的な使い方ガイダンスです。

本文

●アウトライン
その節のアウトラインを示しています。これから学習する内容が、全体の中でどのような位置づけになるのか、留意しておくべきことがどのようなことなのか、あらかじめ把握したうえで読み進めていきましょう。

●項目ごとの重要度
節全体の重要度とは別に、見出し項目ごとの重要度も示しています。

国家一般職★★★／国家専門職★★★／裁判所★★★／東京都Ⅰ類★★★／特別区Ⅰ類★★★

1 自然環境

自然環境は、地理の中でも最も基本となる学習分野です。地形、気候、土壌などの特色をしっかり把握していきましょう。

1 地球の概要

1 地球の形状　★★☆

　地球は球状の形をしているものの完全な球体ではなく、赤道方向に少し膨れた楕円形である。

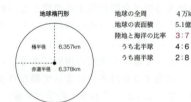

地球の全周	4万km
地球の表面積	5.1億km²
陸地と海洋の比率	3：7
うち北半球	4：6
うち南半球	2：8

また、陸地のおよそ3分の2は北半球に存在している。

●受験先ごとの重要度
各種公務員試験の出題において、この節の内容がどの程度重要かを示していますので、学習にメリハリをつけるための目安として利用してください。

低★☆☆ ←―→ ★★★高
　　　　重要度

●図・表
視覚的な理解を助けるための図や、関連し合う事項を区別しやすくするための表を適宜設けています。

(※図はいずれもサンプルです)

過去問チェック

実際の試験での出題を、選択肢の記述ごとに分解して掲載したものです。本文の学習内容を正しく理解できているかを確認するのに利用してください。

問題文の末尾に、出題された試験と年度、本編中での該当箇所を示しています。わからない問題があれば、戻って確認してみましょう。

過去問Exercise

節の終わりに、実際の過去問にチャレンジしてみましょう。
解説は選択肢(記述)ごとに詳しく掲載していますので、正解できたかどうかだけでなく、正しい基準で判断できたかどうかも意識しながら取り組むようにしましょう。

CONTENTS

はしがき　Ⅲ
第3版（大改訂版）　はしがき　Ⅳ
〈人文科学（下）〉はしがき　Ⅴ
本書の使い方　Ⅵ

第3章　地　理

1 自然環境 2
2 社会の構成と活動 56
3 農林水産業 86
4 鉱工業 124
5 世界の地誌 148
6 地図と地理情報 232

第4章　思　想

1 西洋思想 250
2 東洋思想 318

第5章　文　芸

1 日本の文学・芸術 368
2 西洋の文学・芸術 408

索引　442
出典一覧　454

第3章

地　理

　地理では地形や気候などのほか、農業や工業、各国の地誌などが出題され、全体的には世界の地理からの出題が多い傾向にあります。

　統計資料については、最新のデータをチェックするようにしましょう。

国家一般職★★★／国家専門職★★★／裁判所★★★／東京都Ⅰ類★★★／特別区Ⅰ類★★★

1 自然環境

自然環境は、地理の中でも最も基本となる学習分野です。地形、気候、土壌などの特色をしっかり把握していきましょう。

1 地球の概要

1.1 地球の形状　★★☆

地球は球状の形をしているものの完全な球体ではなく、赤道方向に少し膨れた楕円形である。

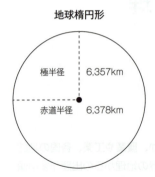

地球楕円形

極半径　6,357km
赤道半径　6,378km

地球の全周	4万km
地球の表面積	5.1億km^2
陸地と海洋の比率	3：7
うち北半球	4：6
うち南半球	2：8

また、陸地のおよそ3分の2は北半球に存在している。

1.2 六大陸と三大洋 ★★☆

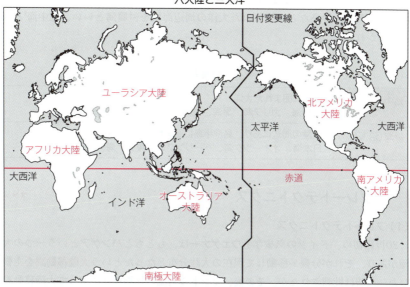

六大陸と三大洋

（1）六大陸

ユーラシア大陸、アフリカ大陸、北アメリカ大陸、南アメリカ大陸、オーストラリア大陸、南極大陸の六つを**六大陸**と呼び、地球上の陸地は六大陸とそれ以外の島々で構成されている。

六大陸

❶ユーラシア大陸	・ウラル山脈を境にアジア大陸とヨーロッパ大陸に分かれる ・アジア大陸は高度4,000mを超える地域の割合が5%以上あるが、ヨーロッパ大陸は高度200m未満の低地が多い
❷アフリカ大陸	・高原状・台地状の地形が大部分を占めている
❸北アメリカ大陸	・西側に険しい山脈（ロッキー山脈）、中央部は平原地帯、東側になだらかな山脈（アパラチア山脈）がある
❹南アメリカ大陸	・西側に険しい山脈（アンデス山脈）があり、東側は平坦である
❺オーストラリア大陸	・乾燥気候の地域がほとんどで、高度200～500mの地形の割合が多い
❻南極大陸	・氷河に覆われており、降水量は極めて少ない

1　自然環境　3

（2）三大洋と付属海

　海洋は大洋と付属海に分類される。海洋の主要部分を占める大きな海を大洋といい、大洋のうち太平洋、大西洋、インド洋を合わせて三大洋という。

　大陸や列島、半島などに囲まれた大洋の周辺海域を付属海といい、地中海[1]と縁海に分かれる。

付属海

地中海 （ちちゅうかい）	・大陸に囲まれた大洋 ・北極海、カリブ海、黒海、紅海、地中海、バルト海など
縁海（沿海） （えんかい）	・大陸の周辺にあり、島や半島に囲まれている海域 ・日本海、オホーツク海、ベーリング海、東シナ海、北海など

1.3 プレートテクトニクス　　★★☆

（1）プレートテクトニクス

　20世紀初め、ドイツの気象学者ウェゲナーは、もともとパンゲアという一つの大陸があり、それが分裂・移動して現在の大陸分布となったという大陸移動説を主張した。当時は批判されたが、その後、マントル対流の理論などによって大陸移動説は証明され、プレートテクトニクスという理論へと発展した。

　プレートテクトニクスとは、地球の表面は地殻と上部マントルからなる十数枚の硬い岩石のプレート（リソスフェア）に覆われ、下部の中部マントル（アセノスフェア）という流動性のある層の対流によって変形することなく、水平に移動するという理論である。

1　「地中海」という語は一般名詞として用いられる場合と固有名詞として用いられる場合がある。

第3章　地　理

（2）プレートの境界

プレートどうしの境界に当たる部分は、隣り合うプレートが異なる方向に移動するため不安定であり、プレートどうしの移動の仕方によって次のように、**広がる境界**、**せばまる境界**、**ずれる境界**の3種類に区分される。

広がる境界	・二つのプレートが互いに遠ざかる部分 ・海嶺（海底の山脈）、地溝（大陸の巨大な裂け目：アフリカ地溝帯など）など
せばまる境界	・二つのプレートが互いにぶつかり合う部分で、**海洋プレートが大陸プレートの下に潜り込むもの**（沈み込み型境界）と**大陸プレートどうしがぶつかり合うもの**（衝突型境界）の2種がある ・海溝、弧状列島[2]、ヒマラヤ山脈など
ずれる境界	・二つのプレートが水平にずれ動く部分 ・サンアンドレアス断層（北米）など

プレートとその境界

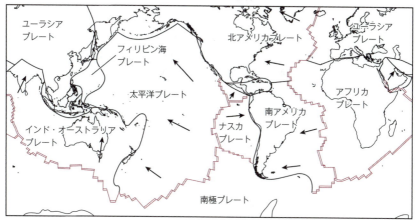

---

[2] 海洋プレートが大陸プレートの下に沈み込む部分に形成される弓なりの島を弧状列島といい、日本列島などがこれに該当する。

2 世界の地形

2.1 営 力 ★★☆

地形を形成する力を営力といい、次のように内的営力と外的営力に分類される。内的営力は大地形を作り、外的営力は小地形を作る。

営力	形成される地形	作用
内的営力	大地形	・地球内部の熱エネルギーによる火山活動や地殻変動などを起こす ・地形の起伏を増大させる
外的営力	小地形	・地球外の太陽の熱エネルギーにより、風化・侵食・運搬・堆積などの作用をする ・地形を平坦化させていく

2.2 大地形 ★★★

（1）大地形の種類

① 安定陸塊

先カンブリア時代（地殻形成～約5億4,100万年前）に造山運動を受けた後、地殻変動を受けていない地域を**安定陸塊**という。長い間の侵食で起伏の乏しい平原や高原（楯状地・卓状地）になる。

主な地下資源として**鉄鉱石や金など**が豊富である。

楯状地	・先カンブリア時代の古い岩盤が地表に露出した地域で、楯を伏せたような地形 ・カナダ楯状地、バルト楯状地、アフリカ楯状地、ブラジル楯状地、オーストラリア楯状地など
卓状地	・先カンブリア時代の古い岩盤の上に古生代以降の新しい地層がほぼ水平に堆積した地域で、台地状になる場合が多い ・ロシア卓状地、シベリア卓状地など

② 古期造山帯

古生代（約5億4,100万年前～約2億5,100万年前）に造山活動を受け、その後、侵食されてなだらかな山地になった地帯を**古期造山帯**という。全体的になだらかな地形で[3]、主な地下資源としては**石炭**が豊富に分布している。

アパラチア山脈、グレートディヴァイディング山脈、ウラル山脈などが挙げられる。

③ 新期造山帯

中生代（約2億5,100万年前～約6,600万年前）以降から新生代（約6,600万年前～現在）にかけて造山活動が続いている地域を**新期造山帯**という。高く険しい山脈や弧状列島が分布し、アルプス＝ヒマラヤ造山帯と環太平洋造山帯に分かれる。

地下資源としては**石油、銀、銅、天然ガスなど**が豊富である。

アルプス＝ヒマラヤ造山帯	西からアトラス山脈、アルプス山脈、カフカス山脈、アルボルズ山脈、ザグロス山脈、パミール山脈、ヒマラヤ山脈、アラカン山脈、スマトラ島、ジャワ島、小スンダ島
環太平洋造山帯	反時計回りに、アンデス山脈、ロッキー山脈、アリューシャン列島、千島列島、**日本列島**、南西諸島、フィリピン諸島、ニューギニア島、ニュージーランド

---

[3] 例外としてテンシャン山脈とアルタイ山脈は後の断層活動により再び隆起したため、険しい山脈となっている。

1　自然環境　　7

(2) 山地の地形
① 褶曲山地

横からの圧力により地層が折り曲げられることを**褶曲**といい、褶曲に隆起が加わって形成された山地を**褶曲山地**という。褶曲によって生じた山の部分を**背斜部**、谷の部分を**向斜部**という。

アルプス山脈、ロッキー山脈などが褶曲山地に該当する。

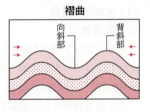

② 断層山地

断層運動が繰り返されることによって隆起した山地を**断層山地**という。

両側を断層によって限られた**地塁山地**(木曽山脈、赤石山脈など)と一方が急な断層崖でもう一方が緩やかな斜面の山地である**傾動地塊**(六甲山地、四国山地など)に分かれる。

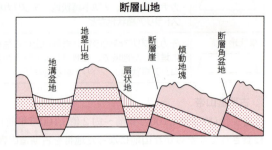

（3）火山の形態

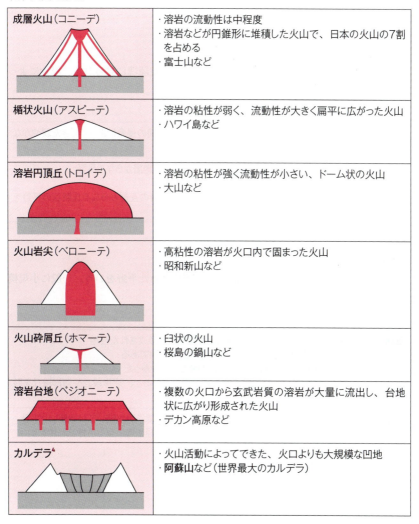

成層火山（コニーデ）	・溶岩の流動性は中程度 ・溶岩などが円錐形に堆積した火山で、日本の火山の7割を占める ・富士山 など
楯状火山（アスピーテ）	・溶岩の粘性が弱く、流動性が大きく扁平に広がった火山 ・ハワイ島 など
溶岩円頂丘（トロイデ）	・溶岩の粘性が強く流動性が小さい、ドーム状の火山 ・大山 など
火山岩尖（ベロニーテ）	・高粘性の溶岩が火口内で固まった火山 ・昭和新山 など
火山砕屑丘（ホマーテ）	・臼状の火山 ・桜島の鍋山 など
溶岩台地（ペジオニーテ）	・複数の火口から玄武岩質の溶岩が大量に流出し、台地状に広がり形成された火山 ・デカン高原 など
カルデラ[4]	・火山活動によってできた、火口よりも大規模な凹地 ・**阿蘇山** など（世界最大のカルデラ）

---

[4] カルデラ内にできた新しい小火山をカルデラ火山、カルデラ内にできた湖をカルデラ湖（十和田湖、洞爺湖など）という。また、カルデラのように大きな山体の中に小さな山体があるものを複式火山という。

2.3 小地形 ★★★

（1）平野の地形

① 侵食平野

　侵食平野は長い年月の間、造山運動がなかった安定陸塊に見られる、侵食によって形成された平野である。一般に大規模なものが多い。

準平原	・安定陸塊の中の楯状地に見られ、長期間の侵食によってできた緩やかな地形
構造平野	・安定陸塊の中の卓状地に見られる水平な地層からなる平野 ・日本には存在しない ・主に構造平野の中で見られる硬層と軟層の互層からなる丘陵状の平野をケスタ[5]という

② 堆積平野

　堆積平野は河川や海洋の堆積作用によって形成された平野をいう。一般に小規模である。

洪積台地	・古い扇状地や三角州などが隆起して形成された台地 ・日本の台地のほとんどがこの洪積台地である ・高燥で水が得にくいため開発が進まなかった ・隆起（台地形状）の後に再び侵食されると、河岸段丘や海岸段丘を形成する
沖積平野	・河川の堆積作用で作られ、現在も堆積作用が続いている新しい平野 ・上流から扇状地、氾濫原、三角州を経て海に至る平野を形成する

---

[5] ケスタはパリ盆地、ロンドン盆地、北米の五大湖地方などに見られ、パリ盆地のシャンパーニュ地方ではケスタの傾斜を利用してブドウの栽培が盛んである。

（2）河川の地形

① 河川の営力

　山地に降った雨は、急な傾斜で山を下っていくことによる侵食作用でV字谷や谷底平野を形成する。山地を流れ終え平野部に至った河川は傾斜が緩やかになることで土砂の運搬力を弱め、上流に扇状地を形成する。その後中流の氾濫原や下流の三角州を経て海に至る。

② 河川の地形

（ア）扇状地

　河川が山地から山麓に至った場所で谷口に形成される扇状の地形を**扇状地**という。山麓に近いほうから扇頂・扇央・扇端に分かれる。

扇頂	・堆積物は巨礫が多く、傾斜も険しい ・土地利用は遅れる
扇央	・河川水は伏流（地下にしみ込む）し、**水無川**になりやすい ・水はけがよすぎるので水田には向かず、**果樹園**や**桑畑**に利用されている
扇端	・伏流水が地表に湧出するため、集落が立ち、**水田**に利用される

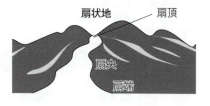

(イ) 氾濫原

中流・下流に至ると傾斜はさらに小さくなるため河川は蛇行するようになり、自然堤防、後背湿地、三日月湖が形成される。このような、洪水時の氾濫により形成された起伏の小さい低平地を氾濫原という。

河川の侵食と地面の隆起によって、川沿いに階段状の起伏が生じることがあり、こうしてできた高い台地上の土地を河岸段丘という。

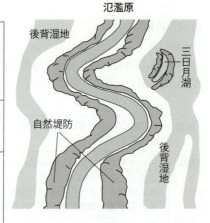

氾濫原

自然堤防	・洪水時に土砂が堆積して形成された川沿いの微高地で、**集落**や**畑**などに利用される ・水が得にくいので水田には利用されない
後背湿地 （バックマーシュ）	・自然堤防の背後に形成される湿地で、**水田**に利用されることが多い
三日月湖 （河跡湖）	・蛇行する流路の屈曲部が洪水流によって切り離され、湖となった地形 ・北海道の石狩川流域に多く見られる

(ウ) 三角州（デルタ）

河川によって運搬された土砂や粘土が河口付近に堆積して形成された低平な地形を三角州（デルタ）という。肥沃な沖積土からなるため水田に利用される。

形状により**鳥趾状三角州**（アメリカのミシシッピ川など）、**円弧状三角州**（エジプトのナイル川など）、**カプス状三角州**（イタリアのテヴェレ川など）に分類される。

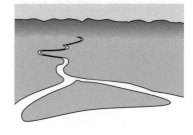

三角州（デルタ）

（3）海岸の地形

① 離水海岸

　離水とは海が退いて海底が干し上がることであり、土地の隆起または海面の下降によって形成される海岸を離水海岸という。単調な海岸線を形成し、海岸段丘や海岸平野が見られる。

海岸段丘	・波の侵食作用によって形成された海食台が離水したもの ・離水の回数によって複数の階段状段丘面が形成される ・室戸岬など
海岸平野	・遠浅の海底が離水してできた平野 ・砂浜海岸となり、海岸砂丘などが発達する ・九十九里浜など

② 沈水海岸

　土地の沈降または海面の上昇によって形成される海岸を沈水海岸という。リアス海岸、フィヨルド、エスチュアリーのような複雑な海岸線となる。

リアス海岸	・起伏の多い壮年期の山地（V字谷）が沈水することで形成される鋸状の海岸 ・語源はスペイン北西部の地形（リア＝入り江）である ・普段は波が穏やかで良港が発達するが、津波の危険性が大きい ・スペイン北西部、三陸海岸、若狭湾、志摩半島、朝鮮半島南部などに見られる
フィヨルド	・氷河地形のU字谷が沈水することで形成される海岸地形 ・深度や奥行きが深く、両側が高い絶壁の細長い入り江となる ・日本には存在しない ・ノルウェー、チリ南部、カナダ西岸、ニュージーランド南島などに見られる
エスチュアリー （三角江）	・堆積作用が弱い河川の河口付近が沈水し、ラッパ状の入り江となった地形 ・堆積作用の小さい安定陸塊の河川で多く見られる ・港町から発展した大都市が立地 ・ラプラタ川（ブエノスアイレス）、テムズ川（ロンドン）など

1　自然環境

③ その他の海岸地形

砂嘴	・沿岸流（海岸に沿って平行に流れる海流）で運ばれた砂礫が海岸から細長く突き出たもの ・野村岬（北海道）、三保の松原（静岡県）など
砂州	・砂嘴が発達し、湾口を閉じるようになったもの ・天橋立（京都）、弓ヶ浜（鳥取県）など
潟湖	・砂嘴などの発達により海の一部を閉じ込めたもの ・海跡湖（海から切り離された湖沼）の一種とされ、比較的水深の浅いものを潟湖という ・サロマ湖（北海道）、八郎潟（秋田県）、中海（島根県・鳥取県）など
陸繋島	・砂州によって陸地とつながった島 ・島と陸地をつなぐ砂州を**トンボロ**（陸繋砂州）という ・男鹿半島（秋田県）、潮岬（和歌山県）、江ノ島（神奈川県）など

（4）その他の地形

① 氷河地形

氷期には全陸地の3分の1が氷河に覆われていた。間氷期には海面が上昇し、フィヨルドやリアス海岸が形成された。氷河に覆われた地域は一般的にやせた土壌である。ドイツ北部からデンマークにかけてのハイデやイギリスのヒースランドがよく知られている。

海岸地形

また、氷河の周辺部には**レス**という肥沃な土壌が堆積し、畑作に適している。

ホルン （ホーン）	・周囲を氷河によって削り取られた岩峰 ・マッターホルン（アルプス山脈）など
カール	・氷河の侵食によって形成される半円（馬蹄）形の窪地
モレーン	・氷河によって削られた土砂が氷河の末端（周辺部）に堆積した地形
U字谷	・谷氷河が形成する侵食地形で氷食谷ともいう ・谷底は広く平坦である
氷河湖	・氷河の侵食や堆積による凹地に水がたまってできた湖 ・五大湖（北アメリカ大陸）など

② カルスト地形

石灰岩に含まれる炭酸カルシウムが炭酸ガスを含む雨水や地下水によって溶食された地形を**カルスト地形**と総称する。日本では山口県秋吉台に見られる。

ドリーネ	・直径数m〜数百m程度の凹地形
ウバーレ	・溶食の進行によって複数のドリーネが集合・結合し、境界が不明瞭になった凹地形
ポリエ	・ドリーネやウバーレよりも大きな凹地形
鍾乳洞（しょうにゅうどう）	・石灰岩が地下水に溶食されてできた地下の洞窟 ・秋芳洞（山口県）など
タワーカルスト	・石灰岩が地表に筍状に無数に露出した地形 ・桂林（コイリン）（中国）など

③ サンゴ礁

サンゴ虫の遺骸や分泌物が集積してできた石灰岩の岩礁であり、裾礁→堡礁→環礁の順に発達する。

裾礁（きょしょう）	・島や大陸の海岸を縁取るようにサンゴ礁が取り巻くもの
堡礁（ほしょう）	・島が少し海に沈降し、その周囲を防波堤状に取り巻くもの ・陸地とサンゴ礁の間の水域を礁湖（ラグーン）という ・オーストラリア北東部のグレートバリアリーフは世界最大の堡礁
環礁（かんしょう）	・陸地の島がすべて沈降し、礁湖を取り巻くように環状になったサンゴ礁

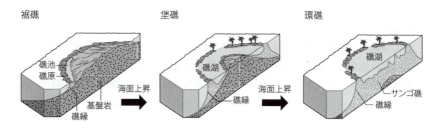

④ 乾燥地形

岩石砂漠 （ハマダ）	・岩石が多く地面に露出して広がっている砂漠 ・礫砂漠と合わせて**世界の砂漠の8割**を占める
礫砂漠 　（レグ）	・粒径が2mm以上の砕屑物を「礫」といい、岩石砂漠のうち礫に覆われている砂漠を礫砂漠として区別する場合がある
砂砂漠 （エルグ）	・砂に覆われた砂漠で、世界の砂漠の2割を占める ・タクラマカン砂漠など
外来河川	・湿潤地域に源流があり、乾燥地域を貫流する河川 ・乾燥地域の水源になっている ・ナイル川、インダス川、ティグリス・ユーフラテス川などの外来河川の沿岸には高度な古代文明が生まれている
ワジ（涸川）	・降雨時のみ水流が見られる河川（水無川） ・ワジとはアラビア語で「河床」を意味する言葉 ・通常は交通路として利用されるが、大雨が降ると鉄砲水になることがある

❸ 世界の気候

3.1 気候要素と大気の大循環　　★★☆

（1）気象と気候

　気象とは、刻々と変化する大気の状態および雨や風などの諸現象を指す。これに対し、**気候**とは、長期にわたって観測される各地における気象の平均状態を指す。
　一般的には、30年間の平均値を気候値としている。

（2）気候要素と気候因子

　気候要素とは気候を構成するさまざまな大気の現象をいう。気温、降水量、風の3大要素のほかに、湿度、日照、日射、気圧、風速、蒸発量などがある。
　気候因子とは気候要素の地理的分布に影響を与えるもので、緯度、海抜高度、地形などがある。

（3）気　温

　気温は、緯度・高度などにより変化する。つまり、太陽からのエネルギーを多く受ける低緯度ほど高温になり、エネルギーが少ない高緯度ほど低温になる。また気温は、海抜高度が100m増すごとに約0.6℃ずつ低下する。これを**気温の逓減率**という。

第3章　地理

（4）降水量

　一般に、上昇気流が発生する地域は低気圧で降水量が多く、下降気流が発生する地域は高気圧で晴天が多くなる。

低気圧と高気圧

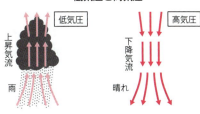

赤道低圧帯 （熱帯収束帯）	・年間を通して太陽の直射を受けるため、**常に上昇気流が生じて激しい降雨をもたらす** ・貿易風が収束する地域でもある ・赤道を挟んで南北緯10度くらいの間
中緯度高圧帯 （亜熱帯高圧帯）	・赤道付近で上昇した空気が下降してくる地域 ・**降水量が極端に少なく乾燥が著しい** ・南北回帰線付近から南北緯30度付近
高緯度低圧帯 （亜寒帯低圧帯）	・中緯度高圧帯と極高圧帯に挟まれ相対的に気圧が低い地域 ・南北緯50〜70度付近
極高圧帯	・両極地方は年中低温であるため高圧帯が形成される

(5) 風 系

大気の流れが継続して組織的な流れになっているものを風系という[6]。以下に示すとおり、恒常風、季節風、局地風からなる。

① 恒常風

年間を通してほぼ一定方向に吹いている風を恒常風(こうじょうふう)という。高圧帯から低圧帯に向けて吹き、自転の影響(転向力)が加わる。貿易風や偏西風などの恒常風がある。

貿易風(ぼうえきふう)	・中緯度地域から赤道に向けて吹く風 ・北半球では北東風、南半球では南東風となる
偏西風(へんせいふう)	・中緯度地域から高緯度方向に向けて吹く風 ・北半球、南半球ともに西寄りの風 ・暖流の北大西洋海流とともに西ヨーロッパに温暖な気候(西岸海洋性気候)をもたらしている ・偏西風が卓越する地域の高層を吹く強い西風をジェット気流という

② 局地風 (地方風)

局地的に発生する風を局地風(きょくちふう)(地方風)といい、次に示すように地域によりさまざまな名称が与えられている。

やませ	・日本の東北地方の太平洋側を夏に吹く低温の北東風で、夏の冷害の要因となる
フェーン	・本来はアルプス山脈北嶺に吹く高温で乾燥した風であるが、現在では同様の気象現象を世界各地でフェーン現象という
シロッコ	・地中海沿岸地方で主に春に吹く南または南東の熱風で、砂塵を伴う
ブリザード	・北米で冬に低気圧の通過により吹雪を伴う強い寒冷風
ボラ	・アドリア海沿岸や黒海沿岸に吹く乾燥した寒風
ミストラル	・フランスのローヌ河谷沿いに、冬から春にかけて地中海に向かって吹く寒風

---

[6] 風向きは風が吹いてくる方角を指しており、例えば「北風」は北から吹いてくる風をいう。同様に「北寄りの風」という表現も風が吹いてくる方角が北であるものの、範囲が北東～北西にややばらついているものをいう。

③ 季節風（モンスーン）

　季節により風向きが変化する風を**季節風**（モンスーン）といい、夏は海洋から大陸へ、冬は大陸から海洋に向けて吹く。東アジア、東南アジア、南アジアはモンスーンアジアと呼ばれ、夏の季節風の影響で大量の降雨をもたらし、稲作を盛んにしている。

④ 熱帯低気圧

　熱帯の海洋上で発生する低気圧を**熱帯低気圧**と総称し、発生する地域などによって呼称が異なる。

台風	・フィリピン諸島東方海上や南シナ海
サイクロン	・インド洋や南西太平洋
ハリケーン	・カリブ海やメキシコ湾、太平洋北東部など

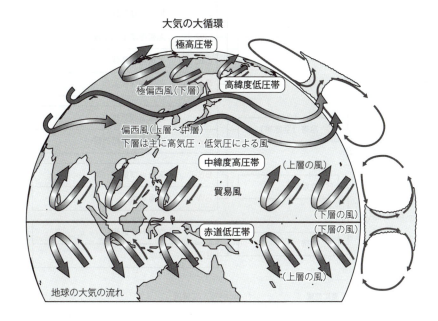

大気の大循環

3.2 気候区分 ★★★

ドイツの気候学者**ケッペン**は、植生に注目して世界の気候を区分した。まず樹木の生育の有無によって**樹林気候**、**無樹林気候**の2種類に大別した。

前者を熱帯、温帯、冷帯に、後者を乾燥帯(乾燥により樹木が生育しない地域)、寒帯(寒冷により樹木が生育しない地域)に分類し、さらに熱帯を3分類、温帯を4分類、冷帯を2分類、乾燥帯を2分類、寒帯を2分類にした。

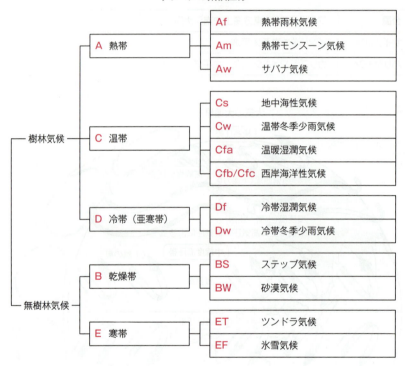

ケッペンの気候区分

【参考】記号の意味
w；冬に乾燥　　　s；夏に乾燥　　　f；年中平均して降雨
m；fとwの中間　　S；ステップ(短草草原)　　W；砂漠
T；ツンドラ　　　F；氷雪　　　a；最暖月平均気温22℃以上　b；最暖月平均気温22℃未満
c；平均気温10℃以上の月が1〜3か月

（1）熱帯

最寒月の平均気温が18℃以上の気候区分を**熱帯**という。

① 熱帯雨林気候（Af）

熱帯気候のうち、**最少雨月降雨量が60mm以上**の地域が**熱帯雨林気候**(Af)である。年中赤道低圧帯の影響下にあるため、**年中高温多雨で乾季がない**。毎日**スコール**（対流性降雨）による降雨があり、気温の**年較差**が小さく、**日較差**が大きい[7]。

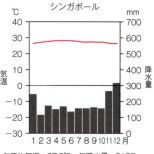

植生	・さまざまな多種類の常緑広葉樹 ・熱帯雨林は東南アジア・アフリカでは**ジャングル**、アマゾン川流域では**セルバ**と呼ばれる
土壌	・**赤色、酸性でやせたラトソル**という土壌が分布
農業・人間生活	・**焼畑農業**や**プランテーション農業** ・天然ゴム、油ヤシ、カカオなど栽培
分布	・シンガポール、アマゾン盆地（ブラジル）、コンゴ盆地（コンゴ民主共和国）、スマトラ島・ボルネオ島（インドネシア）など

---

[7] 気温の年較差とは、1年を通じての最暖月と最寒月の月平均気温の差を指し、気温の日較差とは、1日を通じての最高気温と最低気温の差を指す。

② 熱帯モンスーン気候（Am）

熱帯モンスーン気候（Am）の地域は、**年間降水量は熱帯雨林気候を上回る**が、**最少雨月降雨量は60mm未満**である。熱帯雨林気候とサバナ気候の中間的な特徴を持つ。季節風の影響で**短い（弱い）乾季**が見られる。

植生	・乾季に一部落葉する半落葉樹林 ・下草類が繁茂する
土壌	・**赤色**、酸性でやせた**ラトソル**という土壌が分布
農業・ 人間生活	・モンスーンアジア（東アジア、東南アジア、南アジア）では**稲作**が盛ん ・**プランテーション農業**（茶、コーヒー、バナナなどの栽培）
分布	・アマゾン川下流域（ブラジルのマカパ）、フロリダ半島南部（北米のマイアミ）、コロンボ（スリランカ）など

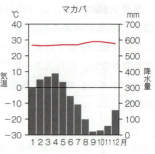

③ サバナ気候（Aw）

サバナ気候（Aw）においては、**雨季と乾季が明瞭**である。夏は赤道低圧帯の影響で雨季、冬は中緯度高圧帯の影響で乾季となる。

植生	・疎林と**熱帯長草草原**の混合 ・乾季には草が枯れ、樹木はほとんど落葉する ・サバナとは北アフリカの先住民の呼称に由来しているが、南米などの地域では**リャノ**（ベネズエラのオリノコ川流域）、**カンポ**（ブラジル高原）、**グランチャコ**（パラグアイ）など特有の呼称がある。
土壌	・**赤色**、酸性でやせた**ラトソル**という土壌が分布
農業・ 人間生活	・**焼畑農業やプランテーション農業** ・綿花、コーヒー、サトウキビなど栽培
分布	・バンコク（タイ）、コルカタ（インド）、ダーウィン（オーストラリア）、ブラジリア（ブラジル）など

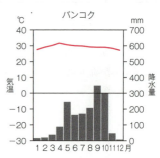

(2) 乾燥帯

蒸発量が降水量より多い、すなわち降雨が少なく乾燥している気候区分を**乾燥帯**（B）という。

① ステップ気候（BS）

ステップ気候（BS）においては弱い乾季が見られ、**年間降水量は250～500mm程度**である。

植生	・樹木は生育せず、**ステップ**（短草草原）が広がる
土壌	・栗色土が多いが、降水量が比較的多い肥沃な地域では黒色土が分布 ・特にウクライナから西シベリアにかけての黒色土は**チェルノーゼム**と呼ばれる
農業・人間生活	・チェルノーゼム地帯は**世界的な小麦の生産地域** ・遊牧や小麦の栽培、牧畜などが行われている
分布	・砂漠気候（BW）の周辺に分布 ・ラホール（パキスタン）、ウランバートル（モンゴル）、サハラ砂漠南縁地域（**サヘル地域**と呼ばれる砂漠化が著しい地域）など

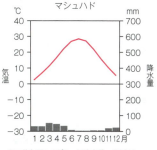

マシュハド
年平均気温：16℃　年降水量：253.7mm

② 砂漠気候（BW）

蒸発量が降水量より多く、年間降水量が概ね**250mm未満**である区分が**砂漠気候**（BW）である。砂漠には**岩石砂漠**（ハマダ）と**砂砂漠**（エルグ）があり、気温の日較差が大きい。まれに豪雨になると、ワジに水が流れる。

植生	・オアシス周辺を除き、植生はほとんど見られない
土壌	・**アルカリ性の強い砂漠土**で、蒸発量が多いため、塩性土壌になりやすい
農業・人間生活	・オアシスや外来河川を利用した灌漑農業
分布	・リヤド（サウジアラビア）、カイロ（エジプト）など

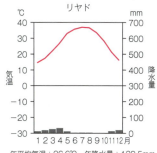

リヤド
年平均気温：26.6℃　年降水量：139.5mm

(3) 温　帯

最寒月の平均気温が−3℃以上18℃未満の気候区分を**温帯**という。

① 地中海性気候（Cs）

温帯のうち、夏の降雨量が少ない気候区分が**地中海性気候（Cs）**であり、緯度30〜45度の大陸西岸に分布する。夏季は中緯度高圧帯の影響下で乾燥し、冬季は偏西風の影響を受けて比較的降雨に恵まれる。

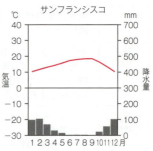

植生	・耐乾性の硬葉樹 ・オリーブ、コルクガシ、月桂樹など
土壌	・地中海沿岸には石灰岩が風化した**テラロッサ**と呼ばれる土壌が分布している
農業・人間生活	・夏季に果樹栽培（柑橘類やブドウなど）、冬季に小麦など栽培する**地中海式農業** ・夏季に山地に移動して牧畜を行う**移牧**
分布	・地中海沿岸、カリフォルニア、チリ中部、アフリカ南端、オーストラリア南西部、ラルナカ（キプロス）など

② 温暖冬季少雨気候（Cw）

地中海性気候（Cs）とは逆に、冬の降雨量が少ない気候区分が**温暖冬季少雨気候（Cw）**である。季節風の影響で夏に降雨が集中し、冬の降雨量の10倍以上になる。年間降水量は1,000〜2,000mmにもなる。

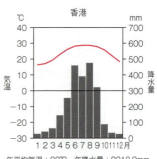

植生	・常緑広葉樹林の中の照葉樹林 ・カシ、クス、シイなど
土壌	・赤色土〜黄色土が分布している
農業・人間生活	・アジアでは稲作や茶の栽培 ・アフリカ南部やアンデス山脈東側ではトウモロコシやコーヒーなどの栽培
分布	・香港（中国）、昆明（中国）、ハノイ（ベトナム）など

③ 温暖湿潤気候（Cfa）

　温暖湿潤気候(Cfa)は最暖月の平均気温が22℃以上である気候区分で、中緯度地方の大陸東岸に分布する。季節風の影響で夏季は高温多湿、冬季は寒冷で、**気温の年較差が大きく、四季の変化が明瞭**である。

植生	・常緑・落葉広葉樹と針葉樹の混合林 ・長草草原が広がる(北米中央部のプレーリーやアルゼンチンのパンパ[8])
土壌	・肥沃な**褐色森林土**が中心 ・プレーリー土やパンパ土などの黒色土
農業・人間生活	・アジアでは稲作が盛ん ・プレーリーでは穀物を生産 ・パンパでは肉牛や小麦を生産
分布	・東京、上海(中国)、ワシントン(アメリカ)、ニューオリンズ(アメリカ)、ブエノスアイレス(アルゼンチン)など

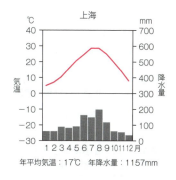

④ 西岸海洋性気候（Cfb）

　西岸海洋性気候(Cfb)は最暖月の平均気温が22℃未満である気候区分で、緯度40～60度(地中海性気候の高緯度側)の大陸西岸に分布する。

　偏西風と暖流(ヨーロッパでは**北大西洋海流**)の影響で、緯度の割に**冬季でも温暖**で、**気温の年較差が小さく、降雨も年間を通して安定**する。

植生	・主に落葉広葉樹が広がる
土壌	・肥沃な**褐色森林土**が中心
農業・人間生活	・混合農業、酪農、園芸農業が中心
分布	・西ヨーロッパ、ニュージーランド、オーストラリア南部など

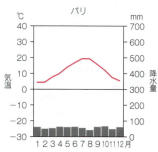

---

[8] パンパはアルゼンチンを中心に広がる温帯草原であり、その東部の湿潤パンパが温暖湿潤気候に属する。

(4) 冷帯（亜寒帯）

最寒月の平均気温が−3℃未満で最暖月の平均気温が10℃以上の気候区分を**冷帯**（亜寒帯）という。冷帯は**北半球のみ**に分布する。

① 冷帯湿潤気候（Df）

冷帯湿潤気候（**Df**）は年中湿潤であり、夏季は日照時間が長く温暖、冬季は日照時間が短く寒冷となる。

植生	・南部は落葉広葉樹と針葉樹の混合林 ・北部では針葉樹の純林（**タイガ**）
土壌	・酸性の強いやせた**ポドゾル**と呼ばれる土壌
農業・人間生活	・春小麦、ライ麦、エン麦、ジャガイモなどの栽培
分布	・北米北部、モスクワ（ロシア）、モントリオール（カナダ）、北海道など

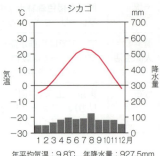

シカゴ
年平均気温：9.8℃　年降水量：927.5mm

② 冷帯冬季少雨気候（Dw）

冷帯冬季少雨気候（**Dw**）は冬季の雨が少なく**気温の年較差が極めて大きい大陸性**気候である。

植生	・針葉樹林（タイガ）が広がる
土壌	・酸性の強いやせた**ポドゾル**と呼ばれる土壌 ・一部**永久凍土**が広がる
農業・人間生活	・林業が盛ん ・永久凍土が広がる地域では凍土の溶解による建物の損壊を防ぐため、高床式住居が見られる
分布	・東シベリアから中国東北部にかけての地域のみに分布 ・イルクーツク（ロシア）、ハバロフスク（ロシア）など

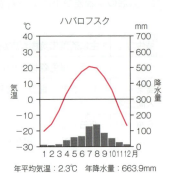

ハバロフスク
年平均気温：2.3℃　年降水量：663.9mm

(5) 寒帯

最寒月の平均気温が−3℃未満で最暖月の平均気温が10℃未満の気候区分を**寒帯**という。

① ツンドラ気候（ET）

最暖月の平均気温が0℃以上10℃未満の気候区分が**ツンドラ気候（ET）**である。降水量・積雪量ともに少なく、夏季のみ永久凍土の表面が溶解する。

植生	・夏季のみ地衣類・蘚苔類が生育する ・このような植生を**ツンドラ**という
土壌	・酸性の強い**ツンドラ土** ・永久凍土
農業・人間生活	・寒帯気候では**農業は不可能** ・アラスカやカナダ北部に居住する**イヌイット**は伝統的な漁労や狩猟を行う ・スカンジナビア半島北部に居住する**サーミ人（ラップ人）**はトナカイの遊牧を行う
分布	・北極海沿岸のウトキアグヴィク（アメリカ）、タシーラク（グリーンランド）など

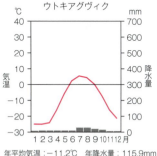

② 氷雪気候（EF）

最暖月の平均気温が0℃未満の気候区分が**氷雪気候（EF）**である。年中氷雪に覆われている。

植生	・年中氷雪に覆われているため、植生はない
土壌	・永久凍土
農業・人間生活	・寒帯気候では**農業は不可能** ・無居住地域（**アネクメーネ**）である
分布	・グリーンランド内陸、昭和基地（南極大陸）など

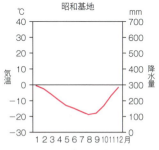

(6) 高山気候（H）

高山気候(H) は熱帯地方で3,000m以上、亜熱帯地方で2,000m以上の高地に見られる、気温の年較差が小さい気候で、**ケッペン自身ではなくその後継者によって設定された区分**である。

標高の高い地域では遊牧が中心で、アンデス地方ではリャマ(運搬用)、アルパカ(採毛用)が飼育されている。**キト**(エクアドルの首都)、**クスコ**(ペルー)、**アディスアベバ**(エチオピアの首都)などが該当する。

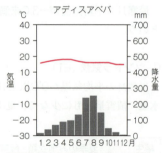

3.3 土　壌　★★★

　土壌は大きく**気候と植生の影響**を受けて生成される**成帯土壌**と、気候ではなく岩石や地形の影響を強く受けて**局所的に分布**する**間帯土壌**に大別される。

（1）成帯土壌

　成帯土壌は気候や植生の影響で生成され、一般に多湿なほど酸性に、乾燥するほどアルカリ性になる。

ラトソル	・熱帯地域に分布 ・多雨のために土壌中の有機物が流失し、**酸性・赤色のやせた土壌** ・日射で固くなった土壌を**ラテライト**という
砂漠土	・蒸発が激しいため、毛細管現象により地表部に塩分が集積し、アルカリ性になる
栗色土	・ステップに生成する土壌で、厚さ30〜40cmの腐植層を持つ ・生産力は高いが降水量の変動が大きいため、大半は灌漑施設が必要である
黒色土	・半乾燥地域や温帯に分布し、厚い腐植層を形成する ・**最も肥沃な土壌**であり、**世界的な小麦地帯と一致する** ・ウクライナ〜西シベリアに分布する**チェルノーゼム**が代表的で、その他、アメリカ中央平原の**プレーリー土**やアルゼンチン東部の**パンパ土**も同様の土壌である
褐色森林土	・温帯から冷帯にかけての落葉広葉樹林帯に分布する ・表層に腐植層を持つ肥沃な土壌
ポドゾル	・冷帯のタイガ地域に生成する ・**灰白色で酸性の強い、やせた土壌**である
ツンドラ土	・ツンドラ気候区の土壌で、植生が貧弱なので腐植層が発達しない ・短い夏季に永久凍土が融け、地衣類や蘚苔類が生える程度で農業は不可能である

1　自然環境　29

（2）間帯土壌

　間帯土壌は母岩や地形の影響を強く受けて生成され、分布が限定される土壌である。

レグール	・インドの**デカン**高原に分布する、**玄武岩の風化**で生成された土壌 ・**肥沃**な土壌で綿花の栽培に適し、黒色綿花土という
テラローシャ （テラロッシャ）	・ブラジル高原南部に分布する、**玄武岩**や**輝緑岩の風化**で生成された土壌 ・**赤紫色**の肥沃な土壌で**コーヒーの栽培に適している**
テラロッサ	・**地中海沿岸**に分布する、**石灰岩の風化**で生成された赤色の土壌 ・**果樹**の栽培に適している
レス（黄土）	・黄褐色の風積土 ・東ヨーロッパ〜ウクライナ、ロッキー山脈東麓などにおいては氷河による堆積物が運ばれたもの ・中国華北地方においては砂漠土が運ばれたもの

4 海洋と陸水

4.1 海洋 ★★☆

(1) 海底地形

大陸棚[9]	・海岸から緩やかに傾斜しながら続く水深200mまでの海底で、地形的には大陸の一部とみなされている ・好漁場となり、海底資源開発も盛んである ・水深の浅い部分を**バンク**(浅堆)といい、一般にプランクトンが豊富である。
大洋底	・水深約3,000〜6,000mの平坦な深海底 ・全海底面積の約80%を占める
海溝	・大陸や弧状列島と大洋底の間にある帯状の深い凹地 ・重い海のプレートが軽い陸のプレートの下に沈み込んだところ(**せばまる境界**)
海嶺	・海底の山地 ・マントルからマグマが上昇してプレートをなして両側に広がり、プレートとプレートが離れていくところ(**広がる境界**)

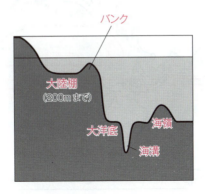

また、北アメリカプレートと太平洋プレートの境界に**サンアンドレアス断層**という断層があり、水平にずれ動いている境界となっている(**ずれる境界**)。

---

[9] 国際海洋法条約では排他的経済水域の海底部分までを大陸棚と定義している。しかし、地理としては従来の定義に従い出題されている。つまり、地理学上と法律上の定義が異なるのである。

(2) 海流

地球をめぐる海水の流れを**海流**といい、暖流と寒流に大きく分けられる。暖流と寒流がぶつかるところを**潮目**といい、好漁場となる(三陸沖など)。

暖流	・低緯度から高緯度に向けて流れ、周囲を温かくする ・プランクトンは少ない ・北大西洋海流、対馬海流、黒潮(日本海流)、メキシコ湾流など
寒流	・高緯度から低緯度に向けて流れ、周囲を冷たくする ・プランクトンや魚類が豊富なので豊かな漁場となる ・カリフォルニア海流、ペルー海流、親潮(千島海流)、リマン海流、ベンゲラ海流、カナリア海流

主な海流

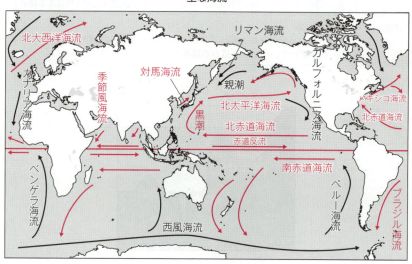

4.2 河川と湖沼 ★☆☆

(1) 河 川

① 河況係数

河川流域のある地点における、1年間の**最大流量と最小流量の比**を**河況係数**という(河況係数 = $\dfrac{最大流量}{最小流量}$)。河川流量の季節変化が大きいほど、数値も大きくなる。

日本の河川は勾配が急で短く、梅雨や台風などの影響を受けやすいので、外国の河川に比べると河況係数が大きい。

例えば、四万十川（高知県）が8,920、筑後川が（福岡県）8,671に対し、ナイル川（エジプト）は30、テムズ川（イギリス）は8と大差がある。

② 世界の河川

ナイル川 6,695km	・世界最長の河川 ・ヴィクトリア湖を源流とする白ナイル川に、エチオピアのタナ湖を源流とする青ナイル川がハルツーム付近で合流し、地中海に注ぐ ・エジプトの電力供給などに利用されている ・外来河川
アマゾン川 6,516km	・**流域面積が世界最大**[10]、長さが世界で2番目に長い河川 ・アンデス山脈が源流で、大西洋に注ぐ ・**セルバという熱帯雨林が密生している**
長江 6,380km	・**中国最長の河川** ・チベット高原が源流で、東シナ海に注ぐ ・中流・下流地域は稲作が盛ん ・三峡ダムが有名
黄河 5,464km	・中国で2番目に長い河川 ・青海省が源流で、渤海湾に注ぐ ・三門峡ダムが有名
インダス川 3,180km	・チベット高原が源流で、アラビア海に注ぐ ・外来河川
ガンジス川 2,510km	・ヒマラヤ山脈が源流で、ベンガル湾に注ぐ ・ヒンドゥー教徒が崇拝する河川
ライン川 1,233km	・アルプス山脈が源流で、北海に注ぐ ・河口にあるオランダのユーロポートはEUの共同港 ・国際河川
ユーフラテス川 2,800km	・トルコ北東部が源流で、イラクでティグリス川と合流してペルシャ湾に注ぐ ・外来河川
メコン川 4,425km	・チベット高原が源流で、中国、ミャンマー・ラオス国境、タイ・ラオス国境、カンボジア、ベトナムを経て南シナ海に注ぐ ・国際河川

---

[10] 河川は雨や雪として地上に降った水の流れであり、ある河川に対して水の流れ込む範囲を流域という。流域面積はその広さである。

1 自然環境　33

（2）湖 沼

断層湖	・断層の窪地にできた湖 ・琵琶湖(滋賀県)、諏訪湖(長野県)など
堰止湖 <small>せきとめ こ</small>	・火山の溶岩などが川をせき止めてできた湖 ・富士五湖(山梨県)など
カルデラ湖	・カルデラに水が溜まりできた湖 ・阿寒湖(北海道)、十和田湖(青森県・秋田県)など
火口湖	・噴火口に水が溜まりできた湖 ・蔵王山の御釜(宮城県)など
火口原湖	・カルデラ内の火口原にできた湖 ・芦ノ湖(神奈川県)など
潟湖(ラグーン)	・砂州などにより一部が海から切り離された湖 ・海跡湖よりも水深が浅い ・サロマ湖(北海道)など
三日月湖 (河跡湖)	・もともと河川だったところが切り離されてできた湖 ・石狩川流域など
氷河湖	・氷河が削れて水が溜まった湖 ・五大湖(アメリカ・カナダ)など
海跡湖 <small>かいせき こ</small>	・海から切り離されて形成された湖 ・浜名湖(静岡県)、霞ヶ浦(茨城県)など

5 環境問題

5.1 砂漠化　　　　　　　　　　　　　　　　★★☆

原因	・人口増加に伴う過放牧 ・過剰な灌漑による土壌の塩性化
影響	・特にサハラ砂漠南縁の**サヘル地域**、中国内陸部や中央アジアで深刻な砂漠化が進んでいる
対策	・農業技術の開発(乾燥地でも耐えうる品種の栽培など) ・土壌保全や塩類集積の防止 ・放牧地の管理 ・農業用水の管理や灌漑施設の整備 ・砂漠化のモニタリング調査、評価 ・環境教育の強化(地域住民の意識改革により「**持続可能な社会**」を実現させるようにする)

34　第3章　地 理

5.2 酸性雨 ★★☆

原因	・工場から排出される**硫黄酸化物**や自動車から排出される**窒素酸化物**が大気中で水に溶け込み、酸性の雨となる
影響	・ヨーロッパでは工業地域からの硫黄酸化物や窒素酸化物が偏西風により広範囲に拡散され、酸性雨を降らせている ・ドイツではドナウ川の源流で、モミなどの人工林である**シュヴァルツヴァルト**（黒い森）が酸性雨によって枯れている ・アメリカや中国などでも酸性雨の被害が生じている ・その他、大理石や青銅の建造物が酸性雨で溶けるなどの被害も
対策	・湖沼や土壌に石灰を散布する ・各種排ガス規制 ・長距離越境大気汚染防止条約による酸性雨の防止

5.3 地球温暖化 ★★☆

原因	・石炭や石油などの化石燃料の大量消費や森林破壊による光合成量の減少で、**温室効果ガス**（二酸化炭素、フロンガスなど）が増加し、大気圏外への熱の放射が遮られ、温室効果をもたらす
影響	・気温の上昇により氷河や氷雪が融け、**海水面が上昇し、標高の低い島や沿岸部が水没する可能性がある** ・また、異常気象の多発も懸念される
対策	・**温暖化防止会議**（1997）：2008〜2012年の間に**先進国全体で二酸化炭素の排出量を5%以上削減する目標を設定→京都議定書を採択**（2005発効） ・**パリ協定**（2015）：2020年以降の温暖化対策として、産業革命以前と比較して世界の平均気温上昇を**2℃より低く保ち、1.5℃に抑える努力**をすることが定められた（先進国のみならず、**発展途上国を含むすべての国**に義務づけ）

5.4 オゾン層の破壊 ★★☆

原因	・冷蔵庫、エアコン、スプレーなどに使用されている**フロンガス**が成層圏のオゾン層を破壊
影響	・オゾン層の破壊により**有害な紫外線が増加** ・**皮膚がん、異常気象、生態系への影響**がもたらされる
対策	・**ウィーン条約**（1985）：オゾン層保護のための枠組みを決めた ・**モントリオール議定書**（1987）：オゾン層を破壊する恐れのある物質の特定と規制を定めたもので、先進国は1996年まで、途上国は2015年までにフロンガスを全廃することを決定

1　自然環境　35

5.5 日本の公害問題 ★★★

　古くは明治時代の**足尾銅山鉱毒事件**が有名であるが、戦後、高度経済成長をする中で公害問題が表面化した。殊に次に示す**四大公害病**がよく知られている。

病名	場所	原因
水俣病	熊本県南西部の水俣湾沿岸	窒素肥料工場排水中の**メチル水銀**による中毒症
イタイイタイ病	富山県神通川下流域	上流の岐阜県にある工場排水中の**カドミウム**による中毒症
新潟水俣病（第二水俣病）	新潟県阿賀野川下流域	工場の廃液に含まれた**有機水銀**が川の魚介類の摂取を通して人体に入り、中毒となった
四日市ぜんそく	三重県四日市市	**石油化学コンビナート**による大気汚染で、**ぜんそく、気管支炎**を引き起こした

第3章

地理

過去問チェック

01 地球の表面積の約70％が海洋であり、両半球を比較すると、陸地に対する海洋の割合は北半球の方が大きい。海洋は、太平洋・大西洋・北極海の三大洋と付属海に区分され、さらに付属海は、大陸に囲まれたベーリング海やオホーツク海などの地中海と、大陸の沿岸にある黒海や日本海などの縁海(沿海)に分けられる。国家一般職2001 1.1 1.2

✕ まず、海洋の割合が大きいのは北半球ではなく南半球である。また、三大洋は太平洋・大西洋・インド洋である。さらに、ベーリング海やオホーツク海は付属海のうち縁海(沿海)に、黒海は付属海のうち地中海に分類される。

02 地球の表面には、ゆっくりと移動するいくつかの大きなプレートがあり、プレートの境界のうち、せばまる境界として、サンアンドレアス断層がある。東京都Ⅰ類2002 1.3

✕ サンアンドレアス断層は、せばまる境界ではなくずれる境界である。

03 卓状地は、プレートの中央部に位置し、古生代の造山運動によってできた地形であり、その上に新生代以降の地層が重なって、楯状地となった。東京都Ⅰ類2002 2.2

✕ 卓状地も楯状地も古生代よりも古い、先カンブリア時代の地層によって形成されたものである。

04 河岸段丘とは、河川の洪水によって土砂が運搬され、河川の蛇行に沿って堆積した微高地である自然堤防とその周辺の水はけの悪い低湿地である扇状地によって形成される階段状の地形である。国家専門職2002 2.3

✕ 「自然堤防とその周辺の水はけの悪い低湿地」は扇状地ではなく後背湿地である。記述全体も末尾の「階段状の地形」を除いて河岸段丘ではなく氾濫原についての説明となっている。

05 熱帯雨林気候は、最暖月平均気温が35℃以上の年中高温多湿な気候で、気温の年較差が大きく日較差は小さい。また、毎日のようにスコールがあって、多様な常緑広葉樹からなる熱帯雨林が、ポトゾルと呼ばれる肥沃な土壌の上に分布していることが多い。国家専門職2007 3.2

✕ 熱帯雨林気候(Af)における最暖月平均気温は35℃以上ではなく18℃以上である。また、気温の年較差が小さく日較差が大きいことが特徴である。さらに、肥沃ではなくやせたラトソルという土壌の上に分布していることが多い。

1 自然環境 37

06 気候や植生などの影響を強く受けて生成された土壌を成帯土壌、局部的な地形や母岩の影響を受けて生成し分布が限られる土壌を間帯土壌という。成帯土壌の例としてはレス(黄土)やツンドラ土、間帯土壌の例としてはプレーリー土やレグールがある。**国家専門職2009** 3.3

✕ レス(黄土)は間帯土壌の例であり、プレーリー土(黒色土)は成帯土壌の例である。

07 海溝とは、大陸プレートが海洋プレートの下に潜り込む境界に形成される地形をいい、例として、日本海溝がある。**東京都Ⅰ類2007** 4.1

✕ 海溝とは、海洋プレートが大陸プレートの下に潜り込んで形成される地形である。

08 ナイル川は、アフリカ大陸の赤道付近を水源とする外来河川であり、北流して紅海に注ぎ、河口近くのアレクサンドリア付近には円弧状の三角州が形成されている。近年までは世界最長とされていたが、現在はアマゾン川に次いで世界第2位の河川である。**国家一般職2007** 4.2

✕ ナイル川は紅海ではなく地中海に注ぐ河川で、現在も世界最長の河川である。

09 アマゾン川は、アンデス山脈を水源とし、南アメリカ大陸南部を東流して大西洋に注ぐ、世界最大の流域面積を有する河川である。流域の大部分が熱帯気候に属しており、カンポやパンパと呼ばれる熱帯雨林が密生するが、近年、牧場の拡大やダムによる埋没等によって熱帯雨林の破壊が進んでいる。**国家一般職2007** 4.2

✕ アマゾン川は、南アメリカ大陸の北部を東に流れて大西洋に注ぐ河川である。また、アマゾン川に密生する熱帯雨林はカンポやパンパではなくセルバと呼ばれる。

第3章

地理

1 自然環境　39

過去問 Exercise

問題1

地形に関する記述として最も妥当なものはどれか。

裁判所2018

1 中生代以降に造山運動がおきた新期造山帯の地域には、石炭を産出することが多く、大規模な炭田がある。

2 古期造山帯の山脈は、起伏が大きい山地が多い。

3 楯を伏せたような形状の、なだらかな楯状地は、主に西ヨーロッパなどに見られる。

4 数億年前に地殻変動によってでき、その後は大きな地殻変動がなく、穏やかな沈降や隆起といった造陸運動が繰り返されてきた地域を安定陸塊という。

5 大地がわずかに沈降して浅い海底になり、土砂が堆積して、のちに再び隆起して陸地となると、起伏の多い台地になるが、このような地形を卓状地という。

40　第3章　地理

解説

正解 **4**

❶ ✕　新期造山帯では原油や天然ガスがよく採れる。石炭が採れるのは古期造山帯である。

❷ ✕　古期造山帯は、緩やかな地形である。

❸ ✕　楯状地は安定陸塊にできる地形で、ヨーロッパだけではなく、カナダ、南米、アフリカ、オーストラリアでも見られる。

❹ ◯　安定陸塊は先カンブリア時代に形成された古い地形であり、地震や火山活動はほとんど起こらない。

❺ ✕　卓状地は安定陸塊にできる平坦な台地である。

| 問題2 | 世界の地形に関する記述として、妥当なのはどれか。 |

特別区Ⅰ類2021

1 地球表面の起伏である地形をつくる営力には、内的営力と外的営力があるが、内的営力が作用してつくられる地形を小地形といい、外的営力が作用してつくられる地形を大地形という。

2 地球の表面は、硬い岩石でできたプレートに覆われており、プレートの境界は、狭まる境界、広がる境界、ずれる境界の3つに分類される。

3 新期造山帯は、古生代の造山運動によって形成されたものであり、アルプス＝ヒマラヤ造山帯と環太平洋造山帯とがある。

4 河川は、山地を削って土砂を運搬し、堆積させて侵食平野をつくるが、侵食平野には、氾濫原、三角州などの地形が見られる。

5 石灰岩からなる地域では、岩の主な成分である炭酸カルシウムが、水に含まれる炭酸と化学反応を起こして岩は溶食され、このことによって乾燥地形がつくられる。

解説

正解 **2**

❶ ✕ 　内的営力とは、地球内部の熱エネルギーにより火山活動や地殻変動などを起こすものである。内的営力は起伏を増大させ大地形を作る。一方、外的営力とは、地球の外側から風化、侵食、運搬、堆積などの作用をするものである。外的営力は起伏を平坦化させ小地形を作る。

❷ ◯ 　せばまる境界としては海溝、広がる境界としては海嶺、ずれる境界としては北米のサンアンドレアス断層などがある。

❸ ✕ 　新期造山帯は、中生代末から新生代にかけて起きた造山活動で形成された山地や山脈が分布している地域である。古生代の造山活動で形成されたのは古期造山帯である。

❹ ✕ 　河川などが運搬して堆積した平野は、堆積平野という。特に日本に多く、氾濫原や三角州などの地形が見られる。侵食平野は、山地が長い期間侵食されて形成された平野で、主に安定陸塊やその周辺地域で見られる。

❺ ✕ 　石灰岩からなる地域では、二酸化炭素を含む水による溶食作用でカルスト地形が作られる。ドリーネやウバーレなどの窪地が形成されたり、地下に鍾乳洞が形成されたりする。乾燥地形では、砂漠や砂丘などが形成される。

問題3 我が国における地形に関する記述として正しいのはどれか。

国家一般職2002

1 ケスタとは、ドリーネやウバーレと呼ばれる凹地や鍾乳洞など、石灰岩地域が溶食されてできた地形をいい、地上水系が発達しないで地下水系が発達するところが特徴である。秋吉台などの石灰岩台地などで見られる。

2 扇状地は、山地の谷間を流れてきた河川が、谷口を扇頂として、砂礫を堆積して形成される扇形の地形である。扇頂部には水無川がみられ、その伏流水は扇央部で湧水となって現れることが多く、扇央部では水田が開かれ、比較的古くから集落が見られた。

3 自然堤防とは、河川の氾濫により河道に沿って砂などの堆積物により形成される。自然堤防上は水はけがよく、洪水による被害が少なく、また、背後には後背湿地と呼ばれる水の溜まりやすい土地がみられる。

4 沈水海岸とは、海面の上昇、地盤の沈降などが起こり、陸地が浸水することにより形成される海岸線で、出入りの少ない単調な海岸線が特徴であり、浜堤や海岸段丘が分布していることが多い。九十九里浜はその典型である。

5 沿岸州とは、ラグーン(潟湖)や浅海を隔てて、海岸にほぼ並行に細長く続く砂州のことをいう。河川により運搬される土砂の堆積により形成されるもので、これが進むと三角州となり、濃尾平野はその典型である。

解説

正解 **3**

① ✕ ケスタとは、構造平野のうち、地層が緩傾斜をなして硬層と軟層の互層からなる場合に軟層が侵食されて低地となり、侵食に取り残された硬層が丘陵となったものである。ケスタはパリ盆地、ロンドン盆地などで見られる。石灰岩地域が二酸化炭素を含む水に溶食されて形成された地形はカルスト地形である。カルスト地形はその形状によってドリーネ、ウバーレ、ポリエ、タワーカルストなどに分類される。

② ✕ 扇状地は谷口から平地へ向かって順に扇頂・扇央・扇端と分類される。扇頂部では河川水は表流し、扇央部では透水性が大きいため伏流して水無川になることが多く、水利に恵まれないため桑畑や果樹園として利用されている。扇端部では湧水が見られ、平坦地に移行する個所なので水田として利用されている。

③ ○ 正しい記述である。

④ ✕ 沈水海岸は、陸地の沈降、または海面上昇により形成される海岸をいい、リアス海岸、フィヨルド、三角江(エスチュアリー)などがこれに該当する。また、陸地の隆起、または海面下降により形成される海岸を離水海岸といい、海岸段丘や海岸平野がこれに該当する。

⑤ ✕ 沿岸州は海岸から少し離れた海中に、沖の磯波の作用で作られた砂礫の堆積地形であり、海岸線にほぼ平行して内側に潟湖(ラグーン)を持つもので、アメリカ東海岸などで発達している。砂州は、砂嘴が発達して入り江の口を閉鎖し、潟湖を抱くようになったもので、我が国では天橋立(京都府)、夜見ヶ浜(鳥取県)が代表例である。なお、潟湖とは砂嘴や砂州・沿岸州などによって外洋から切り離された湖で、サロマ湖(北海道)、八郎潟(秋田県)、河北潟(石川県)などで見られる。

1 自然環境 45

問題4 地形に関する次の文章の空欄A～Dに当てはまる語句の組合せとして、妥当なのはどれか。

東京都Ⅰ類2015

地殻変動により陸地が沈降したり、気候温暖化により海面が上昇したりすると、陸地は沈水する。山地が広範囲に沈水すると、三陸海岸のように小さな入り江と岬が隣り合う鋸歯状の海岸線の　A　ができる。またノルウェー西海岸には、かつて氷河の浸食でできた　B　が沈水し、湾の最奥部が　A　に比べて広い　C　とよばれる細長い入江がみられる。そして、大きな河川の河口部が沈水すると、河口がラッパ状の入江となり、　D　がつくられる。これらのように沈水によってつくられた海岸を沈水海岸といい、出入りの多い複雑な海岸となることが多い。

	A	B	C	D
1	河岸段丘	カルスト地形	フィヨルド	海岸平野
2	河岸段丘	U字谷	カール	エスチュアリ
3	河岸段丘	カルスト地形	フィヨルド	エスチュアリ
4	リアス海岸	カルスト地形	カール	海岸平野
5	リアス海岸	U字谷	フィヨルド	エスチュアリ

解説

正解 ⑤

A：リアス海岸

　河岸段丘は、河川の侵食作用により河川の流路に沿って発達する地形である。

B：U字谷

　カルスト地形は、石灰岩台地が二酸化炭素を含む雨水による溶食作用を受けて形成された地形である。

C：フィヨルド

　カールは、山地の谷頭部や山陵直下に氷河の侵食により形成された半円劇場型の凹地である。フィヨルドと同じ氷河地形の一形態ではあるが、形成される場所が大きく異なる。

D：エスチュアリ

　海岸平野は、陸地に沿った海底の堆積面が地盤隆起・海退により海面上に現れて形成された平野である。

1　自然環境　47

問題5 気候に関する記述として、妥当なのはどれか。

東京都Ⅰ類2021

1 　気候とは、刻一刻と変化する、気温・気圧などで示される大気の状態や雨・風など、大気中で起こる様々な現象をいう。

2 　年較差とは、1年間の最高気温と最低気温との差であり、高緯度になるほど小さく、また、内陸部から海岸部に行くほど小さい。

3 　貿易風は、亜熱帯高圧帯から熱帯収束帯に向かって吹く恒常風で、北半球では北東風、南半球では南東風となる。

4 　偏西風は、亜熱帯高圧帯と亜寒帯低圧帯において発生する季節風で、モンスーンとも呼ばれる。

5 　年降水量は、上昇気流の起こりやすい熱帯収束帯で少なく、下降気流が起こりやすい亜熱帯高圧帯で多くなる傾向にある。

解説

正解 **3**

❶ ✕ 気候とは、ある地域で、1年を周期として繰り返される平均的な大気の状態のことである。一方、刻一刻と変化する大気の状態や大気中のさまざまな状態を気象という。

❷ ✕ 年較差が1年間の最高気温と最低気温との差であることは妥当だが、高緯度や内陸部になるほど大きくなる。よって後半の記述は誤りである。

❸ ◯ 貿易風は、中緯度高圧帯（亜熱帯高圧帯）から赤道低圧帯（熱帯収束帯）に向かって吹く恒常風であり、北半球では北東風、南半球では南東風となる。

❹ ✕ 偏西風は中緯度高圧帯（亜熱帯高圧帯）から高緯度低圧帯（亜寒帯低圧帯）に向かって吹く風で、両半球とも西寄りの風なので、偏西風という。季節風はモンスーンともいい、夏と冬で風向きが反対になり、偏西風とは異なる。偏西風の中でも風速が大きなものをジェット気流という。

❺ ✕ 赤道低圧帯（熱帯収束帯）は、断熱膨張により冷却されて雲や雨の原因となる上昇気流が起こりやすく、降水量が多くなる。一方、下降気流が起こりやすい中緯度高圧帯（亜熱帯高圧帯）では降水量が少なく、晴天になりやすい。低圧帯では雨が多く、高圧帯では雨が少ないと考えればよい。

1 自然環境 49

> **問題6** 世界の気候に関する次のA～Dの記述のうち、妥当なもののみを全て挙げているものはどれか。

裁判所2020

A 熱帯雨林気候区は、雨季には激しい雨が降るが、乾季はほとんど降水がないため、乾燥に強い樹木がまばらにはえている。

B ステップ気候区は、乾燥帯のうち、雨季にやや降水が多くなる地域であるため、雨季には草丈の低い草原が広がる。

C 地中海性気候区は、冬は温暖だが、夏は降水量が少なく乾燥が激しいため、乾燥に強い常緑樹が育つ。

D 冷帯湿潤気候区は、おもにヨーロッパ中央部から北西部にかけて分布しており、落葉針葉樹林のタイガが広がっている。

1 A、B

2 A、C

3 B、C

4 B、D

5 C、D

50 第3章 地理

解説

正解 **3**

第3章 地理

A ✕ 記述にあるような雨季と乾季が明確に区別される気候はサバナ気候である。熱帯雨林気候は、気温の年較差が小さく、降水量も年間を通じて多く、季節による変化はほとんどない。

B ◯ ステップ気候は砂漠気候周辺に分布する乾燥気候であり、ステップと呼ばれる短草草原が広がっている。ウクライナ周辺や北アメリカ中部などは小麦の大生産地帯となっている。

C ◯ 地中海性気候は、夏季に中緯度高圧帯(亜熱帯高圧帯)の影響下に入るため、降水量が少なく乾燥する。この特徴を生かして、ブドウやオリーブなどの果樹栽培が盛んである。

D ✕ 冷帯湿潤気候は、ヨーロッパではスカンディナヴィア半島や東部などに分布する。ヨーロッパの中央部から北西部にかけては、主に西岸海洋性気候となっている。タイガは針葉樹林のことであるが、針葉樹は大半が落葉樹ではなく常緑樹である。

1 自然環境 51

| 問題7 | 世界の土壌に関する記述として、妥当なのはどれか。 |

特別区Ⅰ類2004

1　テラローシャは、インドのデカン高原に分布する玄武岩の風化した肥沃な黒色土であり、この土壌が分布している地域は、綿花栽培に適している。

2　レグールは、ブラジル高原南部に分布する玄武岩や輝緑岩の風化した土壌であり、生産性が比較的高く、この土壌が分布している地域は、コーヒー栽培が盛んで世界的な生産地になっている。

3　チェルノーゼムは、ウクライナ地方から西シベリアにかけ分布する肥沃な黒色土であり、この土壌が分布している地帯は、世界有数の穀倉地帯で小麦などが栽培されている。

4　プレーリー土は、北半球の針葉樹林帯に分布し、酸性で灰白色の層を含んだやせた土壌であり、この土壌が分布している地帯は、農業には向かないが重要な林業地域になっている。

5　ポドゾルは、熱帯地方に分布する鉄分やアルミニウム分の多い赤色の土壌であり、高温多湿のため有機物の分解が進みすぎ、土壌はやせている。

解説

正解 **3**

第3章 地理

---

① ✗ テラローシャは輝緑岩や玄武岩が風化して形成された土壌で、"紫色の土"という意味を持つ。ブラジル高原の南部・南西部のサンパウロ州やパラナ州に分布し、肥沃で排水良好なためコーヒー栽培に適した間帯土壌である。

② ✗ レグールはインドのデカン高原北西部に発達する黒色土壌で、玄武岩が風化して生成された間帯土壌であり、綿花栽培に適していることから綿花土・黒色綿花土と呼ばれる。

③ ◯ 正しい記述である。

④ ✗ プレーリー土は北米の大草原地帯であるプレーリーに分布する黒色土である。アメリカ中西部のトウモロコシ地帯(コーンベルト)や冬小麦地帯、カナダからアメリカにかけての春小麦地帯はプレーリー土の上に成立している。

⑤ ✗ ポドゾルは冷帯(亜寒帯)の針葉樹林帯(タイガ)に典型的に発達し、灰白土とも呼ばれる。低温のため地表に堆積した動植物の分解が進まず、表層は塩基や鉄分を失って灰白色をしており、下層は上層から移行してきた鉄や腐植が集積して暗褐色となっている。表層は塩類などが溶脱されるため強酸性反応を示し、養分が極度に欠乏しているため、肥沃度は極めて低い。ユーラシア大陸では北極圏以南から北緯50°以北付近まで、北米では北極圏から五大湖付近に至る地域に分布している。なお、文中の説明は高温多湿な熱帯地方に分布するラトソルの説明である。

1 自然環境 53

問題8 次の文は、大気の大循環に関する記述であるが、文中の空所A～Cに該当する語の組合せとして、妥当なのはどれか。

特別区Ⅰ類2009

地球上には、太陽から受ける熱の多い低緯度地方と少ない高緯度地方で不均衡が生じているが、これは大気や海洋の大循環による熱の移動により解消されている。

赤道付近の赤道低圧帯は、空気の対流が活発で、そこで上昇した空気は、高緯度側30度付近で降下し、中緯度高圧帯を形成する。中緯度高圧帯から赤道低圧帯に向かって吹く風を　A　、高緯度低圧帯に向かって吹く風を　B　と呼ぶ。これらの風系のほかに、主に大陸の東岸部には、大陸と海洋の季節による気圧の差により風向きが変わる　C　がみられ、気温や降水量の季節的変化の大きな気候をつくっている。

	A	B	C
1	貿易風	偏西風	モンスーン
2	貿易風	モンスーン	偏西風
3	モンスーン	偏西風	貿易風
4	モンスーン	貿易風	偏西風
5	偏西風	貿易風	モンスーン

解説

正解 **1**

A：貿易風
　中緯度高圧帯から赤道低圧帯に向かって吹く風を貿易風と呼ぶ。

B：偏西風
　中緯度高圧帯から高緯度低圧帯に向かって吹く風を偏西風と呼ぶ。

C：モンスーン
　モンスーンは一般に夏は海洋から大陸へ、冬は大陸から海洋へ風向きが変わる。

国家一般職★★★／国家専門職★★★／裁判所★★★／東京都Ⅰ類★★★／特別区Ⅰ類★★★

2 社会の構成と活動

ここでは、人口や都市、国家や民族について学習します。都市の機能や都市問題について中心にまとめておきましょう。後半では、民族や言語、宗教について扱います。各国地誌との関係も意識して学習しましょう。

1 人 口

1.1 人口分布と人口構成 ★★★

（1）世界の人口分布

　国際連合の推計では、2022年11月に世界の人口は80億人を超えた。このうち、**中国、インド**をはじめ、**アジア地域が全体の約6割**を占めている。

　世界の地域は、人類が居住して生活を営む地域である**エクメーネ**と、非居住地域である**アネクメーネ**に分かれる。エクメーネは全陸地の約9割を占め、氷雪気候の地域などがアネクメーネにあたる。

（2）人口の増減

① 自然増加と社会増加

　人口増加はその要因によって自然増加と社会増加に分けられる。

　自然増加とは出生数（生まれた人の数）と死亡数（死亡した人の数）の差であり、死亡数が出生数を上回ると、人口が減少していることになる。

　一方**社会増加**とは移入数（その地域に入ってくる人の数）と移出数（その地域から出ていく人の数）の差であり、移住、出稼ぎ、難民の受入れなどにより値が大きくなる。

$$自然増加率＝\frac{出生数－死亡数}{人口} \qquad 社会増加率＝\frac{移入数－移出数}{人口}$$

56　第3章　地　理

② 人口転換

人口増加のあり方には社会の水準との相関関係が見られ、出生率と死亡率がともに高い多産多死型から、出生率は変わらず死亡率のみ低下した多産少死型、さらに少産少死型へと移行していく。

このような人口増加傾向の変化を**人口転換**という。

多産多死型	・出生率、死亡率がともに高い状態で、特に**乳児死亡率**が高い
多産少死型	・栄養、公衆衛生、医療の改善により、出生率が高いまま死亡率が低下した状態 ・**発展途上国**の大部分が該当し、世界の人口爆発の要因となる
少産少死型	・社会の成熟に伴って出生率も低下した状態 ・**先進国**の大部分が該当する

(3) 人口ピラミッド

男女別に年齢ごとの人口の分布を示したグラフを**人口ピラミッド**といい、人口増加の段階や社会の性質によってさまざまな形が見られる。

富士山型 （ピラミッド型）	・人口が漸増する多産多死型、もしくは人口が急増する多産少死型の人口構成を示す ・エジプト、エチオピア、フィリピンなど
釣鐘型	・少産少死型で、人口は漸増、もしくは停滞している ・アメリカ、メキシコ、アルゼンチン、インドネシアなど
つぼ型	・釣鐘型より出生率が低下し、人口は停滞もしくは減少する ・ドイツや日本などの先進国に多い
星型	・都市型（転入型）の人口構成 ・都市圏やベッドタウンなどに見られる
ひょうたん型	・農村型（転出型）の人口構成 ・過疎地域に多く見られる

1.2 人口問題

(1) 合計特殊出生率
合計特殊出生率とは、15歳から49歳までの各年齢の女性がその年に出産した数値の平均を足したものであり、概ね1人の女性が平均して何人の子どもを産むかを示したものである。

現状の人口維持には**2.1**前後が必要だとされている。多くの先進国では2.0以下で、日本の2020年の合計特殊出生率は**1.33**であり、少子化が深刻であることがわかる。

(2) 先進国の人口問題
合計特殊出生率の低下によって人口の停滞、減少が進み、老年人口(65歳以上)の割合が7％以上の**高齢化社会**、14％以上の**高齢社会**となり、社会保障や介護などの問題が起こる。

日本では65歳以上の人口が28.8％(2020)をも占め、高齢社会が進んでいることがよくわかる。

② 村落と都市

　人々が共同の社会生活を行う**集落**のうち、主に農林水産業を主体とする集落を**村落**といい、商工業やサービス業を主体とする集落を**都市**という。

2.1 村　落 ★★★

（1）村落の立地

　生活の場であることから、まず水、食料、資源を得やすい場所が選ばれる。次に外敵から身を守れる場所、交通に便利な場所が重要な立地条件になる。

扇状地	・水が得やすい**扇頂**や**扇端**に立地しやすい
洪積台地	・台地上は水が得にくいが、局地的な地下水である**宙水**（ちゅうみず）の上や湧水のある台地周縁部に立地しやすい
氾濫原	・**自然堤防**上に立地しやすい
砂漠	・**外来河川**沿いや**オアシス**の近くに立地しやすい
山地	・**南側の緩やかな斜面**に立地しやすい ・こうした集落を**日向集落**という
海岸	・離水海岸では**海岸砂丘**上や**砂州の微高地**に立地しやすい ・沈水海岸では**入り江の奥**などに立地しやすい

2　社会の構成と活動　59

（2）村落の形態

　家屋が集まっている**集村**と散らばっている**散村**に大きく分かれる。

集村	**塊村**	・家屋が不規則に集まる形態 ・水のある井戸や湧水の近くに形成しやすい
	路村	・道路に沿って家屋が並ぶ形態で、短冊状の地割をしている ・江戸時代の**新田集落**がその好例で、家屋の背後に短冊状に耕地がある
	街村	・路村よりも道路との結びつきが強く、商店や宿屋が多くなる ・**宿場町**や**門前町**が好例である
	円村	・教会や広場を中心に円状に家屋が並ぶ形態
	列村	・道路以外の要因で家屋が不規則に並ぶ形態 ・**自然堤防**上や**扇端**などに見られる
散村		・家屋が散在している集落 ・アメリカの**タウンシップ制**に基づく散村、明治時代に作られた北海道の**屯田兵村**などが好例である[1]

---

1 タウンシップ制とは18世紀後半〜19世紀後半にアメリカやカナダで行われた公有地の分割制度であり、広い土地を経緯線に沿って碁盤目状に地割し、その一区画に家族を入植させたものである。北海道の屯田兵村はタウンシップ制を模範としている。

2.2 都 市

(1) 都市の立地

村落の場合と同じく水、食料、資源を得やすいことに加え、交通の利便性が重要になる。

平野・盆地の中心		・後背地の商業や交通、政治などの中心 ・パリ(フランス)、モスクワ(ロシア)など
地形の境界線		・谷口(山地と平野の境界)、滝線[2](高地と平野の境界)、峠の麓など
農耕地域と 牧畜地域の境界線		・包頭(中国)、張家口(中国)など
交通の 要所	湾頭	・東京、ボルティモア(アメリカ)など
	海峡	・ドーヴァー海峡、ジブラルタル海峡など
	運河	・スエズ運河など
	河口	・ニューヨーク(アメリカ)、ニューオリンズ(アメリカ)など
	宿場町	・東海道の三島や箱根など

(2) 都市の機能による分類

計画都市	・首都やニュータウンなど一定の目的のために計画的に建設された都市 ・**ブラジリア**(ブラジル)、**キャンベラ**(オーストラリア)、**オタワ**(カナダ)など
学術都市 (学園都市)	・大学や研究機関を中心に地域や産業・経済に影響を与えている都市 ・**つくば**(茨城県)、**オックスフォード**(イギリス)、**ハイデルベルク**(ドイツ)など
宗教都市	・特定の宗教にとって権威のある施設や聖地の周辺に形成された都市 ・**ユダヤ教**の宗教都市**イェルサレム**(イスラエル)、**イスラム教**の宗教都市**メッカ**(サウジアラビア)、**ヒンドゥー教**の宗教都市**ヴァラナシ**(インド)など
保養都市	・避暑、避寒、療養などを目的とする観光都市 ・**ニース**(フランス)、**カンヌ**(フランス)、**マイアミ**(アメリカ)など

---

2 高地と平野の間に急な高低差がある場所では、その境にしばしば滝や急流を生じる。このような滝や急流を結んだ地理学上の線を滝線(瀑布線)という。高低差が水車の動力源となったことなどを由来に、滝線沿いに都市が形成されることがあり、このような都市を滝線都市という。アパラチア山脈(アメリカ)の南東麓が有名である。

2 社会の構成と活動

（3）都市に関する用語・都市問題

プライメートシティ （首位都市）	・第2位以下の都市との格差が大きい最大都市のこと ・東京、バンコク(タイ)、マニラ(フィリピン)、ジャカルタ(インドネシア)、カイロ(エジプト)、パリ(フランス)など
CBD （中心業務地区）	・Central Business Districtの略 ・都心部で政治・行政機関、大企業、海外企業の本社・支社が集中する地区
メトロポリス	・人口が数百万にも及ぶ巨大都市のこと
メガロポリス （巨帯都市）	・複数のメトロポリスを中心に、多くの都市が交通網や通信網によって結合し、機能的に一体化した帯状の広範な地域 ・**東海道メガロポリス**(千葉−東京−川崎−横浜−静岡−浜松−名古屋−京都−大阪−神戸)など
コナベーション （連接都市）	・複数の都市の市街地が拡大、連続して一体化した地域となった都市群 ・**五大湖沿岸地方**(アメリカ・カナダ)、**ルール地方**(ドイツ)、**京浜工業地帯**など
スプロール現象[3]	・住宅や都市施設が無秩序に郊外に広がっていく現象
ドーナツ化現象	・都心部の人口が減少し、周辺部の人口が増加する現象
インナーシティ問題	・CBDの周辺などには早くから市街地化した地区(インナーシティ)があり、住宅や商工業地の老朽化が進んでいる ・このためインナーシティから住環境のよい郊外などへの人口流出が進み、都心部のコミュニティが崩壊するなどの衰退が起こる
セグリゲーション	・都市内で人種、民族、職業などで居住地が住み分けられること ・**シンガポール**ではセグリゲーションを防ぐ工夫をしている

---

3 第二次世界大戦で荒廃したロンドンの都市を再開発するに当たり、「大ロンドン計画」という都市計画が立案された。この計画では都市圏の周辺にグリーンベルトという緑地帯を設け、その外側にニュータウンを建設した。都市開発を抑制するグリーンベルトという区域を設定し、さらに外側に居住区域を設けることで、スプロール現象を回避している。

3 国家と国際機構

3.1 国家の領域と国境

（1）国家の領域

国家は**領域**、**国民**、**主権**という国家の三要素を備えている。このうち領域とは、国家の主権が及ぶ範囲をいい、国境線が自国の領域と他国の領域との境目になる。また、領域は領土、領海、領空からなる。

領土	・陸地の領域 ・最低潮位線（干潮時の海岸線）までの範囲
領海	・国によって異なるが、最低潮位線から**12海里**に設定する国が多い（1海里＝1,852m）
領空	・領土と領海の上空域 ・大気圏までとし、宇宙空間には及ばない

領海とは別に、沿岸から**200海里**を**排他的経済水域（EEZ）**と定め、この水域内の水産資源、鉱産資源などの探査・開発・管理についての主権が沿岸国に認められている。排他的経済水域を沿岸国以外の船舶が通行することなどは認められる。

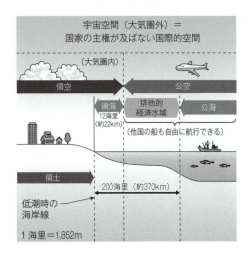

（2）国　境

　国境には山脈や河川、海などの自然物を利用した**自然的国境**と、経緯線などをもとに国家間で設定した**人為的国境**がある。

自然的国境	山脈	アルプス山脈（スイス・イタリア）、アンデス山脈（アルゼンチン・チリ）、スカンディナヴィア山脈（スウェーデン・ノルウェー）など
	河川	アムール川（中国・ロシア）、セントローレンス川（アメリカ・カナダ）、ドナウ川（スイス・ブルガリア）、メコン川（タイ・ラオス）、ライン川（ドイツ・フランス）、リオグランデ川（アメリカ・メキシコ）など
	湖沼	ヴィクトリア湖（ケニア・ウガンダ）、五大湖（アメリカ・カナダ）、チチカカ湖（ペルー・ボリビア）、レマン湖（スイス・フランス）
人為的国境		北緯49度・西経141度（アメリカ・カナダ）、東経25度（エジプト・リビア）、北緯22度（エジプト・スーダン）、東経20度（ナミビア・南アフリカ）、東経141度（インドネシア・パプアニューギニア）、北緯38度付近（韓国・北朝鮮の軍事境界線）

64　第3章　地　理

国際機構（2023年1月現在） ★★★

（1）国際連合と主な関連機関

国際連合 (UN)	・国際平和と安全の維持と促進を目的とする ・総会、安全保障理事会、事務局、経済社会理事会、国際司法裁判所、信託統治理事会（活動中止中）、専門機関などで構成 ・加盟：193か国／本部：ニューヨーク（アメリカ）
国連貿易開発会議 (UNCTAD)	・発展途上国の経済開発と南北間の経済格差の是正を目的とする ・加盟：195か国／本部：ジュネーヴ（スイス）
国連児童基金 (UNICEF)	・子どもたちを暴力や貧困などから守り、健全な育成を促進することが目的 ・加盟：196の国と地域／本部：ニューヨーク（アメリカ）
世界貿易機関 (WTO)	・関税などの貿易の障壁となる規制を軽減し、加盟国間の貿易促進を図る ・加盟：160か国と3地域、EU／本部：ジュネーヴ（スイス）
国連教育科学文化機関 (UNESCO)	・教育、科学、文化の研究と普及を促進し、世界平和に貢献する ・世界遺産の登録と保護なども行っている ・加盟：193か国・地域／準加盟：11地域／本部：パリ（フランス）
国際通貨基金 (IMF)	・国際通貨協力のための世界における中心機関 ・加盟：190か国／本部：ワシントンD.C.（アメリカ）
世界保健機関 (WHO)	・医療や衛生について環境や技術の改善を通して、伝染病の撲滅、各国の保健システムの強化を促進する機関 ・加盟：194か国／本部：ジュネーヴ（スイス）
国際労働機関 (ILO)	・労働条件の改善と労働者の地位向上を国際的に実現することが目的 ・加盟：187か国／本部：ジュネーヴ（スイス）
国連食糧農業機関 (FAO)	・各国の食糧や農産物の生産加工・流通の改善を図り、人々の生活水準を向上させ、飢餓から救うのが目的 ・加盟：194か国、EU／準加盟：2地域／本部：ローマ（イタリア）

（2）その他の主な国際機構

ヨーロッパ連合 （EU）	・前身のヨーロッパ共同体（EC）を発展させ、加盟国の政治・経済・通貨統合（ユーロ）を図った ・2020年にイギリスが離脱 ・加盟：27か国／本部：ブリュッセル（ベルギー）
東南アジア諸国連合 （ASEAN）	・東南アジアの安全保障を目的に発足 ・政治・経済の分野でも協力体制を進めている ・加盟：10か国／事務局：ジャカルタ（インドネシア）
アジア太平洋 経済協力（APEC）	・環太平洋地域の政府間の経済協力を推進することが目的 ・加盟：19か国2地域／本部：シンガポール
北大西洋条約機構 （NATO）	・冷戦時代、旧ソ連陣営に対抗するために発足した軍事同盟機構 ・現在は加盟国の安全保障やテロ対策に取り組んでいる ・加盟：30か国／本部：ブリュッセル（ベルギー）
アフリカ連合 （AU）	・政治・経済・防衛・教育・文化などの分野で協議し、アフリカの統合を図る ・加盟：54か国1地域／本部：アディスアベバ（エチオピア）
アメリカ・メキシコ・カナダ協定（USMCA）	・北米自由貿易協定（NAFTA）を前身とするアメリカ、メキシコ、カナダ間の自由貿易協定 ・2018年再交渉し、2020年発効 ・加盟：3か国
経済協力開発機構 （OECD）	・世界経済の安定成長、発展途上国の援助、貿易の拡大などに貢献することを目的とする ・加盟：38か国／本部：パリ（フランス）
石油輸出国機構 （OPEC）	・石油輸出国が国際石油資本に対抗し、産油国の利益を守るために発足 ・加盟：13か国／本部：ウィーン（オーストリア）

4 人種・民族・言語・宗教

4.1 人種と民族 ★★★

人間を皮膚の色、髪、骨格などの**生物学的な特徴**に基づいて分類するときの区分単位を人種といい、言語や宗教、生活様式としての**文化を共有するまとまり**で分類するときの区分単位を民族という。

（1）世界の人種

モンゴロイド（黄色人種）	・アジア系人種とも呼ばれ、東アジア、東南アジア中心に分布 ・カナダの**イヌイット**、インディアン、インディオなどの**ネイティブアメリカン**、フィンランドの**フィン人**、ハンガリーの**マジャール人**、スカンディナヴィア半島の**サーミ人（ラップ人）**など
コーカソイド（白色人種）	・ヨーロッパ系人種とも呼ばれ、ヨーロッパ、西アジア、北アフリカ、南北アフリカ、オセアニアに分布
ネグロイド（黒色人種）	・アフリカ系人種とも呼ばれ、中南米、南北アフリカに分布
オーストラロイド	・オーストラリアの先住民族である**アボリジニー**、タスマニア人など
混血人種 メスティソ	・ラテンアメリカのインディオ（黄色人種）とヨーロッパ系移民（白色人種）との混血
混血人種 ムラート	・ラテンアメリカのヨーロッパ系移民（白色人種）とアフリカ系移民（黒色人種）との混血
混血人種 サンボ	・インディオ（黄色人種）とアフリカ系移民（黒色人種）の混血

（2）民族と国家

国民が単一の民族から構成される国家を**単一民族国家**といい、複数の民族から構成される国家を**多民族国家**という。現実には純粋な単一民族国家は存在せず、すべての国家は多民族国家である。

このため、民族紛争や宗教対立、分離独立運動などが多くの国で起きている。

4.2 言 語　　　★★★

（1）言語の分類

インド=ヨーロッパ語族	ラテン語系	フランス語、イタリア語、スペイン語、ポルトガル語など
	ゲルマン語系	英語、ドイツ語、オランダ語など
	スラヴ語系	ロシア語、ポーランド語など
	その他	ヒンディー語（インド）、ペルシア語、ギリシア語など
アフロ=アジア語族		アラビア語、ヘブライ語など
ウラル語族		フィンランド語、エストニア語、マジャール語（ハンガリー語）
アルタイ語族		モンゴル語、トルコ語など
シナ=チベット語族		中国語、タイ語、ベトナム語、チベット語
オーストロネシア語族（マレー=ポリネシア語族）		マレー語、インドネシア語、フィリピノ語など
バンツー=スーダン語族		スーダン語系、バンツー語系、スワヒリ語など
その他		日本語、朝鮮語など

68　第3章　地　理

（2）公用語

議会、法廷、官庁などで公的に使用することを国家が定めた言語を公用語という。

単一の公用語が定められることが多いが、次に挙げるように複数の公用語を定めるケースや、準公用語、地方公用語などを定めるケースもある。

スイス	・ドイツ語、フランス語、イタリア語、ロマンシュ語を公用語とする ・ドイツ語話者が多い ・ロマンシュ語はレト・ロマンス諸語（イタリア北部やアルプス地方の言語）の一つで、グラウビュンデン州で話されている
シンガポール	・英語、中国語、マレー語、タミル語を公用語とする ・タミル語は南インドのドラヴィダ系の言語である
カナダ	・英語、フランス語を公用語とする ・ケベック州はフランス系住民が8割程度を占め、フランス語話者が多い
インド	・公用語であるヒンディー語、準公用語である英語のほか、21種の地方公用語が定められている
ベルギー	・フランス語（ワロン地域）、オランダ語（フラマン地域）、ドイツ語を公用語とする
スリランカ	・シンハラ語、タミル語を公用語とする ・シンハラ語は国民の7割を占めるシンハラ人の言語で、タミル語は2割のタミル人の言語 ・連結語（両民族をつなぐ共通言語）として英語も使われている

（3）文　字

言語により様々な文字を用いる。中国語は漢字、韓国語ではハングル、ロシア語ではキリル文字、ヒンディー語ではデーヴァナーガリーなど多種多様である。

4.3 宗 教　★★★

（1）世界宗教と民族宗教

　世界の広範囲に広まっている**キリスト教**、**イスラム教**、**仏教**の三大宗教を世界宗教と呼び、**ユダヤ教**、**ヒンドゥー教**のように民族や地域の分布と対応して信仰されている宗教を民族宗教と呼ぶ。

（2）一神教と多神教

　唯一で普遍的な神を信仰するのが**一神教**であり、ユダヤ教、キリスト教、イスラム教などが挙げられる。信仰対象となる神が多数存在するのが**多神教**であり、仏教やヒンドゥー教などが挙げられる。

（3）一神教
① ユダヤ教

　世界宗教であるキリスト教とイスラム教に大きな影響を与えたのがユダヤ教である。バビロン捕囚後に成立した唯一神ヤハウェを信仰するユダヤ人の宗教で、厳しい戒律や選民思想(ユダヤ人のみが神に選ばれた民)が特徴的である。聖典は『旧約聖書』である。

② キリスト教

　キリスト教はユダヤ教を母体にイエスによって成立した。選民思想を否定し、神の下に全ての人が救われるという博愛主義を説いた。聖典は『新約聖書』である。多数の宗派があるが、以下の3種に大別できる。

カトリック	・ローマ・カトリック教会を拠点に南欧やラテンアメリカなどに分布している ・ローマ教皇を頂点に階層があり、教会や組織を重視する
プロテスタント	・16世紀にルターが宗教改革によって確立 ・**ルター派**と**カルヴァン派**があり、ルター派は北欧やドイツなどに、カルヴァン派はイギリスやオランダなどに分布している ・聖書を第一とし、個人の信仰を重視する
東方正教	・ビザンツ帝国でギリシア正教が生まれ、のちロシアや東欧で信仰された ・現在は東方正教と総称され、各国ではロシア正教、セルビア正教などと個別に呼ばれている

③ イスラム教

7世紀にムハンマドが、ユダヤ教とキリスト教の影響を受け**イスラム教**を確立した。唯一神アッラーを信仰し、『コーラン（クルアーン）』を聖典とする。西アジア、北アフリカ、インドネシア、マレーシア（国教）、ブルネイ（国教）などで信仰されている。**スンナ派**（多数派）と**シーア派**（少数派）に分かれる。

偶像崇拝をしない、豚肉は不浄なので食べない、1日5回礼拝する、ラマダーンという月においては1か月の間、日中の食事を絶ち夜間に食事する、などの教えが定められている。

（4）多神教
① 仏　教

仏教は紀元前5世紀頃、シャカ族のガウタマ＝シッダールタにより成立した。バラモン教による身分制度などを否定し、人間としての立ち振る舞いについて説いた。仏とは本来、最高の生命状態の人間のことを指したが、時代の流れの中でさまざまな解釈がされるようになった。

仏教は以下の三つに大別できる。

上座部仏教	・自己の悟りのみを目的とし、厳しい戒律や僧院での修行を行う ・主に東南アジア大陸部であるタイ、カンボジア、ミャンマー、ラオスなどに分布している
大乗仏教	・すべての衆生の救済を目的としている仏教 ・東南アジアではベトナム（中国文化の影響を受けているため）、中国、韓国、日本などに分布している
チベット仏教 （ラマ教）	・チベットに伝わった大乗仏教とチベットの民間宗教が融合したもの ・チベット、モンゴル、ネパール、ブータンに分布している

② ヒンドゥー教

ヒンドゥー教はアーリヤ人がもたらしたバラモン教とインドの民間宗教が融合した**多神教**で、現在、インドの約8割に信仰されている。

牛は神の使いとして神聖視されているので、牛肉食は禁忌であるが、牛乳やチーズ、バターなどの乳製品は食してよいとされる。

2　社会の構成と活動　71

4.4 民族問題 ★★★

カシミール紛争	・インドとパキスタンの紛争 ・ヒンドゥー教徒の多いインドにおいて、カシミール州はイスラム教徒が圧倒的に多く、長い間、両国の間でカシミール州の帰属問題について紛争が続いている
バスク問題	・ピレネー山脈の西部周辺に住むバスク人は独自のバスク語と文化を持っている ・1979年に自治州となったが、スペイン政府からの分離独立運動を続けている
スリランカ 民族紛争	・スリランカには仏教徒で多数派のシンハラ人とヒンドゥー教徒で少数派のタミル人がおり、両者の紛争が長く続いていた ・2009年に内戦は停戦となったが、タミル人は不満を抱いている
ケベック問題	・カナダの公用語は英語とフランス語だが、ケベック州はフランス系住民が8割もおり、分離独立運動が起きている ・1980年と1995年に独立を問う州民投票が実施され、独立は僅差で否決された
チベット問題	・チベットは1951年に中国軍が侵攻、59年に反乱が起き、ダライ=ラマがインドに亡命した ・1965年にチベット自治区が設置されたが、中国政府に対する不満が高まり、2008年に大暴動が起きた ・その後もチベット独立を求める動きが続いている
ウイグル問題	・中国に1955年に新疆ウイグル自治区が発足したが、イスラム教徒のウイグル人は中国政府に対して不満を抱き、分離独立を主張した ・1990年と2009年に大暴動が起きた ・中国政府は近年、ウイグル族に対し弾圧を強め、「中国化」を進めている
クルド問題	・トルコ、イラン、イラクなどにまたがるクルド人による国境を越えた民族統一独立運動 ・各国政府がそれを弾圧している
チェチェン問題	・ロシア連邦共和国のチェチェンにおける独立派と親ロシアの反政府勢力の抗争 ・ロシアは反政府勢力を支援し、軍事介入した ・1997年にロシア軍は撤退したが、その後、チェチェン人によるテロ事件が続いた
ロヒンギャ 難民問題	・ミャンマーは仏教徒が大半だが、少数のロヒンギャはイスラム教徒である ・ミャンマー人に差別され、多くの人が隣国バングラデシュに難民として避難している

ルワンダ民族紛争	・少数派ツチ人と多数派フツ人の主権争いからフツ人の政府軍とツチ人の反政府組織ルワンダ愛国戦線の間で起きた内戦で、フツ人がツチ人の大量虐殺を行った ・内戦は終結したものの、ツチ人の報復を恐れたフツ人が隣国へ難民として多数流出した
ユーゴスラヴィア問題	・バルカン半島には正教、カトリック、イスラムの各文化圏が存在し、複雑な民族構成であった ・第一次世界大戦後、ユーゴスラヴィア王国によって統一されていたが、第二次世界大戦中にナチス占領下で民族の対立が生じた ・戦後、ユーゴスラヴィア連邦が発足したが、ティトー大統領の没後、紛争が続き、連邦は解体した ・その後、民族対立や内戦が起こり、クロアチア紛争やボスニア・ヘルツェゴヴィナ紛争などが起きた
ソマリア内戦	・アフリカ東岸のソマリアで起きた内戦 ・1988年から無政府状態となり、多数のグループによる武力闘争が行われた ・1992年に国連PKOが派遣されたが、解決できず撤収 ・北部は1991年後、独立宣言したソマリランド共和国、北東部は1998年に自治領宣言したプントランド、南部は2012年に発足したソマリア連邦共和国が支配している
中印国境紛争	・中国とインドの国境紛争 ・たびたび軍事衝突が起きている
ダールフール紛争	・スーダン西部のダールフール州で起きている紛争 ・1956年、イギリスからスーダンが独立すると、アラブ系の政府と非アラブ系住民の間で対立が生じ、2003年、アラブ系政府側民兵と非アラブ系反政府勢力の間で内戦が起きた ・アフリカ連合と国連PKOが派遣されたが、紛争は続いている

▎過去問チェック

01 イギリスでは、産業革命によって悪化した都市住民の生活環境を改善するため、19世紀末に大ロンドン計画が立てられた。これは、グリーンベルトと呼ばれる住宅と農地の混在地域をロンドン郊外に整備するものであった。**裁判所2006** 2.2

✕ 大ロンドン計画は19世紀末ではなく第二次世界大戦後のロンドン再開発計画である。また、グリーンベルトとは森林や公園などの緑地帯で、都市と住宅地域の間に設けることでスプロール現象を回避するものである。

02 カナダでは、旧宗主国イギリスからの移民が、全人口の大半を占めている上、すべての州及び準州において過半数の人口を持っているため、英語が国の唯一の公用語とされている。**国家一般職2005** 4.2

✕ ケベック州ではフランス系住民が８割程度を占めている。またカナダでは英語のほかフランス語も公用語とされている。

03 カナダでは、フランス系住民とイギリス系住民が共存しており、フランス語と英語が公用語となっている。イギリス系住民が多くを占めるケベック州では、分離・独立を求める運動が度々起きており、1980年と1995年に実施された州民投票では独立派が勝利している。**国家専門職2019** 4.2 4.4

✕ ケベック州で多くを占めるのはフランス系住民である。また、1980年と1995年の州民投票で独立は僅差で否決されている。

04 アジアでは、東南アジアのタイやインドネシア、南アジアのスリランカ、中央アジアのカザフスタンなどの地域で大乗仏教が広く普及している。この他に、これらの地域から離れてカフカス地方に居住するトルコ系諸民族の間にも仏教が普及している。**国家専門職2004** 4.3

✕ インドネシアは世界最大のイスラム教徒を抱え、中央アジア諸国およびカフカス地方のトルコ系諸民族は、東方正教やイスラム教を信仰する人々が大部分を占める。

05 インドでは15億を超える人口の大半がヒンドゥー教を信仰しており、ヒンドゥー教と結びついたカースト制度が、結婚や職業など、人々の日常生活を細かく規定している。しかしながら、イランと国境を接するカシミール地方では、イスラム教徒が人口の多数を占めており、イランとの間にその帰属をめぐって対立がみられるなど、多民族国家としての問題を抱えている。**国家専門職2006** 4.4

✕ カシミール州の帰属問題はインドとパキスタンとの間に生じている民族問題である。

74　第3章　地理

第3章

地理

2　社会の構成と活動　75

過去問 Exercise

問題1　人口や居住に関する記述として最も妥当なのはどれか。
国家一般職2018

❶　人間が日常的に居住している地域をアネクメーネ、それ以外の地域をエクメーネという。近年では、地球温暖化を原因とした海面上昇による低地の浸水、政治や宗教をめぐる紛争や対立などの影響により人間の居住に適さない地域が増加しており、アネクメーネは年々減少傾向にある。

❷　産業革命以降、まずは先進国で、その後は発展途上国において人口転換（人口革命）が進行した。特に、我が国では、第二次世界大戦前までには、医療・衛生・栄養面の改善と出生率の低下などの理由から少産少死の状態となり、人口ピラミッドはつぼ型となった。

❸　人口増加の種類には、大きく分けて自然増加と社会増加の二つがある。自然増加とは、流入人口が流出人口を上回る場合に発生し、主に人が集中する都市部等でよく見られる。一方で、社会増加とは、出生数が死亡数を上回る場合に発生し、多くは発展途上国で見られる。

❹　近年、合計特殊出生率が人口維持の目安となる1.6を下回る国が増加してきており、英国やドイツなどは、2015年現在、合計特殊出生率が我が国の水準を下回っている。また、韓国や中国は、今後我が国以上の速さで少子高齢化が進行すると予測されている。

❺　首位都市（プライメートシティ）では、国の政治・経済・文化などの機能が集中し、その国で人口が第1位となっている。首位都市の一つであるジャカルタでは、自動車の排気ガス等による大気汚染や、スラムの形成などの都市問題が深刻化している。

解説

正解 **5**

❶ ✕ 人間が居住している地域をエクメーネ、非居住地域をアネクメーネという。陸地の約9割がエクメーネである。

❷ ✕ 日本の人口ピラミッドは1950年頃までは富士山型であった。つぼ型は現在の形態である。

❸ ✕ 自然増加とは出生数と死亡数の差のことであり、社会増加とは流入人口と流出人口の差のことである。

❹ ✕ 人口維持の目安となる合計特殊出生率は約2.1である。日本は2017年で1.43と、これを下回っている。2016年の数値で言うとイギリスは1.8、ドイツは1.5であり、日本の方が低い水準にある。中国が急速に少子高齢化になっていくことは正しい。

❺ 〇 ジャカルタ以外に、マニラやバンコクもプライメートシティとして有名である。こうした都市では急速な人口増加による大気汚染、スラム化、犯罪の増加、交通渋滞や飲料水不足などの問題が発生している。

| 問題2 | 都市に関する記述として、妥当なのはどれか。 |

特別区Ⅰ類2018

1 メガロポリスとは、広大な都市圏を形成し、周辺の都市や地域に大きな影響力をもつ大都市をいい、メトロポリスとは、多くの大都市が鉄道、道路や情報などによって密接に結ばれ、帯状に連なっている都市群地域をいう。

2 コンパクトシティとは、国や地域の中で、政治や経済、文化、情報などの機能が極端に集中し、人口規模でも第2位の都市を大きく上回っている都市のことをいう。

3 プライメートシティとは、都市の郊外化を抑え、都心部への業務機能の高集積化や職住近接により移動距離を短縮し、環境負荷を減らして生活の利便性の向上をめざした都市構造のあり方のことをいう。

4 日本では、1950年代半ば頃からの高度経済成長期に都市人口が急激に増大し、郊外では住宅地が無秩序に広がるドーナツ化現象が起こり、都心部では地価高騰や環境悪化によって定住人口が減るスプロール現象が見られた。

5 早くから都市化が進んだ欧米の大都市の中では、旧市街地から高所得者層や若者が郊外に流出し、高齢者や低所得者層が取り残され、コミュニティの崩壊や治安の悪化などが社会問題となっているインナーシティ問題が発生している。

解説

正解 **5**

❶ ✕ メガロポリスとメトロポリスの説明が逆である。

❷ ✕ コンパクトシティとは、市町村の中心部に居住地や都市機能を集積し、市街地の活性化や行政コストの削減を図り、住民の利便性をよくしていくことである。この記述はプライメートシティについての説明である。

❸ ✕ プライメートシティとは首位都市のことで、政治、経済、文化、人口などが集中し、第2位の都市を大きく上回っている都市である。バンコクやマニラなどが有名である。

❹ ✕ スプロール現象とドーナツ化現象の説明が逆である。

❺ ◯ こうしたインナーシティ（行政区の存立が危ぶまれる地域）ではコミュニティの崩壊や治安の悪化などが問題となっている。

| | 問題3 | 次は現代の都市に関する記述であるが、ア〜エに入る用語の組合せとして妥当なのはどれか。 |

国家専門職2002

A 都市自体の衰退と大都市中心周辺部の **ア** での社会的荒廃を特徴とする **ア** 問題は1970年代に都市の衰退現象とともに先進資本主義国の大都市に共通する都市の現象として注目されるようになった。また、経済基盤の弱化、都市基盤施設の老朽化、社会的諸条件の悪化、高い失業率と貧困層の密集などの多様で複合的な要因による社会問題が発生することがある。

B **イ** は公園や植樹帯などのように、大都市の美観保護・防火・防災・公園・林地・農地などに利用されるほか、市街地膨張防止のために設けられる。過密状態解消のためにロンドン大都市圏で行われた大ロンドン計画では、既成市街地のまわりに **イ** を設け、ニュータウンはその外側に建設された。

C 先進国では一般的に、都市の規模が大きくなるほど、様々な人種が混住するようになるが、その居住形態は、所得水準、社会階層、民族などにより居住地が分離・住み分けられている現象が見られ、これを **ウ** という。

D 都市外縁部が鉄道交通の駅などを中心に宅地化・市街化され、その結果、無秩序に開発されていく現象を **エ** という。中枢管理機能は都市中心部に集積され、居住機能が都市外縁部へと追いやられることになり、特に生活諸条件の整わないままの宅地化の進行は、生活環境の破壊をもたらすことになる。

	ア	イ	ウ	エ
1	プライメート・シティ	グリーンベルト	人種の坩堝	スプロール現象
2	プライメート・シティ	グリーンベルト	セグリゲーション	都市爆発
3	プライメート・シティ	市街化調整区域	セグリゲーション	スプロール現象
4	インナーシティ	グリーンベルト	セグリゲーション	スプロール現象
5	インナーシティ	市街化調整区域	人種の坩堝	都市爆発

解説

正解

ア：インナーシティ
「先進資本主義国の大都市に共通する」、「都市基盤施設の老朽化」などから判断できる。

イ：グリーンベルト
「公園や植樹帯」、「市街地膨張防止」、「大ロンドン計画」などから判断できる。

ウ：セグリゲーション
「居住地が分離・住み分けられている現象」などから判断できる。

エ：スプロール現象
「無秩序に開発されていく現象」などから判断できる。

| 問題4 | 公用語が二つ以上の言語からなる国に関する記述として最も妥当なのはどれか。 |

国家専門職2009

1 カナダは、英語、ドイツ語の二つの言語を公用語としている。国民は主にイングランド系、ドイツ系などの民族で構成されており、宗教はキリスト教(カトリック、プロテスタント)が大勢となっている。

2 ベルギー王国は、オランダ語、フランス語、ドイツ語の三つの言語を公用語としている。国民は主にオランダ系フラマン人、フランス系ワロン人などの民族で構成されており、宗教はキリスト教(カトリック)が大勢となっている。

3 スイス連邦は、フランス語、英語の二つの言語を公用語としている。国民は主にフランス系、イタリア系、ロマンシュ系などの民族で構成されており、宗教別人口割合ではキリスト教(プロテスタント)とユダヤ教がほぼ半々を占めている。

4 シンガポール共和国は、英語、中国語、インドネシア語の三つの言語を公用語としている。国民は主に中国系、ジャワ系、マレー系などの民族で構成されており、宗教別人口割合ではキリスト教(カトリック)とイスラム教がほぼ半々を占めている。

5 フィリピン共和国は、フィリピノ語、英語の二つの言語を公用語としている。国民は主にマレー系、中国系、スペイン系などの民族で構成されており、宗教別人口割合では仏教徒が最も多くなっている。

解説

正解 **2**

1 ✕ 　カナダの公用語は英語とフランス語である。また、キリスト教(カトリック、プロテスタント)が多数を占めているとする点は正しい。

2 ◯ 　正しい記述である。

3 ✕ 　スイスの公用語はドイツ語、フランス語、イタリア語、ロマンシュ語の4言語であり、宗教別人口割合では、キリスト教が多数を占め、ユダヤ教徒は1％にも満たない。

4 ✕ 　シンガポールの公用語は中国語、英語、マレー語、タミル語の4言語であり、中国系、マレー系、インド系などの民族で構成されている。宗教別人口割合では仏教が3割ほどで最も多く、イスラム教とキリスト教は1〜2割程度である。

5 ✕ 　フィリピン国民の9割以上はキリスト教を信仰している。その他の記述は正しい。

問題5 イスラム教及びイスラム社会に関する記述として妥当なもののみをすべて挙げているのはどれか。

国家一般職2004

A イスラム教は西アジア、北アフリカを中心に広がっているが、それ以外の地域でイスラム教徒が占める割合が半数以上となる国は、東欧ではルーマニア、ブルガリアであり、東南アジアではスリランカである。

B イスラム教の創始者であるムハンマド（マホメット）は神からの言葉を伝える預言者であり、信仰の対象とはならない。また、モスクは祈りのための場所で、メッカの方向を示す窪みが築かれており、祭壇や神の像などは置かれていない。

C イスラム暦の９月の第１週に、祖先の労苦を偲ぶための祭り（ラマダーン）が１週間にわたって行われる。イスラム教徒は、この期間に子羊の肉、膨らませないパン、苦菜等の粗末な食事をとる。

D 食事に関して厳格な規定があり、牛や豚は神聖な動物であるため食べることが禁じられている。また、上位の宗教指導者ほど肉類に関する制限が厳しくなってゆき、最上位の者は完全な菜食主義となる。

E イスラム教では、経典であるコーランが教徒としての行動や日常生活を規定しており、法律の役割を果たしている国もある。一方、イスラム教徒が国民の大半を占めるにもかかわらず、憲法で政教分離を定めている国の例として、トルコが挙げられる。

1 A、B

2 A、D、E

3 B、C

4 B、E

5 C、D、E

解説

正解 **4**

A ✕　ルーマニア、ブルガリアでは東方正教徒が、スリランカでは仏教徒が多数を占める。

B ◯　正しい記述である。

C ✕　ラマダーンは1週間ではなく1か月にわたって行われ、日中の食事を絶ち夜間に食事を摂る。

D ✕　イスラム教では豚肉を食べることが禁じられているが、牛肉は禁じられていない。

E ◯　正しい記述である。

国家一般職★★☆／国家専門職★★☆／裁判所★★☆／東京都Ⅰ類★★★／特別区Ⅰ類★★☆

3 農林水産業

ここでは農林水産業について学習します。出題の多い農業を中心に、それぞれの農業の分布する地域や気候区分との対応関係、栽培される作物を確認しましょう。国や地域ごとの農業においては、各国地誌との関連も意識しながら特色を理解していきましょう。

❶ 農牧業の立地条件

1.1 自然条件と社会条件 ★★★

農牧業は、農作物を栽培したり家畜を飼育したりすることによって成り立つ産業であるが、以下に示すように自然条件や社会条件によって、そのあり方が大きく異なる。

自然条件	牧畜	年間降水量250mm以上
	畑作	年間降水量500mm以上
	稲作	年間降水量1,000mm以上
	必要な気温	最暖月平均気温10℃以上（寒帯気候では農業は不可）
社会条件		❶市場や交通の発達
		❷技術（機械化・品種改良・灌漑施設など）
		❸地域性や文化（アジアでは稲作が盛ん、欧米では麦類の栽培や家畜の飼育が盛ん）
		❹農業政策（生産や流通システムの整備・農業保護政策など）

1.2 チューネンの農業立地論 ★★★

ドイツの農業経済学者チューネンは、著書『孤立国』で農業立地論を説いた。土壌などの自然条件が均質である地域と仮定した場合、中心都市を中心点に農業地域は同心円状に分布すると考えた。つまり、**市場が近ければ集約的に、遠いほど粗放的な農業になる**[1]。

1.3 農耕文化の起源 ★★☆

根菜農耕文化	タロイモなどの根菜類の栽培を行うもので、東南アジアを起源とする
サバナ農耕文化	夏作の穀物の栽培を行うもので、西アフリカを起源とする
地中海農耕文化	冬作の麦類の栽培を行うもので、西アジア～地中海沿岸を起源とする
新大陸農耕文化	トウモロコシやジャガイモの栽培を行うもので、中南米を起源とする

---

1 ここで「集約的」とは、単位面積あたりの肥料・労働力の投下量が大きく収穫量が多いことを、「粗放的」とは、単位面積あたりの肥料・労働力の投下量が小さく収穫量が少ないことを指す。

3 農林水産業

② ホイットルセーの農業区分

アメリカの地理学者ホイットルセーは、家畜や作物の組合せ、生産物の商品化の程度、集約度などの指標から13の区分に分類した。

以下ではホイットルセーの農業区分をもとに、経営形態から**自給的農業**、**商業的農業**、**企業的農業**に分類して説明していく。

2.1 自給的農業 ★★★

（1）焼畑農業

焼畑農業は移動式農業とも呼ばれ、東南アジア、アフリカ中部、アマゾン川流域などに見られる。林を焼き、その灰を肥料として**キャッサバ**、**タロイモ**、**ヤムイモ**などを栽培し、地力が衰えると他に移動する。**ハック**という木製の棒を使う。

> 森林の伐採→乾季後に火入れ→雨季の始まりに植え付けなど→除草→収穫
> （1〜数年耕作して10年以上休耕して地力を回復させ、再度焼畑をする）

（2）遊　牧

遊牧とは、移動しながら放牧地を求めて羊やヤギなどを飼育するもので、乾燥アジアや北極圏などに見られる。アラビア半島の**ベドウィン**、モンゴル人、スカンディナヴィア半島の**サーミ人**などが遊牧を行う。

遊牧民は家畜の毛を衣料、糞を燃料として利用し、移動式のテント（中国では**パオ**、モンゴルでは**ゲル**、中央アジアでは**ユルト**という）を使う。

家畜	乾燥地	羊、ヤギ、馬（モンゴル）、ラクダ（西アジア）
	寒冷地・高地	ヤク（チベット）、リャマ・アルパカ（アンデス高地）、トナカイ（北極海沿岸）
1年間の流れ（モンゴルの例）		【春】ヤギや羊の出産期→移動→【夏】乳製品を作る→移動→【秋】家畜に草を十分食べさせ太らせる、冬季の食肉用にする→移動→【冬】南向きの谷斜面で越冬

（3）オアシス農業

　オアシス農業は、乾燥地帯でオアシス(サハラ砂漠などのオアシス)、外来河川(ナイル川、ティグリス川、ユーフラテス川など)、地下水路を利用した灌漑農業で穀物(米、**小麦**)、綿花、果実(**ナツメヤシ**)などを栽培している。

　地下水路については地域によって呼称が異なり、イランでは**カナート**、北アフリカでは**フォガラ**、アフガニスタンやパキスタンなどでは**カレーズ**と呼ばれる。

（4）集約的稲作農業(アジア式稲作農業)

　アジア地域は**季節風(モンスーン)**の影響で夏の降水に恵まれる(年間降水量1,000mm以上)ため、大河川の沖積平野を中心に稲作が行われ、これを**集約的稲作農業**という。

東南アジア (タイ、ベトナム)	・土地生産性[2]は低いが、生産費が安価で余剰米を輸出している ・2021年の米の輸出量は、**タイが世界2位、ベトナムが世界3位**である
南アジア (インド、バングラデシュ、パキスタン)	・灌漑施設が不十分で土地生産性は低かったが、近年はほぼ自給が達成されている ・**インドにおける稲作は著しく伸びており、2021年の生産量は世界2位、輸出量は世界1位**である

（5）集約的畑作農業(アジア式畑作農業)

　集約的畑作農業は、年間降水量が500〜1,000mmの地域に分布する集約的で自給的な農業で、干ばつの影響を受けやすいものの、灌漑が進んで土地生産性は向上している。

　中国華北〜東北部(大豆)、インドの**デカン高原**(綿花)、パンジャーブ地方(小麦)で行われる。

---

2 土地生産性とは単位面積当たりの土地生産力の大きさであり、肥料・労働力の投下量に比例する。これに対して、労働生産性とは一人当たりの労働により得られる生産量の大きさであり、機械化や技術の進歩、労働の質的向上に比例する。

2.2 商業的農業 ★★★

（1）混合農業

　混合農業は、中世の三圃式農業（春耕地・冬耕地・休耕地による輪作）から発展した**家畜飼育と畑作を組み合わせた農業**で、**家畜が主体**となる。西ヨーロッパやアメリカなどで行われる。

西ヨーロッパ	フランス	・小麦・ブドウの栽培 ・収入は家畜より小麦・ブドウが主体
	ドイツ	・ライ麦（黒パンやウイスキーの原料）、ジャガイモ、テンサイ（砂糖の原料）の栽培、肉牛・豚の飼育
	イタリア	・ポー川の流域で小麦・トウモロコシの栽培、肉牛の飼育
アメリカ		・アイオワ洲、オハイオ州、イリノイ州、ミズーリ州、インディアナ州中心 ・トウモロコシの栽培が盛んで、**コーンベルト**と呼ばれる ・肉牛・豚の飼育

　また、ロシア、トルコ、東ヨーロッパなどでは**自給的混合農業**も見られる。これは家畜や農産物の商品化への割合が低く、食用作物栽培の比重が高い形態の混合農業である。

（2）酪　農

　酪農は乳牛を飼育し、**チーズやバター**、**牛乳**などの酪製品を作るもので、**オランダやデンマーク**など、**穀物栽培に適さない冷涼な気候とやせた土壌**の地域で、大消費地の近くに発達している。他には五大湖沿岸、オーストラリア、ニュージーランドなどで行われている。

　スイスでは**移牧**（垂直的に移動する）という牧畜が行われており、冬は本村で乳牛を飼育し、夏は高地のアルプ（自然草地）で放牧する。

（3）園芸農業

　園芸農業は、都市在住者に供給する**新鮮な野菜・果実・花弁など**を**栽培**するもので、オランダ、イタリア、フランスなどで行われる。

近郊農業	・大都市の近郊で行われる園芸農業で、輸送上の有利性を活用したもの ・オランダ（球根栽培）、アメリカ東岸など
遠郊農業	・消費地の遠隔地で行われる園芸農業で、輸送園芸（トランスファーミング）ともいう ・気候・地形・土壌の特性を活かした農業 ・地中海沿岸やアメリカのフロリダ半島など

（4）地中海式農業

　地中海式農業は地中海性気候の農業で、**夏はオリーブ、オレンジやブドウなどの果樹、冬は小麦など穀物**の栽培をする。**地中海沿岸、チリ中部、カリフォルニア、アフリカ南端、オーストラリア南部**などで行われる。

2.3 ▶ 企業的農業　　　★★★

　企業的農業とは、商業的農業がより発展し大規模な形態になったものである。

（1）企業的穀物農業

　企業的穀物農業は、大規模な農場で大型機械を使って小麦・大豆・トウモロコシなどを栽培するもので、**アメリカ、カナダ、オーストラリア**などで行われる。
　土地生産性は低いが、高度な機械や施設を利用するため労働生産性は高い。

アメリカ	・グレートプレーンズからプレーリーにかけて**北部で春小麦、南部で冬小麦**[3]の生産が中心
カナダ	・春小麦が中心で、耐寒品種のガーネット種も栽培 ・生産量の6割が輸出用
アルゼンチン	・湿潤パンパ（温帯草原）を中心に小麦や大豆の生産が盛ん
オーストラリア	・マリー川流域で小麦などを生産

3　春小麦は春に種を蒔き秋に収穫するもので、冬が寒冷な高緯度地域で栽培される。冬小麦は秋に種を蒔き、初夏に収穫するもので、多くの地域で栽培される。

（2）企業的牧畜

企業的牧畜は、商業目的で牛や羊を大規模な牧場において飼育するもので、**アメリカ、オーストラリア、ブラジル、アルゼンチン**などで行われる。

子牛の生産・育成を行う繁殖経営と、子牛を牛肉として出荷するまで育成する肥育経営の形態があり、肥育はさらに、降雨が十分な地域で行われる放牧肥育と、乾燥地域で行われる**フィードロット**（穀物飼料を人工的に投与する方法）に分かれる。

アメリカ	・フィードロットでの肥育生産が盛ん
オーストラリア	・降水量500mm以上の地域で**牧牛** ・降水量500mm以下の地域で**牧羊**（**大鑽井盆地**、掘り抜き井戸を利用）
アルゼンチン	・湿潤パンパ地域で**牧牛**（**アルファルファ**というマメ科の牧草を利用） ・乾燥パンパ地域で**牧羊**

（3）プランテーション農業

プランテーション農業は、広大な土地と安価な労働力を利用して単一の作物を大規模に栽培する手法であり、かつては欧米の宗主国がアジアやアフリカの植民地の住民を労働させて**商品作物**（サトウキビ、天然ゴム、コーヒー、カカオ、茶、バナナなど）を栽培していた。現在は現地の住民の利益のために栽培している。

東南アジア	天然ゴム コーヒー バナナ	：タイ、マレーシア、インドネシア ：ベトナム、インドネシア ：インドネシア、フィリピン
ラテンアメリカ	コーヒー サトウキビ バナナ	：ブラジル、コロンビア ：ブラジル、メキシコ ：ブラジル、エクアドル
アフリカ	茶 コーヒー カカオ	：ケニア ：エチオピア ：コートジボワール、ガーナ

3 世界の農業

3.1 中　国　★★★

（1）人民公社

　人民公社は毛沢東が**大躍進政策**（急進的な社会主義路線）の一環として1958年に導入した農村における行政組織で、農業・工業・教育・軍事などを行うものであった。

　農家20〜35戸を生産隊、7個の生産隊をまとめて生産大隊とし、10〜13個の生産大隊をまとめて人民公社とした。しかし、画一的な報酬制度は労働意欲を低下させ、生産量も上がらなかった。そのため、改革開放政策に伴い解体され、1984年末にはほとんど消滅した。

（2）生産請負制（生産責任制）

　人民公社に代わる新しい農村の制度として設けられたのが**生産請負制**である。一定のノルマ分の農作物を国に納め、余剰分は自由に市場で売り、個人の収入にできるという制度で、農民の労働意欲の向上や生活水準を引き上げる結果となった。

（3）主な農作物

　チンリン＝ホワイ線（秦嶺と淮河の境界線）を境に、北が畑作地域、南が稲作地域となる。

　米、小麦、茶、ジャガイモなどの**生産量は世界1位**(2021)、穀物自給率99％(2019)・肉類自給率83％(2019)・第一次産業人口25.3％(2019)である。

東北	大豆、トウモロコシ、コウリャン[4]、春小麦
華北	冬小麦、トウモロコシ
華中	米と冬小麦の二毛作
華南	米の二期作、果物、サトウキビ
西部	遊牧、綿花など

4　コウリャン（高粱）はモロコシ類の一種で、中国東北部では古くから食料や酒の原料とされてきた。

3　農林水産業　93

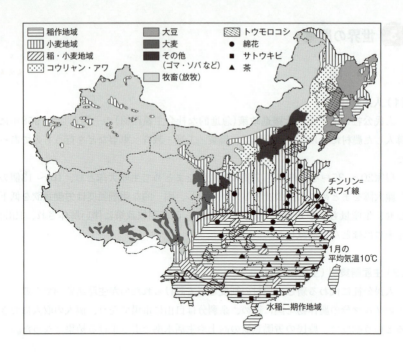

3.2 韓国 ★★★

韓国では1970年代、**セマウル運動**によって農業の近代化が推進され、稲作中心の二毛作が普及した。1990年代になると園芸農業が発展し、日本向けのトマトやパプリカを生産するようになった。

3.3 東南アジア ★★★

タイ	❶米の輸出量世界2位（2021） 　⇒　米の約5割が国内需要、約4割が輸出されている ❷天然ゴムの生産量世界1位（2021）、輸出量世界1位（2021） ❸チャオプラヤ・デルタで米の生産が盛ん、流通は華人（中国系住民）が独占している
マレーシア	❶天然ゴム、コーヒー豆、油ヤシなどを生産 　⇒　天然ゴムの生産量はかつて世界1位であったが、1990年以降タイに抜かれた ❷農業人口は減少しており、農業開発の中心はカリマンタン島に移っている ❸油ヤシ（洗剤やマーガリンの原料であるパーム油を採取）の生産が上昇
インドネシア	❶ジャワ島で自給的稲作やコーヒー豆の生産、その他の島で天然ゴム、茶、油ヤシなどの生産が盛んである ❷パーム油の生産量世界1位（2021）、輸出量世界1位（2021） ❸米の生産量世界4位（2021）
フィリピン	❶バナナの輸出量世界3位（2021） 　⇒　ミンダナオ島で日本向けバナナを生産 　　　チキータ、ドール、デルモンテ、グレイシオ（住友商事）など多国籍企業によるバナナプランテーション ❷パイナップルの生産量世界3位（2021） ❸稲作やココヤシ、サトウキビなどの栽培
ベトナム	❶コーヒー豆の生産量世界2位（2021）、輸出量世界2位（2021） ❷米の生産量世界5位（2021）、輸出量世界3位（2021） ❸ドイモイ政策（市場経済の導入）で生産が向上
その他	❶ラオスとカンボジア　　：メコン川流域で稲作 ❷ミャンマー　　　　　　：エーヤワディー川流域で稲作 ❸東ティモール　　　　　：稲作、トウモロコシ、コーヒー豆栽培など

3.4 南アジア ★★★

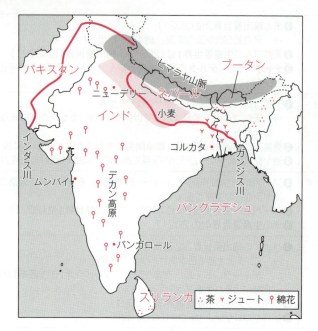

インド	❶デカン高原で綿花の栽培が盛ん、**生産量世界1位**(2020)
	❷アッサム地方で茶の栽培、**生産量世界2位**(2021)、**輸出量世界4位**(2021)
	❸米の輸出量世界1位(2021)、生産量世界2位(2021)
	❹ガンジス川流域で小麦・米・ジュート(麻)など栽培
	❺**小麦の生産量世界2位**(2021)、ジュートの**生産量世界1位**(2021)、**輸出量世界2位**(2021)
	❻**バナナの生産量世界1位**(2021)
	❼**サトウキビの生産量世界2位**(2021)
	❽穀類自給率114%(2019)、肉類自給率131%(2019)、第一次産業人口42.6%(2019)
	❾3つの革命

緑の革命[5]	・1960年後半より稲や小麦の高収量品種を輸入し、70年代には食料自給を達成した
白い革命	・牛乳の色が白いことから、酪農が盛んなこと ・水牛を利用し、**バターの生産量世界1位**(2021) ・**牛乳の生産量世界1位**(2021)
ピンク革命	・鶏肉を中心とした食肉生産が盛んなこと

スリランカ	❶茶の栽培が盛ん、**生産量世界5位**(2021)、**輸出量世界3位**(2021) ❷ココヤシ・天然ゴムなどのプランテーション
バングラデシュ	❶米、ジュート、小麦の栽培 ❷ガンジス川流域が中心
パキスタン	❶インダス川流域で小麦・綿花・サトウキビなど栽培 ❷降水量は少ない

3.5 西アジア ★★★

西アジアでは灌漑農業や遊牧が行われている。

イラン	❶国土の大部分を乾燥気候が占める ❷山麓の扇状地に湧き出す地下水を利用した地下水路であるカナートを利用し、小麦や野菜などを栽培している
サウジアラビア	❶遊牧とオアシス農業 ❷センターピボット方式(地下水を利用)による灌漑農業で小麦、野菜、綿花などを栽培 ❸ベドウィンの定住化も進みつつある

5 品種改良や栽培技術の改善により多収量品種を生産することで、発展途上国の食糧問題解消を図る動きのことを緑の革命という。

3 農林水産業 97

3.6 アフリカ ★★★

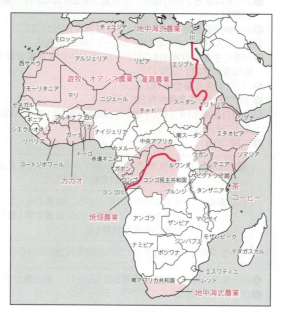

北アフリカ	❶地中海沿岸では地中海式農業で果樹栽培 ❷ナイル川流域ではオアシス農業で小麦やナツメヤシの栽培（エジプトなど） ❸**フォガラ**（地下水路）を利用し、小麦・綿花・野菜などを灌漑農業で栽培 ❹山羊・羊・ラクダなどの遊牧
中部アフリカ	❶東アフリカやコンゴ川流域で焼畑農業 ❷ギニア湾では**カカオ**の栽培が盛ん 　⇒　コートジボワールが**生産量世界1位**（2021）、**輸出量世界1位**（2021） ❸東アフリカでは**茶**の栽培が盛ん 　⇒　ケニアが**輸出量世界1位**（2021）、**生産量世界3位**（2021） ❹その他、コーヒー豆などのプランテーションが盛ん
南アフリカ	❶白人経営の農場で小麦やタバコの栽培 ❷地中海式農業でブドウ、オレンジを栽培し、ワインやジャムを生産

3.7 ヨーロッパ ★★★

フランス	❶EU最大の農業国で、小麦とブドウの生産が盛ん ❷小麦の生産量世界5位(2021)、輸出量世界4位(2021) ❸ブドウの生産量世界5位(2021) ❹大麦の生産量世界3位(2021)、輸出量世界2位(2021) ❺テンサイの生産量世界2位(2021) ❻穀類自給率187%(2019)、肉類自給率102%(2019)、第一次産業人口2.5%(2019)
ドイツ	❶北部：ハイデと呼ばれるやせた土壌を土地改良し、ライ麦、ジャガイモを栽培 ❷北西部：酪農 ❸中部：混合農業で肉牛の飼育、テンサイ、小麦の栽培 ❹南部：ブドウ、ホップ(ビールの原料)の栽培 ❺豚肉の生産量世界4位(2021)、輸出量世界3位(2020) ❻穀類自給率101%(2019)、肉類自給率120%(2019)、第一次産業人口1.2%(2019)
オランダ	❶国土の4分の1をポルダーと呼ばれる干拓地が占める ❷酪農と園芸農業が盛ん ❸チーズの生産量世界5位(2020)、輸出量世界2位(2020)、豚肉の輸出量世界5位(2020) ❹穀類自給率11%(2019)、肉類自給率326%(2019)、第一次産業人口2.1%(2019)

デンマーク	❶ハイデを土地改良 ❷農業の近代化、農業協同組合・農業教育の推進 ❸酪農・畜産が盛ん、豚肉の輸出量世界6位（2020） ❹穀類自給率121%（2017）、肉類自給率325%（2017）、第一次産業人口2.2%（2019）
イタリア	❶南北格差が著しく、北が栄え、南が遅れている ❷北部：パダノ=ベネタ平野で混合農業 ❸南部：地中海式農業 ❹ブドウの生産量世界2位（2021）、輸出量世界3位（2021） ❺穀類自給率60%（2019）、肉類自給率81%（2019）、第一次産業人口3.9%（2019）
イギリス	❶EU共通の農業政策により食料自給率が上昇し、約70%に ❷小麦、大麦の栽培、牧羊が盛ん ❸羊毛の生産量世界5位（2020）、輸出量世界4位（2020） ❹穀類自給率98%（2019）、肉類自給率75%（2019）、第一次産業人口1.0%（2019）

3.8 ロシア・ウクライナ ★★★

　旧ソ連時代はコルホーズ（集団農場）、ソフホーズ（国営農場）による生産が行われていたが現在は解体され、企業や個人が農業を営んでいる。

ロシア	❶大麦、小麦、ライ麦の生産が盛ん ❷大麦の生産量世界1位（2021）、輸出量世界4位（2021）、小麦の生産量世界3位（2021）、輸出量世界1位（2021） ❸混合農業（モスクワ周辺）、トナカイの遊牧（北部）、小麦の栽培（南部の黒土地帯） ❹穀類自給率151%（2019）、肉類自給率97%（2019）、第一次産業人口5.8%（2019）
ウクライナ	❶チェルノーゼム（黒土地帯）で世界的な小麦の生産 ❷小麦の輸出量世界5位（2021） ❸穀類自給率441%（2019）、肉類自給率109%（2019）、第一次産業人口13.8%（2019）

3.9 アメリカ・カナダ ★★★

第3章 地理

アメリカの農業のキーワードは適地適作(その土地の自然条件などに適した作物を栽培すること)である。

アメリカ	❶世界的な穀物生産国 ❷アイオワ州とイリノイ州を中心としたコーンベルトと呼ばれる中央平原でトウモロコシ、大豆、豚肉、牛肉を生産 ❸トウモロコシの生産量世界1位(2021)、大豆の生産量世界2位(2021) ❹南部では綿花の栽培が盛ん ❺五大湖周辺では酪農が盛ん ❻中央平原では、西経100度線を中心にグレートプレーンズからプレーリーにかけて冬小麦・春小麦の栽培 ❼カリフォルニア(西海岸)では地中海式農業でブドウやオレンジを栽培 ❽アグリビジネス(農業関連産業)による生産・加工・販売⁷ ❾センターピボット方式による灌漑が発達し、家畜を大規模に飼育できる ❿肉牛はフィードロットでの肥育が盛ん ⓫穀類自給率116%(2019)、肉類自給類114%(2019)、第一次産業人口1.4%(2019)
カナダ	❶小麦の生産が盛ん(6割が輸出用) ❷混合農業や放牧も行われている ❸穀類自給率186%(2019)、肉類自給率139%(2019)、第一次産業人口1.5%(2019)

---

6 西経100度線を境に、その西側が年間降水量500mm未満の乾燥地域、東側が年間降水量500mm以上の湿潤地域に概ね区分される。西側にはグレートプレーンズと呼ばれるステップ気候の大平原が広がり、企業的牧畜農業が行われている。一方東側にはプレーリーと呼ばれる温暖湿潤気候の草原が広がり、企業的穀物農業が行われている。

7 農産物の生産・加工・販売などを行う農業関連産業を総称してアグリビジネスといい、中でも「穀物メジャー」と呼ばれる多国籍の穀物商社がアグリビジネスに参入している。

3 農林水産業　101

3.10 ラテンアメリカ ★★★

（1）植民地時代の大土地所有制

スペインやポルトガルなどの植民地支配に置かれていたラテンアメリカ諸国では、広大な土地を持つ地主が労働者を大量に使役して農牧業を行う経営方式が見られた。

この**大土地所有制**における農牧業地は、以下のとおり地域ごとに異なる呼称を与えられている。

ファゼンダ	：ブラジル
フィンカ	：キューバ(すでに解体、国有農場となる)
アシエンダ	：メキシコ、ボリビア、ペルー、チリ、ベネズエラ、ニカラグア
エスタンシア	：アルゼンチン

（2）モノカルチャー経済からの脱却

ラテンアメリカ諸国では特定の農産物の生産と輸出に依存する**モノカルチャー経済**が続いていたが、現在では工業化が進み、外国の資本と技術を導入できるようになった。

| ブラジル | ❶サンパウロ州周辺：コーヒー豆の生産が盛ん（肥沃な**テラローシャ**を利用して栽培）
⇒サンパウロ市がコーヒーの集散地となっている
❷ブラジル高原：大豆の生産が盛ん
⇒ブラジル高原中部草原地帯にある**セラード**と呼ばれるサバナを大豆畑にして生産
❸北東部：サトウキビ、カカオ、綿花の栽培、砂糖、オレンジ類の生産
⇒サトウキビからアルコール燃料のバイオエタノールも生産
❹**コーヒー豆**の生産量世界1位(2021)、**輸出量世界1位**(2021)
❺**大豆**の生産量世界1位(2021)、**輸出量世界1位**(2021)
❻**サトウキビ**の生産量世界1位(2021)
❼**トウモロコシ**の生産量世界3位(2021)、**輸出量世界4位**(2021)
❽穀類自給率132%(2019)、肉類自給率137%(2019)、第一次産業人口9.1%(2019) |

メキシコ	❶トウモロコシ、サトウキビなど（北部では小麦など）を栽培 ❷NAFTA（北米自由貿易協定）[8]発効によりアメリカから安価なトウモロコシが大量に輸入され、地元農家に打撃を与えている
アルゼンチン	❶ラプラタ川流域のパンパ（温帯草原）[9]で小麦の栽培や牧畜が盛ん 　⇒東部の湿潤パンパでは肉牛の飼育、小麦・とうもろこしの栽培 　　西部の乾燥パンパでは牧羊が行われる ❷アルファルファ（マメ科の牧草）を牛のエサとして肉牛を飼育 　⇒冷凍船の発達で新鮮な牛肉を出荷している ❸牛肉の生産量世界4位（2020）、輸出量世界4位（2020）
エクアドル	❶バナナ、コーヒー豆、カカオなどの栽培 ❷バナナの生産量世界5位（2021）、輸出量世界1位（2021）
その他	❶チリ　　　：地中海式農業でブドウの栽培とワイン生産が盛ん 　　　　　　　ブドウの輸出量世界1位（2021） ❷キューバ：サトウキビで製糖業が盛ん

3.11 オセアニア ★★★

オーストラリア	❶牧羊、牧牛、酪農、小麦、ブドウ、ワインの生産が盛ん ❷羊毛の生産量世界2位（2020）、輸出量世界1位（2020） 　⇒飼育される羊の4分の3が羊毛生産に適したメリノ種 ❸羊肉の生産量世界2位（2020）、輸出量世界1位（2020） ❹牛肉の生産量世界5位（2020）、輸出量世界2位（2020） ❺穀類自給率182%（2019）、肉類自給率166%（2019）、第一次産業人口2.6%（2019）
ニュージーランド	❶酪農、牧羊が盛ん 　⇒飼育される羊は毛・肉兼用のコリデール種が中心 ❷バターの輸出量世界1位（2019）

8　NAFTA（北米自由貿易協定）は1992年に署名、1994年に発効した、アメリカ・メキシコ・カナダの3か国による自由貿易協定である。2020年からUSMCA（アメリカ・メキシコ・カナダ協定）に改められた。

9　パンパとは、アルゼンチンの首都ブエノスアイレスを中心に広がる半径600kmの温帯草原をいう。中央部を走る年降水量550mmの線を境に、東部の湿潤パンパ（温暖湿潤気候）、西部の乾燥パンパ（ステップ気候）に分かれる。

3　農林水産業　103

3.12 農作物の最新データ ★★★

（1）生産量（2021）

	米	小麦	茶	大豆
1位	中国	中国	中国	ブラジル
2位	インド	インド	インド	アメリカ
3位	バングラデシュ	ロシア	ケニア	アルゼンチン

	トウモロコシ	カカオ	コーヒー豆	天然ゴム
1位	アメリカ	コートジボワール	ブラジル	タイ
2位	中国	ガーナ	ベトナム	インドネシア
3位	ブラジル	インドネシア	インドネシア	ベトナム

（2）輸出量（2021）

	米（精米換算）	小麦	茶	大豆
1位	インド	ロシア	ケニア	ブラジル
2位	タイ	オーストラリア	中国	アメリカ
3位	ベトナム	アメリカ	スリランカ	パラグアイ

	トウモロコシ	カカオ	コーヒー豆	天然ゴム
1位	アメリカ	コートジボワール	ブラジル	タイ
2位	アルゼンチン	ガーナ	ベトナム	ベトナム
3位	ウクライナ	ナイジェリア	コロンビア	コートジボワール

104　第3章　地理

4 林　業

4.1 熱帯林 ★★☆

（1）特　色

　熱帯林は多種多様な樹種が混在し密林をなすため均質材が得にくく、大量生産は難しい。硬木が多くパルプには向かないが、東南アジアのマングローブ林[10]はパルプ材として伐採されており、熱帯林の破壊が問題化している。

　全陸地の約3割が森林であり、森林の約5割が熱帯林である。

（2）熱帯林の材種・樹種

材種・樹種	用途	分布
チーク	船舶材・家具材	マレーシア、タイ、ミャンマー
ラワン	合板材（建築用）	インドネシア、フィリピン
黒檀・紫檀	高級家具材・装飾品	インド、台湾、タイ
マホガニー	高級家具材	カリブ海沿岸
ケブラチョ	タンニンの原料	アルゼンチン、パラグアイ

（3）東南アジアの丸太輸出禁止

　森林破壊など防ぐため、タイ、マレーシア、インドネシア、フィリピンやベトナムなどでは丸太輸出を禁止している。

---

10 マングローブ林は熱帯～亜熱帯の海岸に植生する植物群落である。タイやインドネシアでは破壊され、日本向けのエビの養殖場にされていた。しかし、2004年にスマトラ沖大地震で津波の大被害を受けたことを契機に、津波防止や環境保護のためマングローブ再生が行われている。日本でも沖縄でマングローブ再生に努めている。

3　農林水産業

4.2 温帯林 ★★☆

温帯林は古くから伐採されたため自然林が少なく、人工林が多い。市場の近くに分布するため需要は大きい。人工林としては、ドイツのシュヴァルツヴァルトとチューリンゲンヴァルトが有名である。

常緑広葉樹
　　照葉樹林(カシ、クス、シイなど)　　　　　：西南日本、中国などに分布
　　硬葉樹林(オリーブ、コルクガシなど)　　　：地中海沿岸に分布
落葉広葉樹(ブナ[11]、ナラ、ケヤキなど)　　　：冷涼な地域に分布
針葉樹(マツ、スギ、ヒノキ、モミ、トウヒなど)

4.3 冷帯林 ★★☆

冷帯林はタイガと呼ばれる針葉樹林を形成している。軟木のためパルプ材や建築材として用いられ、大量生産が可能である。

樹種としてはトドマツ、エゾマツ、カラマツ、トウヒが挙げられる。

4.4 林業の最新データ(2020) ★☆☆

	木材の伐採量	輸出(丸太・製材)	輸入(丸太・製材)
1位	アメリカ	ロシア	中国
2位	インド	カナダ	アメリカ
3位	中国	ニュージーランド	オーストリア

---

[11] 世界自然遺産に登録されている白神山地は青森県と秋田県にまたがる天然ブナの原生林として有名である。

106　第3章　地　理

5 水産業

5.1 形　態 ★★☆

漁船漁業	沿岸漁業	・おおよそ領海内での日帰りの漁業 ・零細で個人経営の漁業
	沖合漁業	・おおよそ200海里の経済水域内で操業する数日かけての漁業 ・労働者を雇用する中規模経営である場合が多い ・現在、日本ではこの形態が最も多い
	遠洋漁業	・遠隔の漁場に出漁して行う漁業 ・大規模な漁業会社によって行われることが多い ・日本では1973年をピークに激減している 　⇒石油危機による燃料費の高騰や、排他的経済水域[12]の設定による 　　漁場の縮小のため
養殖	海面養殖業	・海での養殖 ・海苔や真珠など
	内面養殖業	・川や湖での養殖 ・鰻や鯉など

　2015年以降、**海外では養殖生産量が漁船漁業生産量を上回っている**。中国では国内漁業の8割が養殖生産業で占められている(2019)。

　ただし、**日本では8割近くが漁船漁業生産量で占められている**(2019)。

世界の漁業生産（2020）

漁船漁業生産量合計	9,142万トン
養殖生産量合計	12,258万トン

---

[12] 排他的経済水域（EEZ）とは、国連海洋法条約により定められた水域で、領海の外側にあり、海岸の基線から200海里（約370km）内の範囲を指す。沿岸国は資源の開発・調査・管理・漁業などの主権が認められている。ただし船の航行や上空の飛行は他国も可能である。

3　農林水産業　107

5.2 世界の主要漁場 ★★★

大陸棚、**バンク**(浅堆)、**潮目**、**寒流**などではプランクトンが繁殖し、好漁場となる。

<table>
<tr><td rowspan="3">世界三大漁場</td><td>❶北西太平洋漁場</td><td>・**日本海流**(暖流)と**千島海流**(寒流)、**対馬海流**(暖流)と**リマン海流**(寒流)の潮目がある
・種類も多く、漁獲高ともに**世界最大の漁場**</td></tr>
<tr><td>❷北東大西洋漁場</td><td>・**北大西洋海流**(暖流)と**東グリーンランド海流**(寒流)の潮目がある
・北海の**ドッガーバンク**、**グレートフィッシャーバンク**などバンクが多い</td></tr>
<tr><td>❸北西大西洋漁場</td><td>・**メキシコ湾流**(暖流)と**ラブラドル海流**(寒流)の潮目がある
・大陸棚が広く分布し、**グランドバンク**、**ジョージバンク**などバンクが多い</td></tr>
<tr><td rowspan="2">その他</td><td>❹北東太平洋漁場</td><td>・**アラスカ海流**(暖流)と**カリフォルニア海流**(寒流)の潮目がある
・大陸棚やバンクはあまりないが、サケやマスがよく獲れる</td></tr>
<tr><td>❺南東太平洋漁場</td><td>・**ペルー海流**(寒流)にはプランクトンが多く好漁場
・**アンチョビ**(カタクチイワシ)の漁獲が中心で、そこから**フィッシュミール**(飼料)を作っている</td></tr>
</table>

5.3 世界の漁獲量(2020) ★★★

1位	中国
2位	インドネシア
3位	ペルー
4位	インド
5位	ロシア

1990年代前半まではペルーが第1位であったが、**エルニーニョ現象**(海水温が高くなること)の影響で寒流の**アンチョビ**(カタクチイワシ)が獲れにくくなった。

過去問チェック

01 中国は、1953年に、市場経済を導入したが、経済運営は順調に進まず、1970年代末から計画経済による改革開放政策が始まった。**東京都Ⅰ類2018** 3.1

✕ 社会主義国である中国は当初計画経済を進めてきたが、1970年代末より市場経済を導入した改革開放政策を推進するようになった。

02 （インドにおいては）モンスーンの影響により夏季の降水量が多くなる南西部では、米が広く栽培されている。1960年代に進められた農地改革によって米の収量が増加したが、インドは食料自給を達成するに至っていない。また、多収量品種は大量の肥料と水を必要とするため、その導入は灌漑設備と農業機械をもつ地主に限られた。その結果、農村では貧富の差が拡大した。**裁判所2011** 3.4

✕ インドでは1960年代の食料危機に際し、「緑の革命」と呼ばれる品種改良や栽培技術の改善を海外からの技術援助などを仰いで実施した結果、農産物の収量が増加し、穀類の自給は達成されている。

03 インドでは、モンスーンの影響を受けるため、全域で、年間を通じ降水量が多く稲作が安定的に行われている。**東京都Ⅰ類2006** 3.4

✕ そもそもモンスーンとは「季節風」のことであるから、その影響を受けるのなら、「年間を通じて降水量が多く」というのは矛盾している。また、インド国内はさまざまな気候区に分かれており、熱帯モンスーン気候(Am)に属するのは西岸の一部地域のみであり稲作地帯も限定されているため、「全域で」というのも誤りである。

04 ロシア連邦の農業は、ソビエト連邦時代の集団農場であるコルホーズ及び国営農場であるソフホーズを存続させ、個人農場は認められていない。**東京都Ⅰ類2002** 3.8

✕ コルホーズ、ソフホーズは現在解体され、企業や個人が農業を営んでいる。

05 農業はブラジルの重要な産業である。世界でも有数の生産量を誇る農作物には、コーヒー、オレンジ、さとうきび、サイザル麻などがある。1970年代以降、ブラジル中部に位置するパンパでは、大規模に農地が開発され、広い面積で大豆が栽培されるようになった。最近では、バイオエタノールの原料となるとうもろこしの生産が増加している。**裁判所2010** 3.10

✕ ブラジル中部に位置し大豆の栽培を行うサバナはセラードと呼ばれ、パンパはアルゼンチンに広がる温帯草原である。

3 農林水産業 109

06 南アメリカ大陸の北部に位置するアマゾン盆地は、高温多雨であり、セルバと呼ばれる世界最大の熱帯林が広がる。大陸の中央部に位置するブラジル高原はサバナ気候に属し、灌木林や草原が広がり、最近では農地にも利用されている。アルゼンチン中央部には、肥沃な大草原であるパタゴニアが広がり、小麦やとうもろこしの栽培、肉牛の飼育が盛んである。裁判所2015 3.10

✕ アルゼンチンの中央部の大草原はパタゴニアではなくパンパという。パタゴニアとは、アルゼンチン南部に広がる乾燥地帯を指す。

07 アルゼンチンに広がる大草原はセルバとよばれ、小麦、トウモロコシ、アルファルファの栽培が盛んで、牛や羊が飼育されている。東京都Ⅰ類2011 3.10

✕ セルバは大草原ではなくアマゾン川流域に広がる熱帯雨林である。アルゼンチンに広がる大草原はパンパと呼ばれる。

08 ブラジルやアルゼンチンでは、自作農による混合農業が発達しており、コーヒーや畜産物を生産する農場はアシエンダと呼ばれている。東京都Ⅰ類2020 3.10

✕ 混合農業は主にヨーロッパなどで行われている農業であり、ブラジルではコーヒー、大豆、サトウキビなどの栽培が、アルゼンチンでは小麦の栽培や肉牛の飼育が盛んである。またアシエンダはメキシコやペルーなどの大土地所有制に基づく大農園であり、ブラジルではファゼンダ、アルゼンチンではエスタンシアと呼ばれる。

09 (オーストラリアの)内陸部では牧畜が盛んであり、羊毛用の羊としては主としてサウスダウン種が放牧されており、羊毛生産量は2000年以降中国に次いで世界第2位である。東京都Ⅰ類2009 3.11

✕ オーストラリアで放牧されているのはサウスダウン種ではなくメリノ種である。

第3章

地理

3 農林水産業 　111

過去問 Exercise

問題1
アメリカ合衆国の農牧業に関する次の記述中のA〜Fの空欄に入る語句の組合せとして最も適当なものはどれか。

裁判所2017

アメリカ合衆国の農牧業の特徴の一つは、適地適作である。年間降水量が500mm以下となる中央より（　**A**　）の地域では、主に放牧が行われており、中央平原、（　**B**　）などの平野部が作物栽培地帯となっている。

気候的な適地に注目してみると、主に酪農が行われているのは（　**C**　）であり、綿花栽培は（　**D**　）で行われており、春小麦は（　**E**　）で、冬小麦は中部や（　**F**　）で栽培されている。また、太平洋岸では地中海式農業がみられ、かんきつ類の栽培も盛んである。

	A	B	C	D	E	F
1	西側	プレーリー	北部	南部	北部	南部
2	西側	パンパ	南部	北部	南部	北部
3	西側	プレーリー	北部	南部	南部	北部
4	東側	プレーリー	南部	北部	南部	北部
5	東側	パンパ	北部	南部	北部	南部

112　第3章　地理

解説

正解 ❶

A：西側

　ロッキー山脈と年間降水量500mm以下の等雨量線の間には、グレートプレーンズと呼ばれる大平原があり、主に牧畜が行われている。

B：プレーリー

　プレーリーは西経100度線からミシシッピ川にかけて広がる草原であり、肥沃な土壌で作物栽培地帯となっている。パンパとは、アルゼンチンのラプラタ川流域に広がる草原地帯のことである。

C：北部

　北部の五大湖周辺には大都市が連なっており、比較的冷涼な気候であることから酪農や混合農業が盛んである。

D：南部

　南部の温暖で適度に乾燥したミシシッピ川流域では綿花栽培が盛んである（コットンベルト）。

E：北部

　春小麦は春先に種を蒔き、その年の秋に収穫する。北部では高緯度でも栽培可能な春小麦を栽培する。

F：南部

　冬小麦は秋に種を蒔き、越冬させたのち初夏に収穫する。南部では冬季でも比較的温暖な地域で冬小麦を栽培する。

3　農林水産業　　113

> **問題2** 世界各地の農牧業に関する記述として最も妥当なものはどれか。

裁判所2021

❶ アフリカや東南アジアなどで行われる焼畑農業は、草木を焼いてその灰を肥料とし、コーヒーなどを同じ耕地で繰り返し栽培する農業である。

❷ 集約的稲作農業は、モンスーンの影響を受け降水量が多い東アジアなどの地域で行われ、広い耕地に少ない労働力が投入されるため土地生産性が低い。

❸ デンマークなどの北西ヨーロッパ沿岸では、牛を牧草や飼料作物で飼育し、牛乳やバターなどを生産する酪農が発達した。

❹ プランテーション農業は、植民地支配のもと多くの奴隷や現地住民を動員することで発展し、多種類の自給作物を大規模に栽培した。

❺ 混合農業は、中世ヨーロッパから続く三圃式農業から発展したもので、夏はオリーブやブドウ、冬は小麦などを栽培し、家畜は羊や山羊などを飼育している。

解説

正解 **3**

① ✕ 焼畑農業が「草木を焼いてその灰を肥料」とすることは妥当であるが、「同じ耕地で繰り返し栽培」するのではなく、地力が衰えると作付地を移動する。焼畑農業の作物としてはコーヒーではなく、キャッサバ、タロイモ等が代表的である。

② ✕ 「広い耕地に少ない労働力が投下される」のではなく、狭い耕地に多くの労働力が投下される。また、「土地生産性」ではなく「労働生産性」が低い。集約的稲作農業が東アジアで行われていることは妥当である。

③ ◯ 正しい記述である。

④ ✕ 「多種類の自給作物」ではなく、単一作物を栽培する大規模農園であることがプランテーション農業の特徴である。「植民地支配のもと多くの奴隷や現地住民を動員することで発展し」という点は妥当であり、アフリカでのカカオ栽培やラテンアメリカでのコーヒー栽培等が代表的である。

⑤ ✕ 「夏はオリーブやブドウ、冬は小麦などを栽培」するのは、混合農業ではなく、地中海式農業である。混合農業が「中世ヨーロッパから続く三圃式農業から発展した」ことは妥当であり、小麦などの穀物栽培と家畜(牛や豚)の飼育とを組み合わせた農業である。選択肢にある「羊や山羊」を家畜として育てるのは、乾燥地域などで行われている遊牧の特徴である。

問題3 世界の農業に関する記述として、妥当なのはどれか。

特別区Ⅰ類2008

1 混合農業は、中世の三圃式農業から発展した、穀物・飼料作物の輪作と家畜の飼育とが結びついた農業で、北西ヨーロッパなどに見られる。

2 地中海式農業は、オリーブやブドウなどの樹木作物と冬小麦などを栽培する農業で、地中海沿岸だけで行われている。

3 焼畑農業は、南アメリカのパンパで行われる草地を焼いて耕地を作る農業で、草木の灰が肥料となるため、長い年月にわたって作物が収穫できる。

4 オアシス農業は、サバナ地帯でゴムやコーヒーなどを栽培する農業で、泉・外来河川の水や地下水路で引いた水を利用する。

5 プランテーション農業は、都市への出荷を目的に、新鮮な野菜・花卉・果物などを集約的に栽培する生産性の高い農業で、先進諸国で行われている。

116　第3章　地　理

解説

正解 **1**

❶ ◯ 正しい記述である。

❷ ✕ 地中海式農業は、地中海沿岸のほか、カリフォルニア、チリ中部、オーストラリア南東部など地中海性気候が分布する地域で見られる。

❸ ✕ 焼畑農業は主に熱帯雨林気候の内陸に分布する。密林地帯であり、生活形態も文明化されていない地域が多く、原始的な農法が行われており、土地生産性・労働生産性ともに低い。比較的乾燥している地域(乾燥パンパ)では企業的牧畜農業が行われ、湿潤な地域(湿潤パンパ)では混合農業や企業的穀物農業などが行われている。

❹ ✕ オアシス農業は、乾燥帯において地下水、湧水、外来河川などの水で灌漑し、穀物や果実などを集約的に栽培する農法である。文中のサバナ気候は熱帯であり、熱帯でオアシス農業は見られない。

❺ ✕ 選択肢の記述は園芸農業についての説明である。プランテーション農業は、熱帯・亜熱帯地域に見られる大規模な商業的農園農業であり、歴史的に植民地化された地域で発達した農法である。そのため、「先進諸国」ではなく、現在でも途上国に多く見られる。

| 問題4 | 世界の農牧業の形態に関する記述として、妥当なのはどれか。 |

東京都Ⅰ類2003

1 オアシス農業は、乾燥地域で地下水、湧水、外来河川などの水で灌漑し、ナツメヤシや小麦を集約的に栽培する農業であり、ナイル川流域やサハラ砂漠で行われている。

2 混合農業は、小麦やライ麦などの食用作物と、野菜や花きなどの園芸作物を組み合わせて栽培する農業であり、世界で広く行われ、ヨーロッパでは、コーンベルトとよばれる地域で、トウモロコシとチューリップの栽培が行われている。

3 地中海式農業は、耐乾性の強い樹木作物と自給用の穀物を栽培する農業であり、夏は高温乾燥なため小麦を生産し、冬は温暖湿潤なためオリーブ、コルクがしを生産し、アメリカでも行われている。

4 焼畑農業は、山林や原野を焼いて、草木灰を肥料として用いる農業であり、雑草や害虫の発生が少ないため、土地の生産性は高いが、現在では森林資源の豊富なアマゾン川流域に限って行われている。

5 遊牧は、家畜とともに一定の地域を移動し、家畜の生産物に依存した自給的な生活を営む牧畜であり、羊、ヤギなどを主要家畜とし、サバナ地方に限って行われている。

解説

正解 **1**

1 ○ 正しい記述である。

2 ✕ 混合農業は家畜飼育と畑作を組み合わせた農業であり、西ヨーロッパやアメリカなどで行われている。また、コーンベルトはヨーロッパではなくアメリカにあるトウモロコシ栽培の盛んな地帯である。

3 ✕ 地中海式農業においては夏にオリーブ、コルクガシなどを生産し、冬に小麦などを生産する。「地中海式」という名称ではあるもののアメリカのカリフォルニアやチリ中部、アフリカ南端、オーストラリア南部などでも行われている。

4 ✕ 焼畑農業はアマゾン川流域のみでなく、東南アジアやアフリカ中部などでも行われている。また、土地生産性・労働生産性ともに低い農業である。

5 ✕ 遊牧はアジアの乾燥地帯のほか北極圏などでも行われている。

| 問題5 | 世界の農業に関する記述として、妥当なのはどれか。 |

東京都Ⅰ類2008

1 オアシス農業は、乾燥地域で湧水などの水を利用して行う農業であり、乾燥のため小麦などの穀物は栽培できず、ナツメヤシなどの樹木作物が栽培されている。

2 企業的穀物農業は、大型農業機械を使用して大規模に生産を行う農業であるが、土地生産性及び労働生産性は低く、南アメリカに特有の農業の形態である。

3 混合農業は、穀物の栽培と家畜の飼育とを組み合わせた農業で、三圃式農業から発展した農業の形態であり、ヨーロッパでみられる。

4 地中海式農業は、地中海沿岸に特有の農業の形態であり、降雨量が少ないため大麦などの穀物は栽培されておらず、乾燥に強いブドウなどの樹木作物が栽培されている。

5 プランテーション農業は、熱帯地域で茶などの作物を栽培する農業であり、農園の規模が小さいため生産された作物の輸出は行われておらず、アフリカに特有の農業の形態である。

120　第3章　地　理

解説

正解 ❸

第3章 地理

❶ ✕　オアシス農業は、湧水、地下水、外来河川などの水で灌漑し、ナツメヤシなどの樹木作物のほか小麦や米などの穀物も栽培する農法である。

❷ ✕　企業的穀物農業は、南アメリカ以外にも北アメリカやオーストラリアなど主に新大陸に見られる農法で、一人当たりの農地面積が広大なため労働生産性が非常に高く、粗放的なことが特徴である。

❸ ◯　正しい記述である。

❹ ✕　地中海式農業は地中海沿岸に限らず、カリフォルニア、チリ中部、オーストラリア南東部など地中海性気候が分布する地域に見られる農業形態である。また、冬は湿潤な気候を利用して小麦や大麦などの穀物を栽培している。

❺ ✕　プランテーション農業は、欧米からの移民白人が広大な農場を支配する大規模な商業的農園農業であり、アフリカに限らず中南米などでも見られる。また、商品性の高い作物を輸出目的で単一耕作(モノカルチャー)するものである。

3　農林水産業　121

問題6

世界の農業に関する記述として、妥当なのはどれか。

東京都Ⅰ類2022

1 園芸農業は、北アメリカや日本などの大都市近郊でみられる、鉢花や切花など、野菜以外の観賞用植物を栽培する農業であり、近年は輸送手段の発達とともに、大都市から遠く離れた地域にも出荷する輸送園芸農業が発達している。

2 オアシス農業は、乾燥地域においてみられる、外来河川や湧水池などを利用した農業であり、イランではフォガラと呼ばれる人工河川を利用して山麓の水を導水し、オリーブなどを集約的に栽培している。

3 企業的穀物農業は、アメリカやカナダなどでみられる、大型の農業機械を用いて小麦やトウモロコシなどの穀物の大規模な生産を行う農業であり、土地生産性が高いものの労働生産性は低い。

4 混合農業は、ドイツやフランスなどの中部ヨーロッパに広くみられる、中世ヨーロッパの三圃式農業から発展した農業であり、穀物と飼料作物を輪作で栽培するとともに、肉牛や鶏などの家畜を飼育している。

5 地中海式農業は、アルジェリアやモロッコなどの地中海沿岸地域に特有の農業であり、夏には小麦や大麦などの穀物が、冬には柑橘類やブドウなどの樹木作物が栽培されている。

122　第3章　地理

解説

正解 **4**

1 ✕ 「野菜以外の」という点が明らかに誤りである。園芸農業で栽培される作物は切花等の花卉のほかに、野菜や果物を含む。

2 ✕ イランで見られる地下水路はカナートと呼ばれ、フォガラはアルジェリア等、北アフリカで見られる地下水路の呼称である。また、オアシス農業で栽培されるのは小麦やナツメヤシである。オリーブの栽培は地中海式農業の特徴である。

3 ✕ 選択肢前半は妥当だが、「土地生産性が高いものの労働生産性が低い」という点が明らかに誤りである。アメリカやカナダなどに見られる企業的穀物農業は、一般に土地生産性が低く労働生産性が高いという特徴を持つ。

4 ◯ 正しい記述である。

5 ✕ 夏と冬の作物が入れ替わっている。地中海式農業は地中海沿岸や地中海性気候の地域に見られる農業形態であり、乾燥する夏は柑橘類やブドウなどの樹木作物を栽培し、温暖湿潤な冬は小麦や大麦を栽培する。

3 農林水産業

国家一般職 ★★★／国家専門職 ★★★／裁判所 ★★★／東京都Ⅰ類 ★★★ 特別区Ⅰ類 ★★★

4 鉱工業

この節では鉱工業について扱います。各鉱産資源の特徴や分布、上位の産出国などを各地域・国の特徴とからめて覚えておくようにしましょう。工業立地論については、それぞれの工業が特定の立地を採用する理由を理解しておきましょう。

1 エネルギー

1.1 世界の発電供給構成　　　★★★

世界の発電供給構成

原子力発電が多い国	フランス（7割、ただし縮小傾向）
水力発電が多い国	ノルウェー（9割）、ブラジル（7割）、カナダ（6割弱）
火力発電が多い国	サウジアラビア（火力のみ）、ポーランド（9割）、タイ（9割）、その他先進国

　フランス、ノルウェー、ブラジル、カナダ以外は火力発電中心であると考えればよい。

1.2 一次エネルギーと二次エネルギー　　　★★★

（1）一次エネルギー

　石炭、原油、天然ガス、ウラン（原子力）、太陽、水力、風力などの**自然のままのエネルギー**を**一次エネルギー**という。

　日本の一次エネルギー自給率は約12%しかなく（2019）、一次エネルギーの8割以上を輸入に依存している。特に中東地域への原油依存度が高く（約8割）、天然ガス・石炭の輸入はオーストラリアに依存している。

124　第3章　地　理

主要国の一次エネルギー供給の構成（2020／世界計のみ2019）[%]

	日本	アメリカ	中国	フランス	ドイツ	ロシア	世界
石炭	26.5%	10.9%	**60.7%**	2.4%	15.9%	15.1%	27.8%
石油	**38.5%**	34.5%	18.9%	28.0%	33.7%	19.7%	29.4%
天然ガス	24.0%	35.4%	7.6%	15.7%	26.6%	**53.9%**	23.5%
原子力	2.6%	10.5%	2.7%	**41.5%**	6.0%	7.5%	5.1%
水力	1.8%	1.2%	3.2%	2.4%	0.6%	2.4%	2.6%
風力など	2.7%	2.6%	3.1%	2.4%	5.9%	0.1%	2.1%
バイオ燃料と廃棄物	4.0%	4.9%	3.8%	7.6%	11.3%	1.4%	9.6%

（2）二次エネルギー

電力・コークス・ガソリンなど、一次エネルギーを加工したものを**二次エネルギー**という。

2 鉱産資源

2.1 主な鉱産資源

石　炭	・古期造山帯に多く埋蔵されている ・**中国**が世界の産出量の5割以上を占めている
原　油	・多くは新期造山帯の褶曲構造を持った地層の背斜部に埋蔵されている ・偏在性が大きく、大半が**中東地域**に集中している
天然ガス	・公害を出さない**クリーンなエネルギー**として注目されている ・埋蔵量はロシアと中東が大半を占めるが、産出量はアメリカやロシアが多い
鉄鉱石	・安定陸塊に多く分布している ・オーストラリア、ブラジル、中国、インドなどでよく産出されている
銅　鉱	・産出量・輸出量ともにチリが世界1位を誇っており、チュキカマタ銅山が有名 ・アフリカのコンゴ民主共和国とザンビアの国境地帯にカッパーベルトと呼ばれる銅鉱床地帯がある
ボーキサイト	・アルミニウムの原料 ・日本では採れないため、輸入に頼っている

レアメタル	・埋蔵量や生産量が少なく希少性が高い金属 ・電子機器、航空機、自動車などに不可欠な部分材料として使用されている ・**プラチナ**（白金）、**ニッケル**、**コバルト**、**マンガン**、**チタン**、**レアアース**など31種類ある ・レアアース、チタン、タングステンは**中国**、プラチナ族（プラチナやパラジウムなどの総称）、マンガン鉱は**南アフリカ**、コバルト鉱は**コンゴ民主共和国**、ニッケル鉱は**インドネシアやフィリピン**に偏在している

2.2 主な鉱産資源のデータ

鉱産資源		1位	2位	3位
石炭	産出量（2019）	中国	インド	インドネシア
	輸出量（2019）	インドネシア	オーストラリア	ロシア
	輸入量（2019）	中国	インド	日本
原油	埋蔵量（2020）	ベネズエラ	サウジアラビア	カナダ
	産出量（2021）	アメリカ	サウジアラビア	ロシア
	輸出量（2019）	サウジアラビア	ロシア	イラク
	輸入量（2019）	中国	アメリカ	インド
天然ガス	産出量（2021）	アメリカ	ロシア	イラン
	輸出量（2020）	ロシア	アメリカ	カタール
	輸入量（2020）	中国	日本	ドイツ
鉄鉱石	産出量（2021）	オーストラリア	ブラジル	中国
	輸出量（2021）	オーストラリア	ブラジル	南アフリカ
	輸入量（2021）	中国	日本	韓国
銅鉱	産出量（2021）	チリ	ペルー	中国
銀鉱	産出量（2021）	メキシコ	中国	ペルー
ボーキサイト	産出量（2021）	オーストラリア	中国	ギニア
金鉱	産出量（2021）	中国	ロシア	オーストラリア

3 工業立地

3.1 ウェーバーの工業立地論 ★★☆

　ドイツの経済学者アルフレッド・ウェーバーは、工場生産で利潤を最大にするために生産費の節約が必要であり、特に輸送費に着目して**輸送費が最低になる場所に工場を立地**すべきだとした。

3.2 工業立地の分類 ★★☆

原料指向型	・原料が重いため、輸送費用が少なくなる原料産地に立地 ・セメント、パルプ、製紙、鉄鋼、果実加工など
市場指向型	・製品が重く、流行や情報に敏感なものは市場近くに立地 ・ビールやジュースの加工、印刷・出版、高級服飾品など
電力指向型	・大量の電力を使用するため、安価に発電できる場所（水力発電所の近くなど）に立地 ・アルミニウムの精錬、化学肥料工場など
労働力指向型	・安価で豊富な労働力を求めて立地 ・現在では途上国に工場を移すことが多い ・繊維工業、電気製品の加工など
臨海指向型	・輸入原料に依存するため臨海部に立地 ・鉄鋼、石油化学、造船など
臨空港指向型	・軽薄・高付加価値商品のため、空港付近に立地 ・エレクトロニクス産業など

第3章
地理

4　鉱工業　127

4 世界の工業

4.1 北アメリカ ★★★

(1) アメリカ

　アメリカは20世紀に世界最大の工業国になり、北東部や五大湖地域を中心に重工業が栄えたが、1970年代以降、日本やヨーロッパに押され停滞すると、北部に代わりサンベルト地域[1]が先端技術産業を中心に発展するようになった。

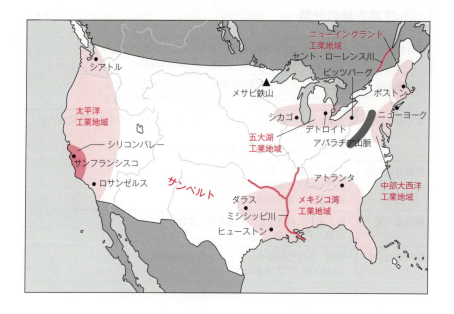

---

[1] 70年代以降、工業が栄えた北緯37度以南の地域をサンベルトと呼ぶ。サンベルトに対して衰退した北東部の工業地域をフロストベルト（スノーベルト）と呼ぶ。

（2）カナダ

　カナダはウラン、石油、鉄鉱石などの資源に恵まれている。特に自動車産業を中心にアメリカの資本が多く進出している。また森林資源が豊富なため、木材加工、製紙業や造船業が盛んである。

ニューイングランド工業地域	ボストン／電子、繊維	ハートフォード／航空機、精密機械
	・アイビーリーグ（アメリカ北東部の8大学）との産学連携 ・ボストンを中心に発達した電子工業集積地をエレクトロニック・ハイウェイと呼ぶ	
中部大西洋工業地域	ニューヨーク／総合工業地帯 ボルティモア／造船	フィラデルフィア／非鉄金属[2]
五大湖工業地域	ピッツバーグ／機械、鉄鋼 シカゴ／農業機械、食品	デトロイト／自動車、鉄鋼
	・メサビ鉄山の鉄鉱石とアパラチア山脈の石炭を利用した工業地域 ・五大湖の水運も利用 ・セント・ローレンス川から船で工業製品を輸出 ・かつては盛隆を誇っていたが、1970年代以降、日本やヨーロッパの成長やサンベルト地域の発展に伴い衰退し、2013年にデトロイト市が破綻宣言、しかし、現在では再生の道を歩んでいる	
メキシコ湾工業地域	ヒューストン／石油化学、航空機 テキサス州／ IC	アトランタ／綿 ダラス／石油化学
	・テキサス州にはシリコンプレーンと呼ばれるIC産業の集積地がある ・ヒューストンにはNASA（アメリカ航空宇宙局）の宇宙センターがある	
太平洋工業地域	シアトル／航空機、製材 ロサンゼルス／航空機、電子、石油化学	サンフランシスコ／自動車、造船、食品
	・カリフォルニア州にはシリコンバレーと呼ばれるIC産業の集積地がある	
カナダ	モントリオール／木材、製紙、造船 ケベック／造船、木材	バンクーバー／木材、製紙
	・ケベックはモントリオールの北東に位置 ・モントリオールとケベックはケベック州に属し、フランス系住民が多い	

2　非鉄金属は銅・鉛・錫・亜鉛・アルミニウム・ニッケルなど、鉄以外の金属を指す。

4.2 ヨーロッパ ★★★

EU最大の工業国はドイツであり、イギリス南部、ドイツ西部、フランス東部、イタリア北部にかけて高度な経済水準地域が存在する。該当地域を囲むとバナナのような形をしているので、EUのシンボルカラーにちなんで「**ブルーバナナ**」と呼ぶ。

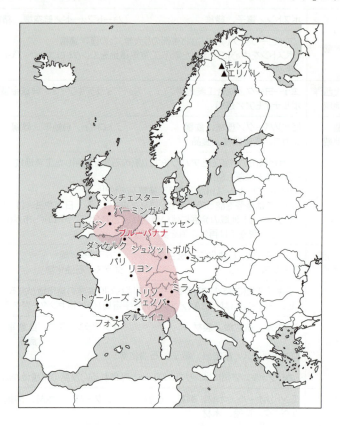

ドイツ	ミュンヘン／自動車、電子、ビール　　シュツットガルト／自動車 エッセン／鉄鋼
	・**EU最大の工業国** ・**ルール工業地帯**が有名だが、60年代に比べ現在は石炭の採掘量は大量に減った ・ライン川、ルール川などの水運を背景に工業が発展 ・近年は機械、化学、ハイテク産業などが発達し、自動車工業、薬品製造、鉄鋼業が盛ん

フランス	パリ／自動車、電気　　　　　　　　　ダンケルク／鉄鋼 リース／鉄鋼　　　　　　　　　　　リヨン／絹織物 トゥールーズ／エアバス社の航空機　　フォス／石油化学、鉄鋼 マルセイユ／機械、石油化学
	・**航空機産業**が盛ん ・フォス、マルセイユは地中海沿岸の都市 ・ニースとカンヌはコートダジュールにある観光保養都市
イタリア	ミラノ／繊維　　　　　　　　　　　ジェノバ／鉄鋼、造船 トリノ／自動車
	・南北格差が大きい ・北部の**ミラノ、ジェノバ、トリノ**が重工業地帯としてよく知られている
イギリス	ランカシャー地方（ペニン山脈西部：マンチェスター、リバプールなど） 　　／綿、自動車、化学、IT ヨークシャー地方（ペニン山脈東部：ローズ、ブラドフォードなど） 　　／羊毛、IT、先端技術 ミッドランド地方（ペニン山脈南部：バーミンガムなど） 　　／鉄鋼、機械 ロンドン／機械、自動車、化学、電子、印刷
	・石炭・鉄鉱石が豊富で、各地にある炭田を背景に工業が発展 ・**北海油田**を利用（5割の所有権） ・**ロンドン**はイギリス最大の工業地域
オランダ	ロッテルダム／造船、石油化学、石油精製、天然ガス アムステルダム／ダイヤモンド研磨、食品
	・ロッテルダム港の一部は**ユーロポート**と呼ばれ、北海と新マース川（ライン川の分流）の結節点として発展した「**EUの玄関口**」と呼ばれる ・ユーロポートは石油化学工業の中心地
スイス	・**精密機械工業**（主に**時計**）と薬品工業が中心 ・アルプスのきれいな空気を利用して精密機械工業が盛ん ・特にスイス製の時計は世界的に高い評価を得ている
スウェーデン	・**キルナとエリバレの鉄鉱石**が有名 ・自動車、造船、機械、産業ロボットなど
ノルウェー	・**原油と天然ガス**の輸出 ・**北海油田**の利用（4分の1の所有権） ・豊富な水力発電でアルミ工業が盛ん
フィンランド	・紙類の輸出 ・近年は**エレクトロニクス産業**が発展
デンマーク	・**原油と天然ガス**の輸出と重工業など ・加工貿易国

4.3 東アジア ★★★

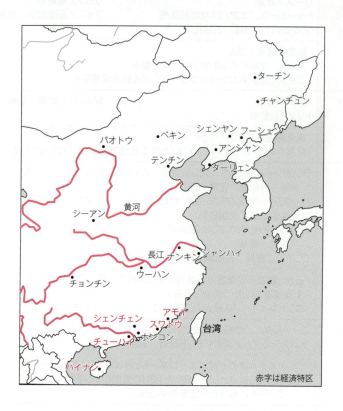

中国	東北	ターチン（大慶）／石油　　　　　　　　アンシャン（鞍山）／鉄鋼 フーシュン（撫順）／鉄鋼　　　　　　　ターリェン（大連）／造船
	華北	ペキン（北京）／総合工業地帯　　　　　テンチン（天津）／総合工業地帯
	華中	シャンハイ（上海）／繊維、雑貨、食品 ウーハン（武漢）／鉄鋼 チョンチン（重慶）／鉄鋼 パオシャン（宝山）／製鉄（日本の技術援助）
	華南	シェンチェン（深圳）／ IT、バイオ
	西部	ユイメン（玉門）／石油　　　　　　　　パオトウ（包頭）／鉄鋼
		・1978年末から改革開放政策で工業が発展 ・シェンチェン（深圳）、チューハイ（珠海）、スワトウ（汕頭）、アモイ（厦門）、ハイナン（海南）は経済特区とされている ・シェンチェンは中国のシリコンバレーと呼ばれ、世界のドローンの8割を生産している ・アンシャン、ウーハン、パオトウは三大鉄鋼基地とされている
台湾		タイペイ（台北）／ IT、家電、化学繊維 カオシュン（高雄）／ IT、家電、化学繊維
		・加工貿易
韓国		・加工貿易、自動車、家電 ・造船は世界第2位（2020）

4　鉱工業　133

4.4 東南アジア ★★★

シンガポール	・電子工業（ジュロン工業地区）、造船、石油精製、食品工業など
マレーシア	・家電、天然ガス、木材など ・1980年代より日本と韓国をモデルにした**ルック・イースト政策**と呼ばれる政策で工業化を推進
インドネシア	・原油、天然ガス、銅、繊維、化学 ・ジャカルタ郊外のカラワン工業団地の発展 ・パレンバンの石油精製は有名 ・2016年にOPECの加盟資格停止
ベトナム	・繊維、雑貨、食品、原油、石炭 ・1980年代より**ドイモイ政策**[3]で発展
ブルネイ	・**原油、天然ガス、石油精製** ・原油などの資源が豊富なため、東南アジア諸国の中ではシンガポールに次ぐ経済力
タイ	・電気、自動車、機械など
フィリピン	・マニラを中心に機械やIT産業も行っているが、累積債務が多い

---

3 ドイモイ政策は1980年代に始まった市場経済の導入による改革開放政策で、中国の改革開放政策をモデルにしている。

4.5 南アジア ★★★

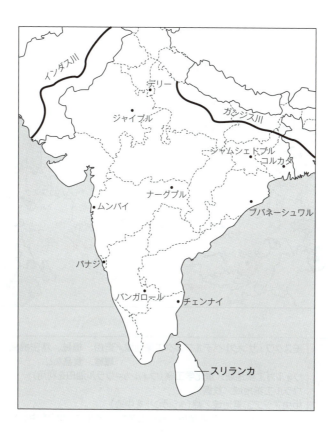

インド	バンガロール／IT　　　　　　　　ジャムシェドプル／鉄鋼 デリー／機械、繊維、自動車　　　ムンバイ／綿
	・デカン高原南部の**バンガロール**を中心に**IT産業**が急激に伸びており、インドのシリコンバレーと呼ばれている ・鉄鉱石も豊富で、北東部の**ジャムシェドプル**が有名 ・北東部のダモダル川総合開発により多目的ダムがつくられ電力網が整備されたため、北東部にはジャムシェドプルなど鉄鋼業中心の工業地域が形成された
パキスタン	・綿、石油精製、衣料品
バングラデシュ	・繊維、衣料品、ニット関連製品
スリランカ	・衣料品、機械

4.6 ロシア・ウクライナ ★★★

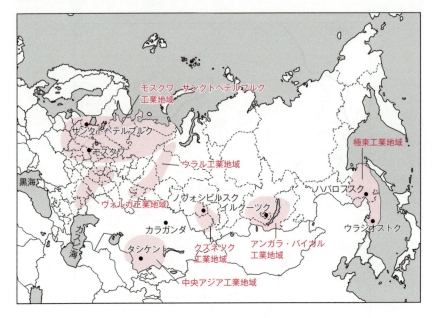

ロシア	モスクワ・サンクトペテルブルグ工業地域／造船、機械、精密機械、化学、繊維、食品など
	ヴォルガ工業地域／重化学工業（ヴォルガ＝ウラル油田を利用）
	ウラル工業地域／鉄鋼
	中央アジア工業地域／綿（タシケントを中心）
	アンガラ・バイカル工業地域／機械工業など（イルクーツクを中心）
	クズネツク工業地域／重工業（クズネツク炭田を中心）
	極東工業地域／木材加工、原油・天然ガス開発
	・天然ガス、原油
	・外資導入や日系企業の投資で成長しつつある
ウクライナ	・石炭・鉄鉱石が豊富で重工業中心
	・ドニプロ工業地域（ウクライナ東部の重工業地域）

4.7 ラテンアメリカ ★★★

ブラジル	・**鉄鉱石**の生産と輸出が盛ん、ほか自動車、機械 ・水力発電が盛ん ・モノカルチャーからの脱却のため、**輸入代替型の工業化**が進展 ・**原油の産出量はラテンアメリカ第1位**(2021) ・**イタビラ鉄山**(鉄鉱石)、**カラジャス鉄山**(鉄鉱石)、**ウジミナス製鉄所**(日本との合弁)が有名 ・サンパウロやリオデジャネイロなどの南東部が工業の中心地
メキシコ	・自動車 ・**銀の産出量は世界第1位**(2021)、**原油の産出量はラテンアメリカ第2位**(2021) ・メキシコ湾で**石油開発**が盛ん(メキシコは非OPEC加盟国) ・**USMCA**(アメリカ・メキシコ・カナダ協定)の成員
ペルー	・**銀の産出量は世界第3位**(2021)、**埋蔵量は世界第1位**(2021) ・**銅鉱の産出量は世界第2位**(2021)
ベネズエラ	・石油化学・天然ガス・ボーキサイトなど ・**原油の産出量はラテンアメリカ第4位**(2021)、**埋蔵量は世界第1位**(2020) ・**OPEC加盟国**
チリ	・**銅鉱の産出量は世界第1位**(2021)、**輸出量も世界第1位**(2021) ・**チュキカマタ銅山**(銅鉱石)が有名

4.8 オーストラリア ★★★

オーストラリア	メルボルン/自動車　　　　　　　　　シドニー/金属、製油
	・東部は**古期造山帯**(グレートディヴァイング山脈が有名)が分布し、**鉄鉱石**がよく採れる ・西部は**安定陸塊**が分布し、**鉄鉱石と金**が豊富である ・北部はボーキサイトが豊富 ・**鉄鉱石の産出量は世界第1位**(2021) ・**ウランの埋蔵量は世界第1位**(2019)

4 鉱工業　137

過去問チェック

01 石油の代替エネルギーの主力として、原子力発電の比重が各国とも高まっており、世界の総発電量に占める割合は、2019年で約3割である。国別でみると、ロシア、オーストラリアにおいて発電量に占める比重が高い一方で、フランスやドイツなどのEU諸国では比重が低い。**国家一般職2011改題** `1.1` `1.2`

✗ 世界の総発電量に占める原子力の割合は10%程度にとどまる。また、フランスの原子力発電の割合は近年減少しているとはいえ7割程度を占め、他国と比較すると比重が高いといえる。

02 希少金属（レアメタル）にはタングステン、コバルト、クロム等があり、先端技術産業に欠かせない素材として重要である。これらの金属の生産は一つ又は少数の国に集中する傾向が強く、例えばタングステンは、現在、世界における生産量の8割以上を中国が占めている。**国家専門職2012改題** `2.1`

◯

03 石炭は製鉄用コークスの原料や火力発電の燃料として用いられている。石油と比べて埋蔵量が多く、環太平洋地域に偏在している。我が国においては全国各地で良質の石炭が産出され、オーストラリアやカナダに輸出されている。**国家専門職2012** `2.1` `2.2`

✗ 環太平洋地域に偏在しているのは石炭ではなく石油である。また、現在日本で稼働中の炭鉱は釧路炭田のみであり、オーストラリアやカナダから石炭を輸入する立場である。

04 工業立地論とは、工業が、輸送費が最小になる場所に立地する可能性について論じるものである。これに従うと、原料重量と製品重量を比較した際に、前者が後者よりも大きい場合は、工業は製品の消費市場に立地しやすい。このような工業を、市場指向型工業という。**国家一般職2022** `3.2`

✗ 原料重量が製品重量よりも大きくなるのは市場指向型工業ではなく原料指向型工業である。

05 米国では、20世紀まで、豊富な石炭・鉄鉱石などの資源と水運を利用した工業が発達した南部が同国の工業の中心であったが、21世紀に入ると、北東部のスノーベルトと呼ばれる地域に工業の中心が移り、ハイテク産業や自動車産業などが進出した。**国家専門職2018** `4.1`

✗ スノーベルトとはサンベルトとは対照的に衰退した北東部の工業地域を指す用語である。アメリカでは1970年代までアパラチア山脈の石炭、メサビ鉄山の鉄鉱石、セントローレンス側の水路などを利用した北東部の五大湖工業地域が発展したが、その後は衰退し、北緯37度以南のサンベルト

138　第3章　地理

と呼ばれる南部地域がハイテク産業などを中心に発展した。

06 インドシナ半島では、第二次世界大戦以降も各地で紛争が続いたこともあり、工業化が遅れた国が多い。ベトナムでは、ベトナム戦争終結時からドイ・モイと呼ばれる閉鎖的な統制経済が続けられていた。1980年代にアメリカ合衆国がベトナムへの経済制裁を解除し、ベトナムのASEANへの加盟が実現すると、日本・韓国・シンガポールなどの東アジア諸国からの投資が増加した。裁判所2014 4.4

✕ ドイモイとはベトナム語で「刷新」を意味し、社会主義的計画経済から外国企業に門戸を開いて経済成長につなげようというもので「閉鎖的な経済統制」を指すものではない。また、ドイモイ政策が採択されたのはベトナム戦争終結時ではなく1980年代である。

07 インドでは、現在、IT産業が発展し、インドの都市のうち、バンガロールは、インドのシリコンバレーとよばれている。東京都Ⅰ類2006 4.5

◯

08 チリにはカラジャス鉄山やチュキカマタ鉄山、ブラジルにはイタビラ銅山がみられるなど、鉱産資源に恵まれている。東京都Ⅰ類2020 4.7

✕ カラジャス鉄山があるのはブラジルである。また、チリのチュキカマタにあるのは鉄山ではなく銅山であり、ブラジルのイタビラにあるのは銅山ではなく鉄山である。

09 ラテンアメリカには鉱産資源に恵まれている国が多い。メキシコやベネズエラの原油、ブラジルの鉄鉱石、チリの銅などは、輸出用品として国の経済を支えてきた。植民地時代のラテンアメリカ諸国では、これらの鉱産資源や農産物の輸出に依存したモノカルチャー経済が続いた。しかし、20世紀に入ると、輸出志向型工業を中心に工業化が始まった。裁判所2015 4.7

✕ ラテンアメリカ諸国の工業化は、輸出志向型ではなく輸入代替型である。輸出志向型の工業化とは、国内需要を満たすためではなく、安価な労働力を用いて生産した製品を先進国に輸出するもので、主に東南アジアや東アジアの新興工業国で見られた。これに対して、ラテンアメリカの新興工業国では、従来は先進国から輸入していた工業製品を国産化する輸入代替型の工業化が進展した。

10 オーストラリアではゴールドラッシュをきっかけに鉱山開発が進んでおり、特に銅鉱の生産量は長年にわたり世界第一位を維持している。裁判所2022 4.7 4.8

✕ 長年にわたり銅鉱の生産量世界第1位を維持しているのはオーストラリアではなくチリであり、オーストラリアは鉄鉱の産出量において近年世界第1位である。

4 鉱工業 139

11 ラテンアメリカには鉱産資源の産地が集中しており、チリは銅鉱と鉄鉱の生産量が世界1位である。東京都Ⅰ類2011 4.7 4.8

✕ 銅鉱の産出量は長年チリが世界第1位であるものの、鉄鉱の産出量世界第1位はオーストラリアとなっている。

第3章

地理

4 鉱工業　141

過去問 Exercise

問題1　　2021年における世界の原油生産量の上位3か国の組合せとして、妥当なのはどれか。

東京都Ⅰ類2017改題

1　アメリカ、イラン、ベネズエラ

2　アメリカ、サウジアラビア、ロシア

3　アラブ首長国連邦、イラン、サウジアラビア

4　イラン、サウジアラビア、ロシア

5　カナダ、サウジアラビア、ベネズエラ

解説

正解 **2**

　ほかの選択肢に現れていた国のうち、ベネズエラは原油の埋蔵量が世界第1位（2020）である。主な鉱産資源については上位のデータを把握しておきたい。

4　鉱工業　143

問題2 我が国の工業立地や産業に関する次の記述のうち、最も妥当なのはどれか。

国家専門職2004

1 半導体は、小型・軽量でかつ価格が高いので、製品に占める輸送費の単価は相対的に安くすむ。そのため、半導体の生産地域は大都市圏から地方へと分散し、労働力を得やすく輸送に便利な空港周辺や高速道路沿いに工場が立地される傾向が強い。

2 ビールや清涼飲料水の主原料となる水は製造過程で重量が変化しない原料であり、原料産地と市場の間のどこでも輸送費は変わらない。そのためビール工場は賃金の高い東京周辺より、安価な労働力が得やすい地方にその多くが立地されている。

3 工業原料を外国からの輸入に依存する場合、原料を輸送する船舶が接岸する臨海部の港湾近くに工場を立地させることが便利である。セメント工場は原料を輸入にほぼ依存しているため、国内市場に近い太平洋ベルト地帯にその多くが立地されている。

4 鉄鉱は、製造過程で製品の重量が原料に対して軽くなる重量減損原料であり、また製鉄には多量の電力を消費するため、従来は鉱山に近い発電所に隣接して製鉄工場が立地されていたが、現在は安価な電力が沿岸地域で得やすくなったため、静岡県の蒲原などの太平洋側に集中している。

5 パルプ工業の主原料は原木と硬水であるが、ともに輸送費が高くないため、原料を遠隔地から輸送して生産する。さらにパルプ工場は排出物が少なく環境への負荷が小さいことに加え、パルプの生産量が市場の情報や流行に依存するため、大都市周辺に立地されることが多い。

144 第3章 地理

解説

正解 **1**

1 ○ 半導体や携帯電話、精密機械などの高付加価値製品を製造する産業では、製品が小型・軽量であるため大量輸送が可能となる。そのため人件費や土地代が安価で、交通の便に恵まれている地方の空港や高速道路周辺に立地する。

2 ✕ ビールは大麦・ホップを主な原料とし、清涼飲料水も含めて製品重量が大きく破損しやすい割に価格が安いため、ビール工場は市場(消費地)近郊に立地することになる(市場指向型)。

3 ✕ 前半の記述は臨海指向型工業の説明としては妥当であるが、セメント工業は原料が重く製品にすると重量が軽くなるため原料産地に立地するのが一般的である。

4 ✕ 鉄鋼生産においては、電力よりも石炭・石油の方が経済的に優位であるため、電力価格・供給場所により工場の立地は左右されない。製造過程で大量の電力を必要とし、その供給体制により工場立地が左右される(電力指向型)のはアルミニウム工業であり、静岡県中部、富士川河口の蒲原はアルミニウム精錬が盛んな工業都市である。

5 ✕ 原料となる原木は輸送費がかさむため、原木を輸入に依存する場合、製造工場は臨海部に建設され、大消費地周辺に立地することはない。パルプ工業において原木は重量減損原料なので、原木に恵まれた地域では原料産地に立地するのが一般的である(原料指向型)。

問題3 次のA～Dはヨーロッパの主要な国について、その工業の概況を述べたものであるが、当てはまる国の組合せとして妥当なのはどれか。

国家専門職2002

A この国の工業は北部に集中し、伝統的な繊維工業のほか、化学工業や自動車工業に重点が置かれている。巨大企業が存在する一方で、手工業的な中小企業による生産が多い。

B この国は、第二次世界大戦後、基幹産業を国有化しながら重工業化政策を進め、鉄鋼業を中心に、石油化学や機械・自動車・航空機などの産業が発達している。工業地域は、主に国の東側に集まっている。

C この国の工業地域の特色は、主要な工業地域が国内の炭田に近接して成立していたことである。これらの工業地域は主として内陸部に形成されたが、資源不足から海外へ原料を求めるようになり、臨海地域に工業生産の中心が移ってきている。

D この国では、豊富な地下資源と河川や運河の水利を背景としたEU最大の工業地域が形成されている。この地域で産出される粘結炭は、コークスの製造に向いており、鉄鋼業の発達の基盤となった。

	A	B	C	D
1	ドイツ	イタリア	フランス	イギリス
2	ドイツ	フランス	イタリア	イギリス
3	イタリア	イギリス	フランス	ドイツ
4	イタリア	フランス	イギリス	ドイツ
5	イギリス	フランス	イタリア	ドイツ

146 第3章 地 理

解説

正解 **4**

第3章 地理

A：イタリア

「工業は北部に集中」がヒントになる。イタリアではミラノ、ジェノバ、トリノの
3都市が重工業地帯を形成しており、ミラノでは繊維、ジェノバでは鉄鋼や造船、
トリノでは自動車などの工業が盛んである。

B：フランス

「航空機」、「主に国の東側」がヒントになる。ヨーロッパで工業の発展した地域を
囲む「ブルーバナナ」はイギリス南部、ドイツ西部、フランス東部にまたがってい
る。また東部ではないがトゥールーズでは航空機産業が盛んである。

C：イギリス

「国内の炭田に近接して成立」がヒントになる。イギリスではバーミンガムなどの
炭田に隣接した都市で工業化が進んでいたが、現在ではロンドンがイギリス最大の
工業地域となっている。

D：ドイツ

「河川や運河の水利を背景」、「EU最大の工業地域」がヒントになる。ドイツはEU
最大の工業国であり、ライン川、ルール川の水運を背景に工業化を遂げてきた。と
はいえルール工業地帯は衰退傾向にあり、近年は機械、化学、ハイテク産業などが
発達している。

4　鉱工業　147

国家一般職★★★／国家専門職★★★／裁判所★★★／東京都Ⅰ類★★★／特別区Ⅰ類★★★

5 世界地誌

ここまで学習してきた自然や産業についての知識を前提に、各国の歴史的背景、政治、社会、民族、言語、地理的特徴などをつかんでいきましょう。

1 東アジア

1.1 中華人民共和国 ★★★

（1）概　要

　1949年、中国共産党が国共内戦に勝利し、中華人民共和国が建国された。1971年に国連に加盟している。**22省**（台湾除く）、**4直轄市**（北京、天津、上海、重慶）、**2特別行政区**（香港、澳門）、**5自治区**（新疆ウイグル自治区、チベット自治区、内モンゴル自治区、寧夏回族自治区、広西チワン族自治区）を有する。

　香港は1997年にイギリスから、マカオは1999年にポルトガルから返還され、50年間は資本主義体制のままという**一国二制度**が導入されたが、中国政府は、2020年に**香港国家安全維持法**などを施行し、高圧的な態度で支配力を強めている。

首都
北京（ペキン）

人口（2022）
約14億2,589万人

面積（2021）
約960万km²

148　第3章　地　理

（2）民族構成と5自治区

漢族が9割を占め、残りの1割を55の少数民族が占める多民族国家である。

自治区	特徴
シンチャン（新疆）ウイグル自治区	・イスラム教徒が多く、古くから独立運動が行われていた ・中国政府による弾圧や人権侵害が国際問題となっている
チベット（西藏）自治区	・チベット仏教徒が多い ・政府による弾圧でダライ＝ラマはインドに亡命中 ・何度か暴動も起きており、近年、政府は懐柔策で抑えている
内モンゴル（蒙古）自治区	・チベット仏教徒が多い ・近年、中国語の強制など中国化政策が見られる
ニンシャホイ（寧夏回）族自治区	・イスラム教徒が多い ・回族は中国化したイスラム教徒を指す
コワンシーチワン（広西壮）族自治区	・少数民族の中でチワン族（チョワン族）が最多の人口を持つ ・道教を信仰する人が多い

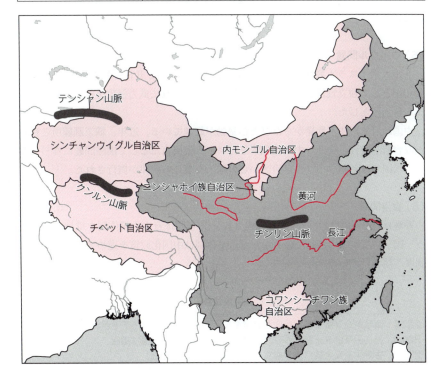

(3) 一人っ子政策から三人っ子政策へ

1979年、**漢族**を対象に夫婦一組の子どもは一人だけにする**一人っ子政策**という産児制限政策を導入した。一人っ子だけなら優遇措置、第二子を生むと罰則が与えられたり、強制的な堕胎が行われたりした。

しかし、"小皇帝"と呼ばれるわがままな子どもが増えたことや、子どもの誘拐や売買の横行、少子高齢化の進行により2015年に撤廃され、二人まで子どもが持てる二人っ子政策となった。さらに、出生数が低迷しているため、2021年には1組の夫婦が3人まで子どもを産むことを認める方針を打ち出した。

(4) チベット問題

チベットは吐蕃という独立国だったが、9世紀に滅亡し、その後、清朝やイギリスの支配下に入る。中華民国はチベットに自治権を与えたが、中華人民共和国に代わると中国はチベットに武力侵攻を行った。このときチベットは中国の領土となり、チベット自治区ができた(ダライ=ラマは亡命)。

中国政府の規制は強く、たびたび暴動が起きている。近年は懐柔策により抑えられている。

(5) ウイグル問題

トルコ系イスラム教徒ウイグル族は、中華民国時代に東トルキスタン=イスラム共和国として独立宣言したが、中華人民共和国はこれに武力侵攻を行い、新疆ウイグル自治区とした。

中国政府に対する反発からたびたび暴動が起きている。近年、職業訓練所と称した収容所を設け、強硬な中国化政策を行い、人権侵害だとして国際問題になっており、米国では新疆ウイグル自治区からの輸入を禁じる法律が施行された。

(6) 香港問題

香港は1997年にイギリスから返還され、50年間は資本主義体制を維持するという一国二制度が導入されているが、習近平体制は中国化政策を進めており、一国二制度が揺らいでいる。

香港情勢

2014	雨傘革命／香港特別行政長官選挙をめぐり、学生らによるデモが起きる
2019	逃亡犯条例改正案をめぐり民主化デモが起こり、改正案は撤回
2020	香港国家安全維持法の成立／言論・信条の自由を規制
2022	次期行政長官選挙／唯一の立候補者である李家超が当選

（7）一帯一路

「一帯」とは中国西部から内陸の中央アジアを経てヨーロッパに至る地域、「一路」とは南シナ海から東南アジア、インド洋を経てアフリカ東岸に至る海上ルートに面した地域を指す。中国は、これらを合わせた広範囲のインフラ整備や貿易・投資を促進する**一帯一路**政策を推進している。

この政策の推進のため、中国は**アジアインフラ投資銀行（AIIB）**の発足に主導的な役割を果たし、創立メンバー57か国が参加を表明した。しかし、2015年6月の調印署名式にはベトナムやタイなど7か国が署名しなかった。その後参加地域は100以上に増えたが、日本政府はAIIBの不透明さから加盟していない。

（8）その他

改革開放政策は中国に富をもたらす一方、貧富の差が拡大して大きな社会問題となった。そこですべての人に富を分配する**共同富裕政策**を打ち出した。大手のIT企業や不動産企業などに圧力をかけ、教育格差の是正のため塾の営業禁止を行った。

また工業化に伴い、環境汚染が深刻となっている。官僚の汚職事件も後を絶たない。習近平は反腐敗運動で汚職撲滅を進めたが、ほとんどの公務員は汚職で生計を立てているため、強い反発も起きている。

2016年10月の第18期中央委員会第6回総会において、習近平を「核心（絶対的な最高指導者）」とする決定が下された。2018年3月の全人代では国家主席の任期制限が撤廃され習近平独裁体制が強化された。新型コロナウイルスについても、強権的な政治体制で収束させようとし、経済成長率を維持してきたが、強硬な対外政策、新疆ウイグル自治区や香港に対する高圧的な統治をめぐり欧米諸国などと軋轢が生じている。

1.2 台湾（中華民国）　★★★

17世紀、オランダにより占領される。のち鄭成功がオランダを駆逐し、反清復明運動を起こすが、清朝により鎮圧される。日清戦争後、1895年から1945年まで日本の植民地となる。戦後、国共内戦を経て、中華民国政府が移る。1952年に日本と国交を結んだが、1972年に国交が断絶した。漢族の他に高山族やアミ族などの少数民族がいる。

首都
台北（タイペイ）

人口（2022）
約2,389万人

面積（2021）
約3.6万km^2

2016年の総統選で民進党の蔡英文が勝利、台湾初の女性総統となる(2020年も再選)。中国とは一定の距離を保つ「現状維持」を主張し、中国の一国二制度を否定している。中国の台湾統一に強く反対している。

産業としてはIT産業や家電産業が盛んである。パイナップル栽培や稲作も行われている。

1.3 朝鮮民主主義人民共和国 ★★★

ほぼ国土全体が冷帯気候(Dw)で、農業は畑作中心である。韓国との間には北緯38度線に沿って、軍事境界線が設けられている。

金日成→金正日→金正恩と金一族が3代にわたり独裁体制を続けている。多くの日本人が被害者となった拉致問題は未解決である。自力更生の主体思想が特徴である。

首都
平壌(ピョンヤン)

人口(2022)
約2,607万人

面積(2021)
約12万km^2

1.4 大韓民国 ★★★

南部は温暖湿潤気候(Cfa)、北部は冷帯気候(Dw)で米の生産も多い。

朝鮮半島南部にはリアス海岸があり漁業も盛んであるとともに、造船は中国に次いで世界第2位(第3位は日本)である。

1970年代にセマウル運動で農業の近代化を推進し、同じく70年代には漢江の奇跡と呼ばれる高度経済成長を実現し、アジアNIES[1]の一員として工業化を発展させた。

首都
ソウル

人口(2022)
約5,182万人

面積(2021)
約10万km^2

1910年から1945年まで日本の植民地であったため、慰安婦問題や就労工問題などで不和が続いており、竹島は実効支配されている。

2018年、文在寅大統領は訪朝し、南北対談を行った。2022年5月に尹錫悦第20代大韓民国大統領が誕生した。

---

1 アジアNIESとは、新興工業経済地域 (NIES) のうち、韓国、シンガポール、香港、台湾を指す。

❷ 東南アジア

ミャンマー
ラオス
タイ
カンボジア
ベトナム
フィリピン
ブルネイ
マレーシア
シンガポール
インドネシア
東ティモール

2.1 インドネシア ★★★

人口・面積ともに**東南アジア最大の国家**である。スマトラ島、ジャワ島、カリマンタン島をはじめ、17,500余りの島々からなる。旧宗主国は**オランダ**で、独立戦争を経て独立した。**アルプス＝ヒマラヤ造山帯と環太平洋造山帯が出会う場所**であるため地震が多く、2004年のスマトラ島沖地震では大きな被害があった。

ほぼ全土が熱帯(Af・Aw)で、スマトラ島・カリマンタン島中央部を赤道が通る。東南アジア最大の原油産油国であるが、2009年にOPECを一時脱退し、2015年に再加盟が認められたが2016年に加盟資格を停止された。ASEAN加盟国でもある。

首都
ジャカルタ

人口(2022)
約2億7,550万人

面積(2021)
約191万km²

イスラム教徒の人口が世界最大の国家であり、国民の**9割**はイスラム教徒であるものの、**国教ではない**。またバリ島にはヒンドゥー教徒が多い。

ジャワ島に人口が集中するのを回避するため、他島への移住を推進する**トランスミグラシ政策**を行っているが、大きな効果は上がっていない。深刻な人口過密や交通渋滞を緩和するため、首都をジャワ島のジャカルタからカリマンタン島のヌサンタラへ移転することが決定している(2024年より移転予定)。

米、**天然ゴム**、**油やし(パーム油)**、コーヒー、サトウキビなどの農産物、**天然ガス**、原油、石炭、銅、ボーキサイトなどの資源に恵まれる。

2.2 マレーシア ★★★

マレー半島南部とカリマンタン島北部からなる多民族国家で、気候は全土が熱帯雨林気候(Af)である。国語は**マレー語**、国教は**イスラム教**、ASEAN加盟国である。

約68%がマレー系の住民であるが、少数の華人(一部インド系)住民の生活水準が高く、マレー人との所得格差が問題となったため、**ブミプトラ政策**(「ブミプトラ」は土地の子、地元民という意味)と呼ばれる教育・雇用などの分野でのマレー人優遇政策を実施した。これにより格差は徐々に改善したものの、民族間の緊張も生まれている。

首都
クアラルンプール

人口(2022)
約3,394万人

面積(2021)
約33万km²

農業では油やし(パーム油)、コーヒー、天然ゴムなどの生産が盛んで、工業では家電・木材工業などが中心である。マレーシアでは1980年代から日本と韓国をモデルとした工業化政策である**ルック・イースト政策**が推進されていた。

2.3 シンガポール ★★★

マレー半島南端にあるシンガポール島と周辺の島々からなる島国でASEAN加盟国である。イギリスの海峡植民地、自治州、マレーシア連邦の一州を経て、1963年にマレーシアから分離独立した。

国民の約74%が**華人**、約13%が**マレー人**、約9%が**インド人**の多民族国家であり、**英語**、**中国語**、**マレー語**、**タミル語**が公用語とされる。国語はマレー語であるものの象徴的な言語として国歌やマレー人の母語として使われているのみで、**英語教育に重点**が置かれている。

首都
シンガポール

人口(2022)
約598万人

面積(2021)
約730km²

ジュロン地区に工業団地が作られ、貿易額は東南アジア最大である。一人当たりGNIも51,011ドル（2020）とASEAN最大の経済力を誇る。アジアNIESの一員をなす。

2.4 フィリピン ★★★

7,000余りの島々からなる国家であり、北部の**ルソン島**が最大、南部の**ミンダナオ島**がこれに次ぐ。気候は全土が熱帯気候（Af・Am）である。またASEAN加盟国である。

16世紀から約300年間**スペインの植民地**（16世紀〜1898）であり、のちアメリカ領となる（1898〜1946）。長くスペインの植民地であったこともあり宗教は**キリスト教（カトリック）**が大半だが、南部にはイスラム教徒（**モロ族**）も存在し、対立がある。**フィリピノ語、英語**を公用語とする。

農業ではミンダナオ島を中心に日本向けのバナナの栽培が盛んである。マニラ郊外には国際稲研究所が設置され、アジア各国で**緑の革命**が推進された。

首都
マニラ

人口（2022）
約1億1,556万人

面積（2021）
約30万km²

2.5 タ イ ★★★

インドシナ半島の中央部を占める国家で、全土が熱帯気候であり、**チャオプラヤ川**のデルタ地帯ではサバナ気候（Aw）が卓越する。北東部は**メコン川**を境にラオスと接している。ASEAN加盟国である。東南アジアでは唯一、緩衝国として第二次世界大戦中も**独立を維持**した。宗教は**上座部仏教**が9割を占める。

世界有数の米の輸出国で、輸出用の米の栽培が行われている。チャオプラヤ川のデルタ地帯を中心に稲作が盛んで、米の**輸出量は世界第2位**（2021）である。また、天然ゴムや砂糖の輸出も盛んである。

日本企業の進出などにより工業化も進展し、経済発展を遂げてきたが、災害の影響や軍部が全権掌握したことによる政情混乱、新型コロナウイルス感染症等の影響を受け、経済成長率は安定していない。

一極集中が激しい首都バンコクは、典型的な**プライメートシティ**（第2位以下の都市との差が著しい最大都市）である。

首都
バンコク

人口（2022）
約7,170万人

面積（2021）
約51万km²

5 世界地誌 155

2.6 ベトナム ★★★

インドシナ半島の東半分を占める国家で、北部は温帯冬季少雨気候(Cw)、南部はサバナ気候(Aw)に属する。ASEAN加盟国である。

ベトナム戦争を経て1976年に南北統一を果たす。ベトナム共産党による一党独裁体制の**社会主義国**であるが、1986年から社会主義型市場開放政策である**ドイモイ政策**を推進している(「ドイモイ」は「刷新」の意味)。

農産物においては**世界有数の米の輸出国**であり、**コーヒー豆は生産・輸出ともに世界第2位**(2019)である。

首都
ハノイ

人口(2022)
約9,819万人

面積(2021)
約33万km^2

2.7 ブルネイ ★★★

1984年にイギリスの植民地から独立した国家で、ASEAN加盟国である。マレー語を国語、イスラム教を国教とする。

産業は原油と天然ガスの輸出が中心で、石油経済国であるため経済水準が高く、ASEAN第2の経済力を有する。また近年は観光業にも力を入れている。

首都
バンダルスリブガワン

人口(2022)
約45万人

面積(2021)
約5,765km^2

2.8 ミャンマー ★★☆

ミャンマーは2011年3月に軍事政権から民政移管が完了し、新政権が発足した。これにより多数の政治犯が解放され、2012年4月の議会補欠選挙では長年にわたり民主化運動を先導してきたアウンサン=スー=チー氏も当選している。

しかし2021年2月、国軍がクーデターを起こして軍事政権が復活し、スー=チー氏も拘束された。これに対し、市民による激しい抗議デモや運動が行われ、多くの市民が殺害・逮捕されている。

首都
ネーピードー

人口(2022)
約5,418万人

面積(2021)
約68万km^2

また、ミャンマーの大多数は仏教徒だが、少数のロヒンギャはイスラム教徒で、ミャンマー人に差別され、多くのロヒンギャ人が隣国バングラデシュに難民として避難している。

2.9 ラオス ★★★

　ベトナムと同様、フランス領インドシナから独立して社会主義国となった。ASEAN加盟国である。仏教徒が多く、少数民族も多い。

　産業は林業が中心で、水力発電が盛んである。

首都
ビエンチャン

人口(2022)
約753万人

面積(2021)
約24万km^2

2.10 カンボジア ★★★

　フランス領インドシナから独立した国家であるが、1975年に親中派のポル・ポト政権が生まれ、住民虐殺が行われた。1979年に親ソ・親ベトナム派のヘン・サムリン政権が成立した後、内戦が激化したが、1991年終結した。総選挙に際し、PKO活動として日本の自衛隊が派遣された。ASEAN加盟国である。

　世界遺産として有名な寺院アンコール=ワットがある。

首都
プノンペン

人口(2022)
約1,677万人

面積(2021)
約18万km^2

2.11 東ティモール ★★★

　ポルトガルによる植民支配(16世紀〜1976)の後インドネシアに併合された(1976〜2002)が、もともとポルトガルの植民地だった影響で、カトリック教徒が多く、イスラム教徒が多いインドネシアとはうまくいかず、言語状況も複雑であったので、独立運動が起きた。2002年に独立し、国連にも加盟した。ASEANには加盟していない。

首都
ディリ

人口(2022)
約134万人

面積(2021)
約1.5万km^2

5　世界地誌

2.12 東南アジア諸国の問題点 ★★★

　南シナ海の**南沙諸島**では海底油田の存在が確認され、中国、台湾、フィリピン、マレーシア、ベトナム、ブルネイが領有権をめぐって対立している。

　中国に対してもフィリピン、ベトナム、マレーシア、ブルネイは反発しているが、ラオス、カンボジア、ミャンマーは親中派としての対応を見せている。ただし状況により、対応を変えることもある。

　ミャンマーやタイにおいては国内情勢が不安定であり、特にミャンマー国内では軍事政権における市民への弾圧に加え、少数民族の反政府活動も続いている。

東南アジアの宗教・旧宗主国

国名	主な宗教	旧宗主国
ベトナム	大乗仏教	フランス
ラオス	上座部仏教	フランス
カンボジア	上座部仏教	フランス
マレーシア	イスラム教	イギリス
シンガポール	仏教・イスラム教・ヒンドゥー教	イギリス
ミャンマー	上座部仏教	イギリス
ブルネイ	イスラム教	イギリス
フィリピン	キリスト教（カトリック）	スペイン→アメリカ
東ティモール	キリスト教（カトリック）	ポルトガル
インドネシア	イスラム教	オランダ
タイ	上座部仏教	なし（戦前からの独立国）

3 南アジア

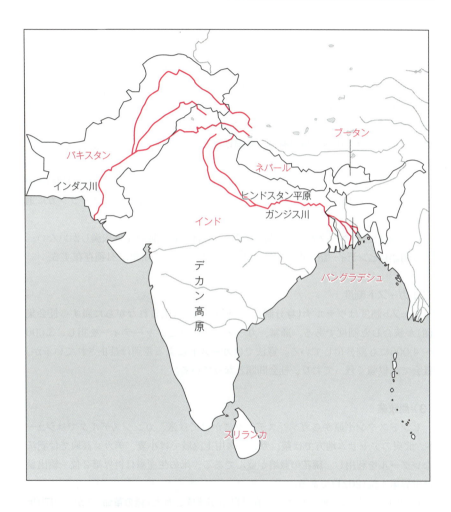

3.1 インド ★★★

（1）概　要

　沿岸部は熱帯気候（Aw・Am）、デカン高原東部はサバナ気候（Aw）、西部はステップ気候（BS）、ガンジス川中・上流は温帯冬季少雨気候（Cw）、パキスタンとの国境付近は乾燥気候（BW・BS）となっている。

　モンスーンの影響が強く、冬は北東、夏はインド洋から南西の季節風が卓越し、この南西の季節風の影響で、西海岸やヒマラヤ山麓は世界有数の多雨地帯となっている。

首都
デリー

人口（2022）
約14億1,717万人

面積（2021）
約329万km²

　インダス文明を築いたインドの先住民はドラヴィダ人であるが、紀元前1500年頃インド=アーリア人がインドに進出し、ドラヴィダ人はインド南部やスリランカに追われた。

　約8割はヒンドゥー教徒で、1割がイスラム教徒、仏教徒は1％未満しかいない。

　公用語はヒンディー語、準公用語は英語で、ほか地方公用語が21種存在する。

（2）カースト制度

　カースト制度はヴァルナ（身分制）とジャーティー（生まれながらに属する社会集団）が統合した制度である。通常、カーストというとジャーティーを指し、3,000～4,000にも細分化している。憲法ではカーストによる差別は禁止されているが、社会では根強く残っており、社会問題となっている。

（3）農牧業

　ヒンドスタン平原からガンジスデルタにかけては米、ガンジスデルタではジュート、北東のアッサム地方では茶、ガンジス川上流域では小麦、デカン高原では肥沃なレグールを利用し、綿花の栽培が盛んである。米の生産量は世界第2位・輸出量は世界第1位（2021）である。

　1980年ごろには品種改良により食料自給が達成された（緑の革命）ほか、1970年ごろから酪農が盛んになり、バターの生産量が世界第1位（2019）、牛乳の生産量が世界第2位（2020）である（白い革命）。

（4）鉱工業

　戦後のダモダル川総合開発により、北東部（オリッサ州・ビハール州）に重工業地域が形成された。デカン高原南部のバンガロールはIT産業の集積地となっており、

インドのシリコンバレーと呼ばれている。

　また、北東部のジャムシェドプルを中心に鉄鋼業が盛んである。

（5）紛　争
① カシミール紛争

　戦後、インドとパキスタンはイギリスから独立を果たしたが、以降、両国はカシミール地方の領有をめぐり対立している。**カシミール地方の住民の大半はイスラム教徒**であったが、独立当時の藩王がヒンドゥー教徒であったためインドに帰属し、印パ両国の軍事衝突（第一次印パ戦争）に発展した。

　現在、カシミール地方はジャム・カシミール州をインドが、アザド・カシミールと北方地域をパキスタンが実効支配している。ジャム・カシミール州ではインドからの分離独立運動も起きており、事態は複雑化している。

② 中印国境紛争

　1914年当時のチベット政府とイギリス領インド帝国との間で決定された国境線（マクマホンライン）を中国が承認していないことから、東部で中国・インド間の国境が画定していない地域が存在している。

　一方でインドと中国の経済的関係は急速に発展している。

3.2 > パキスタン ★★★

　1947年、イギリス領インドから東西パキスタンが独立し、1971年に東パキスタンが分離独立してバングラデシュとなり、西パキスタンがパキスタンとなった。国土の大半は乾燥気候（BW・BS）で、南はアラビア海に面し、北部は山岳地帯である。

　国民の大半が**イスラム教徒**で、国語は**ウルドゥ語**、公用語は**英語**である。インドとはカシミール問題で紛争が続いている。

　北東部の**パンジャブ地方**では灌漑施設の整備により**小麦**や**綿花**、インダス川流域では米の栽培が盛んである。

首都
イスラマバード

人口（2022）
約2億3,582万人

面積（2021）
約80万km²

5　世界地誌　161

3.3 バングラデシュ ★★★

　全土が熱帯気候(Aw・Am)であり、モンスーンの影響で雨季と乾季に分かれる。国土の大部分は**ガンジス川**と**ブラマプトラ川**が形成する肥沃なデルタ地帯であるが、標高が高く、雨季には大規模な洪水が頻発し、サイクロンの被害もある。

　1947年、独立したパキスタンの東パキスタン州となるが、1971年に**パキスタンから分離独立**してバングラデシュとなる。1975年にパキスタンと外交関係を樹立した。**イスラム教徒**が大半で、公用語は**ベンガル語**である。

　農業は米とジュートの栽培が中心である。

首都
ダッカ

人口(2022)
約1億7,119万人

面積(2021)
約15万km^2

3.4 スリランカ ★★★

　全土が熱帯気候(Af・Aw)で南西モンスーンの影響を強く受けるため、国土の南西部の降水量が多い。

　19世紀にイギリスの植民地となり、1948年にイギリス連邦内の自治領セイロンとして独立した。その後1975年に自治領から独立してスリランカ共和国となり、1978年、スリランカ民主社会主義共和国と改称して現在に至る。公用語は**シンハラ語**と**タミル語**である。

　国民の8割を占める**シンハラ人**はインド半島から移住した**アーリア系住民**であり**仏教徒**が多く、国民の1割余りの**タミル人**は**ドラヴィダ系住民**であり**ヒンドゥー教徒**が多い。スリランカでは両者の対立が長く続いていたが2009年に内戦終結が宣言され、2011年に非常事態令が解除された。

　インドのアッサム地方と並ぶ世界的な**茶**の産地で、生産量・輸出量ともに世界第4位(2019)である。観光事業や出稼ぎ労働者によって外貨を獲得していたが、テロやコロナ禍で観光客が激減した上、世界的な燃料価格高騰によって中国などから借り入れた巨額の対外債務が膨らんで深刻な経済危機を迎え、2022年7月に破産を宣言した。

首都
スリジャヤワルダナ プラコッテ

人口(2022)
約2,183万人

面積(2021)
約6.6万km^2

❹ 西アジア

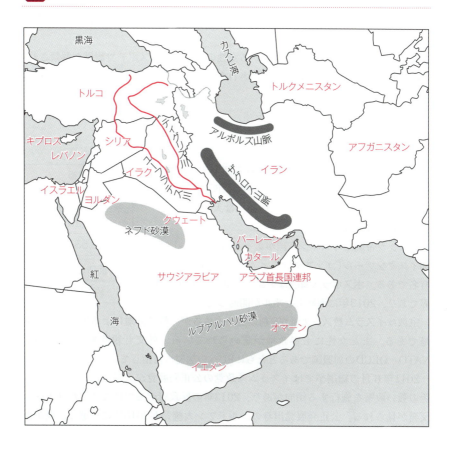

4.1 サウジアラビア ★★★

　アラビア半島の約8割を占める国家で、全土が砂漠気候(BW)である。

　宗教はイスラム教スンニ派が8割以上を占め、なかでも最も戒律が厳しい**ワッハーブ派**が支配的である。イスラム教の聖地メッカとメディナを有し、司法は厳格なイスラム法に依る**政教一致**の**専制君主国家**であるため、国会や成文憲法がない。

　原油の埋蔵量は世界第2位、産出量は世界第3位、輸

首都
リヤド

人口(2022)
約3,641万人

面積(2021)
約221万km²

出量は世界第1位(2019)と世界最大級の石油国家であり、OPECの本部が首都リヤドに置かれている。

ベドウィンと呼ばれる遊牧民が居住しており、現在も伝統的な遊牧生活を営んでいる。

ムハンマド皇太子により2018年から女性の車の運転やスポーツ観戦が解禁され、35年間閉鎖されていた映画館も復活された。また2016年、イランと国交を断絶した。

4.2 トルコ ★★★

アナトリアまたは小アジアと呼ばれる部分とバルカン半島の一部からなる国家であり、地中海に面した海岸部は典型的な地中海性気候(Cs)、内陸部は大半がステップ気候(BS)である。

ビザンツ帝国やオスマン帝国があった国であり、旧首都イスタンブール(コンスタンティノープル)は歴史的に有名である。ボスポラス海峡はアジアとヨーロッパの境界であり、2013年に海底トンネルが開通した。

首都
アンカラ
人口(2022)
約8,534万人
面積(2021)
約78万km^2

宗教はイスラム教スンナ派が8割以上を占めるが、政教分離による世俗主義が国是である。また女性にも参政権が認められている。外交も親欧米政策をとり、NATO・OECDの加盟国であるとともにEUへの加盟も目指している。

2011年6月の総選挙ではイスラム系政党の公正発展党が大勝して以降イスラム色の強い政策を施行する傾向があり、2013年の反政府デモではこうした動きへの反発が見られる。公正発展党出身のエルドアン大統領が2018年に再選し、現在まで務めている。

中国から亡命したウイグル人が5万人ほど居住し保護されていたが、最近、中国との関係で政府はウイグル人の締め付けをするようになった。

164　第3章　地理

4.3 イスラエル ★★★

北部は地中海性気候(Cs)、その他は大半が乾燥気候(BS・BW)である。イスラエルはエルサレムを首都としているものの国際的承認は得られていない。

ユダヤ人国家の建設を目指すシオニズム運動が19世紀後半から活発化し、1948年にパレスチナにイスラエルが建国された。アラブ諸国は反発しイスラエルと四次にわたる中東戦争を繰り返し、その結果多くのパレスチナ難民が発生することとなった。

1993年、PLO(パレスチナ解放機構[2])との間にパレスチナ暫定自治協定が調印され、ヨルダン川西岸とガザ地区での自治が開始される。2005年にガザ地区からのイスラエル軍撤退が実現したが、2007年にはイスラム原理主義組織のハマスがガザ地区を制圧し、これに対しイスラエルはガザ地区を空爆した。

対パレスチナ強硬派政党リクードによる政権が続いていたが、現在は中道政党のラピドが首相を務めている。

首都
エルサレム
人口(2022)
約904万人
面積(2021)
約2.2万km^2

4.4 イラン ★★☆

北はカスピ海、南はペルシャ湾とアラビア海に面しており、国土の大半は乾燥気候(BW・BS)、北部カスピ海沿岸は地中海性気候となっている。

インド=ヨーロッパ系民族が多数を占めており、公用語はペルシャ語である。イスラム教シーア派が多数である点が他のイスラム諸国と異なる。

2013年より穏健派政党のロウハニが大統領を務めていたが、2021年に保守政党のライシ大統領が就任した。

カナートと呼ばれる水路を利用し灌漑農業を行っている。オアシスでは小麦、ナツメヤシなどを栽培している。

首都
テヘラン
人口(2022)
約8,855万人
面積(2021)
約163万km^2

---

2 2004年にPLOのアラファト議長が死去し、その後自治政府長官(現大統領)にアッバスが就任した。イスラム原理主義組織のハマスと穏健派のファタハの対立があったが、2014年6月には両者による統一暫定政府が樹立され、東エルサレムを首都とするヨルダン川西岸とガザ地区全領域からなるパレスチナ国家樹立が目標となっている。近年、パレスチナを国家として承認する動きが拡大しており、2012年11月の国連総会ではパレスチナを「オブザーバー組織」から「オブザーバー国家」へ格上げし、事実上国家として扱うようになった。

4.5 イラク ★★☆

　中央部に**ティグリス・ユーフラテス川**が流れ、流域に**メ
ソポタミア平原**が広がる。国土の大半は乾燥気候(BW・
BS)である。かつてメソポタミア文明が栄えた地域でも
ある。宗教はイスラム教シーア派が6割、スンナ派が3
割程度を占める。

　クルド人[3]出身の大統領が続いており、**ラシード現大統
領**もクルド人出身・クルド人系政党の大統領である。石
油資源は豊富だが、イラン=イラク戦争(1980〜88)、
湾岸戦争(1991)、イラク戦争(2003)など紛争が続き、経済は低迷している。

首都
バグダード

人口(2022)
約4,450万人

面積(2021)
約44万km²

4.6 アフガニスタン ★★☆

　アメリカ・イギリス等による軍事行動で、イスラム過
激派勢力の**タリバーン**はいったん衰微していたが、2021
年にアメリカ軍が撤退すると活動を活発化させて首都を
制圧し、再度タリバーン政権が復活した。

首都
カブール

人口(2022)
約4,113万人

面積(2021)
約65万km²

3　クルド人はトルコ、イラク北部、イラン北部、シリアなど中東諸国に広く居住する、独自の国家を持
たない世界最大の民族集団である。イスラム教スンナ派が多く、総人口は2,000〜3,000万人と推定
されている。トルコに最も多く、次いでイラクに多い。各国で独立運動を起こしている。

4.7 シリア ★★☆

シリアはかつてメソポタミア、エジプト、アラビア半島、アナトリアの東西南北に囲まれた貿易の拠点として栄え、ダマスカスはウマイヤ朝の首都であった。

2000年に現アサド政権が生まれた。2011年のチュニジアにおけるジャスミン革命などの影響で、反政府勢力との内戦が勃発し、2014年に過激派組織がシリアからイラクにかけてイスラム国(IS)を樹立した。2019年にはIS最後の支配地域が消滅した。

2021年の大統領選でアサド大統領が4選している。

首都
ダマスカス

人口(2022)
約2,213万人

面積(2021)
約19万km²

4.8 アラブ首長国連邦 ★★★

アブダビ、ドバイ、シャルジャ、アジュマン、ウム=カイワイン、ラス=アル=ハイマ、フジャイラという7首長国からなる連邦国家であり、全土は砂漠気候(BS・BW)である。イギリスの保護領を経て独立した。

公用語はアラビア語で、宗教はイスラム教スンナ派が6割を占める。

原油と天然ガスが豊富で、ドバイはオイルマネーで発展した観光都市として有名である。湾岸協力会議およびOPECの加盟国である。

首都
アブダビ

人口(2022)
約944万人

面積(2021)
約7.1万km²

5 世界地誌 167

4.9 ヨルダン ★★★

　ヨルダンは東ローマ帝国領からオスマン帝国領、イギリス委任統治領を経て1946年に独立した。イスラム教徒が95％を占め、アラブ穏健派である。

　全方位等距離外交を基調としており、1994年にイスラエルと平和条約調印をして外交関係を結んでいる。

　ヨルダン渓谷には塩分濃度の高い**死海**があり、観光名所となっている。

首都
アンマン

人口（2022）
約1,129万人

面積（2021）
約8.9万km²

4.10 レバノン ★★★

　古代フェニキアの根拠地であったレバノンは、イスラム教3派とキリスト教4派が混在するモザイク国家である。

　1975年以降、PLOがレバノンに拠点を移してから内戦が勃発していたが1990年停戦した。

　杉の産地であり、レバノン杉が有名である。

首都
ベイルート

人口（2022）
約549万人

面積（2021）
約1万km²

4.11 その他の国家 ★★★

　クウェートはペルシャ湾に臨む立憲君主国で、7割以上がイスラム教徒である。豊富な原油と天然ガスに恵まれている。1990年にイラクがクウェートに侵攻したことが湾岸戦争勃発のきっかけであった。

　キプロスはキプロス島にある島国である。ギリシャ系とトルコ系の対立があり、北部にはトルコ系の北キプロス＝トルコ共和国がある。それ以外のキプロス共和国はEUに加盟している。

5 アフリカ

アフリカ大陸の大半は**安定陸塊**で、台地状（高原状）の地形が大半である。

北西部に新期造山帯の**アトラス山脈**、南部には古期造山帯の**ドラケンスバーグ山脈**がある。北部には**サハラ砂漠**が広がり、中部には**コンゴ盆地**がある。東部にはアフリカ大地溝帯が南北に走り、ビクトリア湖、タンガニーカ湖、マラウイ湖などがある。コンゴ民主共和国のシャバ州からザンビアにかけて**カッパーベルト**と呼ばれる世界的な銅鉱山地帯が分布している。赤道を挟んで南北にほぼ対称的に気候が分布する。

サハラ砂漠以北の北アフリカは**ホワイトアフリカ**と呼ばれ、コーカソイドが多く、アラビア語が使用され、イスラム教徒が多い。一方、中南アフリカは**ブラックアフリカ**と呼ばれ、ネグロイドが多いく、宗教はキリスト教や原始宗教など多様である。

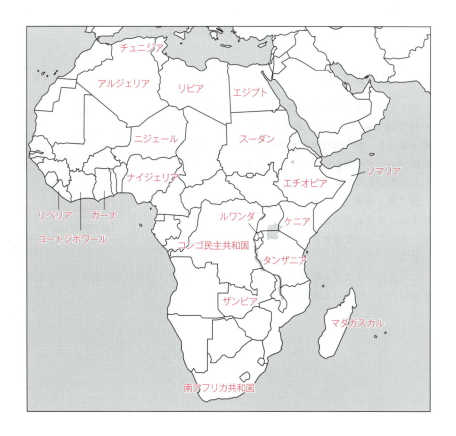

5.1 エジプト ★★★

　南北に貫流するナイル川は世界一の長さを誇る外来河川であり、ナイル川のデルタ地帯以外は国土の大部分が砂漠である。イギリスの保護国より独立した国家で、宗教はイスラム教スンナ派が大半、公用語はアラビア語である。

　1971年、ナイル川上流に**アスワンハイダム**が完成して洪水の防止や年間を通じた灌漑が可能となり、耕地面積が拡大した。ナイル川流域で小麦や綿花、ナツメヤシを栽培している。古代エジプト文明が栄えた地域であり、ピラミッドなどの遺跡も多く、観光業としての収入も大きい。紅海と地中海を結ぶ**スエズ運河**を国有化しているが、その結果、第二次中東戦争が起こった。

　2011年、チュニジアのジャスミン革命に触発されて反政府運動が起こり、ムバラク大統領が辞任したことで約30年間の独裁体制が崩壊した。

首都
カイロ

人口（2022）
約1億1,099万人

面積（2021）
約100万km²

5.2 アルジェリア ★★★

　アフリカ大陸の北西部に位置し、**アフリカ最大の面積**を持つ国である。北部を新期造山帯の**アトラス山脈**が走っている。地中海沿岸は地中海性気候、その他は乾燥気候（BW・BS）である。夏には**シロッコ**と呼ばれる乾燥した熱風がサハラ砂漠から地中海に向けて吹き荒れる。

　旧フランス領で、公用語はフランス語、宗教は99％以上がイスラム教スンナ派である。OPEC加盟国で、原油・天然ガスが豊富である。農業は地中海式農業が盛んである。

　これまでのイスラム原理主義政党の非合法化や宗教・民族政党を認めない憲法などに反発し、イスラム過激派のテロが頻発している。

首都
アルジェ

人口（2022）
約4,490万人

面積（2021）
約238万km²

5.3 リビア ★★★

　国土の90％以上が砂漠、地中海沿岸は地中海性気候（Cs）である。

　旧イタリア領で、イタリアとの貿易が盛んである。OPEC加盟国であり、一人当たりのGNIもアフリカ諸国の中では高い。

　2011年にチュニジア、エジプトの民主革命が波及し反政府デモが発生した。このとき英仏米などが政府軍に対して空爆を行い、カダフィ政権は崩壊した。

首都
トリポリ

人口（2022）
約681万人

面積（2021）
約168万km^2

5.4 コートジボワール ★★★

　ギニア湾に面した熱帯の国である。

　旧フランス領で公用語はフランス語、宗教はイスラム教徒が38％、キリスト教徒が32％である。

　カカオの生産量と輸出量は世界第1位（2021）である。

首都
ヤムスクロ

人口（2022）
約2,816万人

面積（2021）
約32万km^2

5.5 ガーナ ★★★

　ギニア湾に面した熱帯の国で、北部の内陸部はステップ気候（BS）である。

　旧イギリス領で公用語は英語である。

　カカオの生産量と輸出量は世界第2位（2021）である。

首都
アクラ

人口（2022）
約3,348万人

面積（2021）
約24万km^2

5　世界地誌

5.6 ナイジェリア ★★★

ギニア湾北東岸に位置する**アフリカ最多の人口を有する**国で、国土の大半は熱帯(Af・Aw)である。

旧イギリス領で、公用語は英語である。また多民族国家で東部にキリスト教徒、西部にイスラム教徒が多い。イスラム過激派組織ボコ=ハラムがテロ活動を活発化している。

アフリカ最大の産油国で、OPEC加盟国である。国民総所得(GNI)はアフリカ最大を誇る。

首都
アブジャ

人口(2022)
約2億1,854万人

面積(2021)
約92万km²

5.7 リベリア ★★☆

アフリカ最古の黒人国家で、19世紀にアメリカ解放奴隷が移住し建国した。公用語は英語である。

税金が安いなどの理由で、外国の個人・法人の船主がリベリア船籍として登録することがあり、このように船舶の誘致・置籍を行っている国を**便宜置籍船国**という。

首都
モンロビア

人口(2022)
約530万人

面積(2021)
約11万km²

5.8 スーダン ★★☆

イギリスとエジプトの共同統治領から1956年に独立した国家で、アラビア語と英語を公用語とする。

北部はアラブ系民族、南部はアフリカ系黒人で対立が続き、2011年に南スーダンが独立して193番目の国連加盟国となった。産油地帯の領有権をめぐってスーダンと南スーダンの対立が続いている。

また西部ではアラブ系の民兵が非アラブ系住民を虐殺する**ダールフール紛争**が継続している。

首都
ハルツーム

人口(2022)
約4,687万人

面積(2020)
約188万km²

5.9 エチオピア ★★★

アフリカ**最古の独立国**であり、低地は熱帯（Aw）、エチオピア高原は高山気候の特徴を持つ。首都アディスアベバは**高山都市**として有名である。南北に**アフリカ大地溝帯**が走っている。1993年に**エリトリア**がエチオピアから独立した。

公用語はアムハラ語、**キリスト教徒**（コプト教）が6割を占め、国教となっている。

コーヒー豆の原産地として有名である（2021年の生産量は世界第5位）。

首都
アディスアベバ

人口（2022）
約1億2,338万人

面積（2021）
約110万km^2

5.10 ケニア ★★★

赤道直下の高原の国で、イギリスから独立した。国語はスワヒリ語、公用語は英語でキリスト教徒が8割を占める。

白人入植時代に**茶**や**コーヒー**のプランテーションが高原地域に多く開かれ、このような農牧地は**ホワイトハイランド**と呼ばれた。いまも茶、コーヒーの生産が盛んで、茶の輸出量は世界第1位（2021）、生産量は世界第3位（2021）である。

首都
ナイロビ

人口（2022）
約5,403万人

面積（2021）
約59万km^2

5 世界地誌 173

5.11 南アフリカ共和国 ★★★

国土の東半分は温帯（Cw・Cfa・Cfb）、西半分は乾燥気候（BW・BS）、南西部のケープタウン周辺は地中海性気候（Cs）である。**ハイベルト**と呼ばれる高原地帯が中央部に広がる。南東部には古期造山帯の**ドラケンスバーグ山脈**がある。

17世紀にオランダ人が、19世紀にはイギリス人が入植しており、その後イギリスから独立した。少数の白人が大多数の黒人を支配するという**アパルトヘイト**（人種隔離政策）は1991年に廃止されたが、少数の白人と多数の黒人との経済格差は大きい。

ズールー語など11の公用語がある。宗教はキリスト教徒が8割を占める。

農業は地中海式農業で、ワインやジャムなどの生産が盛んである。また白金（プラチナ）は世界最大の生産量を誇る。他に金鉱、ダイヤモンド、レアメタル、鉄鉱石、石炭などを産出し、アフリカ最大の工業国である。

BRICSの一員で、2015年に新開発銀行の**BRICS銀行**を始動させた（本部は中国の上海）。

首都
プレトリア

人口（2022）
約5,989万人

面積（2021）
約122万km^2

5.12 コンゴ民主共和国 ★★★

旧ベルギー領で、独立以来の内戦は2003年に終結したが、東部では天然資源をめぐり武装勢力が対立している。国連コンゴ安定化派遣団が平和維持活動をしている。

ザンビアにかけての**カッパーベルト**は銅鉱の産出地として知られており、ほかにダイヤモンド、コバルト、レアメタルの産出が多く**アフリカ最大の鉱物資源国**である。また、コーヒー、パーム油などの生産も盛んである。

首都
キンシャサ

人口（2022）
約9,901万人

面積（2021）
約235万km^2

第3章　地　理

5.13 ルワンダ ★★★

　旧ベルギー領で、独立後にも1994年に少数派の**ツチ族**が多数派の**フツ族**によって大量虐殺される事件が起こっている。ルワンダ愛国戦線が政権を掌握すると報復を恐れたフツ族が逃亡し、大量難民化した。内戦終結後の経済成長は著しく「アフリカの奇跡」といわれる。

　主産業はコーヒー豆、茶などの農業である。

首都
キガリ

人口（2022）
約1,378万人

面積（2021）
約2.6万km^2

5.14 マダガスカル ★★★

　南回帰線付近であるが、南東貿易風の影響で国土の東半分は熱帯雨林気候（Af）、西側はサバナ気候（Aw）・乾燥気候（BW・BS）が分布する。旧フランス領だが、植民地支配以前（7世紀頃）に東南アジアから移住したマレー系住民が多いため、アジア型の水田稲作が営まれている。

首都
アンタナナリボ

人口（2022）
約2,961万人

面積（2021）
約59万km^2

5　世界地誌　175

6 北ヨーロッパ

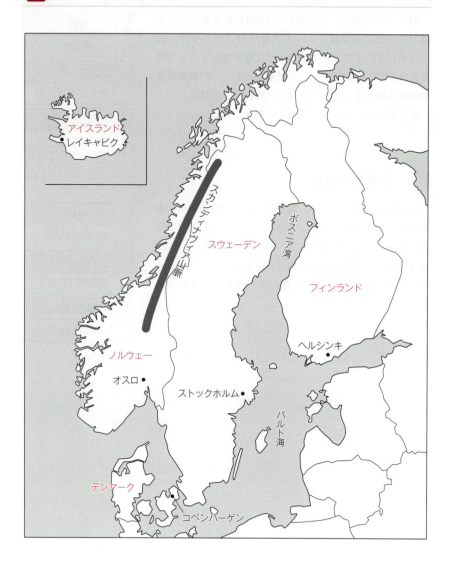

6.1 ノルウェー ★★★

スカンディナヴィア半島の西岸を占め、**フィヨルド**が見られる。沿岸部は西岸海洋性気候（Cfb・Cfc）である。EUには加盟しておらず通貨ユーロも採用していない。北部に**サーミ人**（ラップ人）が居住している。

北海油田からの**原油**、**天然ガス**の産出のほか漁業も盛んで、日本へはサーモンなどの魚介類を輸出している。発電の約9割が水力発電である。

社会保障制度が充実しており高福祉国家として知られる。

首都
オスロ

人口（2022）
約543万人

面積（2021）
約32万km²

6.2 スウェーデン ★★★

南部は西岸海洋性気候（Cfb）、他は大半が冷帯（Df）で一部寒帯（ET）も見られる。EUの加盟国だがユーロは採用していない。2022年にNATO加盟を申請し、フィンランドとともに他の加盟国による加盟議定書の批准を待っている。北部には少数ながら**サーミ人**（ラップ人）が居住している。

北部の**キルナ**や**エリバレ**は鉄鉱石の産出地として有名である。

社会保障制度が充実しており高福祉国家として知られる。

首都
ストックホルム

人口（2022）
約1,055万人

面積（2021）
約44万km²

6.3 フィンランド ★★★

森林が陸地の74%を占め、湖も多い。フィン人が9割を占めるアジア系民族の国で、紀元前に**フィン人**と**サーミ人**の共通の祖先が定住している。EU加盟国であり、通貨ユーロも導入している。2022年にNATO加盟を申請し、スウェーデンとともに他の加盟国による加盟議定書の批准を待っている。

製紙・パルプ業に加え、近年はエレクトロニクス産業が盛んになっている。

社会保障制度が充実しており高福祉国家として知られる。

首都
ヘルシンキ

人口（2022）
約554万人

面積（2021）
約34万km²

5 世界地誌 177

6.4 デンマーク ★★★

ユトランド半島(ユーラン半島)および周辺の島々からなり、自治領として**グリーンランド**[4]を有する。全土が西岸海洋性気候(Cfb)である。EUの加盟国だがユーロは採用していない。

酪農王国といわれるほど**酪農**が盛んで、飼料栽培のため耕地率が極めて高い(50%超)。**ハイデ**を改良して農地に変換している。**北海油田**を利用した**原油**や**天然ガス**を産出しており、造船や重工業も盛んである。

社会保障制度が充実しており高福祉国家として知られる。

首都
コペンハーゲン

人口(2022)
約588万人

面積(2021)
約4.3万km²

6.5 アイスランド ★★★

大西洋中央海嶺上にある**世界最北の島国**である。
農地は約1%で、地熱発電が盛んである。

首都
レイキャビク

人口(2022)
約37万人

面積(2021)
約10万km²

---

4 グリーンランドは世界最大の島であり、1979年に自治政府が発足し、将来の独立を目指している。

7 西ヨーロッパ

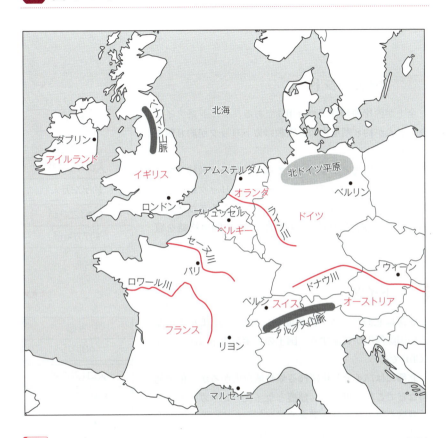

7.1 イギリス ★★★

　正式名称を**グレートブリテン及び北アイルランド連合王国**といい、**イングランド**、**スコットランド**、**ウェールズ**、**北アイルランド**の連合王国である。

　高緯度に位置しているが、偏西風と北大西洋海流の影響で穏やかな**西岸海洋性気候**(Cfb)となっている。宗教はキリスト教の一派をなすイギリス国教会を国教とする。

　世界で初めて**産業革命**を果たし、工業国として発展してきた。北海油田の5割の所有権を持ち、**原油**や**天然ガス**の産出が盛んである。ペ

首都
ロンドン

人口(2022)
約6,751万人

面積(2021)
約24万km²

5　世界地誌　179

ニン山脈西側の**ランカシャー工業地域**では綿工業、東側の**ヨークシャー工業地域**では**毛織物**が盛んである。農業人口率は低いが、穀物の自給率は100％に近い。

2015年5月からは**保守党**による単独政権が続いている。2020年に**EUを離脱**した。

7.2 アイルランド ★★★

全土が西岸海洋性気候(Cfb)である。ケルト系アイルランド人が約8割を占め、宗教はカトリックが約8割を占める。

イギリス領北アイルランドではカトリック教徒とプロテスタント教徒との争いが激化し、カトリック系過激派組織である**IRA**(アイルランド共和軍)によるテロ活動が活発化したが、2005年7月にIRAが武装闘争終結を宣言した。

首都
ダブリン

人口(2022)
約502万人

面積(2021)
約7万km²

7.3 ドイツ ★★★

北部は北海・バルト海に面し、**ライン川・エルベ川**などの国際河川が貫流する。国土の大半が西岸海洋性気候(Cfb)である。

北部には**ハイデ**と呼ばれるやせ地が広がるが、化学肥料などでこれを克服し、酪農とライ麦・ジャガイモなどの栽培を組み合わせた**混合農業**が行われている。中南部では小麦、ブドウの栽培も行われている。畜産も盛んで、**豚肉**の輸出量は世界第3位(2020)、生産量は世界第4位(2021)である。

ヨーロッパ最大の工業国で、**ルール工業地帯[5]**を工業の中心とする。2022年までに原発廃止を決定したが、石炭火力発電を拡大する見通しである。

戦後、東西ドイツに分裂し、1990年に統合された。EU主要国としての中心的な存在である。2011年に徴兵令を廃止した。

首都
ベルリン

人口(2022)
約8,337万人

面積(2021)
約36万km²

---

5 ルール工業地帯では、ライン川の水運とルール炭田の石炭を利用して鉄鋼、自動車、機械産業のほか、近年はIT産業も行われているが、全体として近年は衰退傾向にある。

7.4 フランス ★★★

国土の大半が西岸海洋性気候(Cfb)、地中海沿岸は地中海性気候(Cs)である。宗教はカトリック教徒が64%を占める。

ヨーロッパ最大の農業国で、**小麦**(パリ盆地)、**トウモロコシ**の生産が多く、穀物自給率は約190％に上る。工業はパリ周辺が最も盛んであるものの、南部の都市トゥールーズの航空機生産も有名である。戦後、主要産業を国有化している。**原子力発電の割合が極めて高い。**

2001年に徴兵令を廃止した。ただし近年のテロの多発などに対し、徴兵令復活の声も出ている。

首都
パリ

人口（2022）
約6,463万人

面積（2021）
約55万km^2

7.5 オランダ ★★★

日本とは江戸時代から交流があった国であり、日本の皇室とオランダ王室とも密接な交流がある。ロッテルダム港はEUの玄関口であり、**ユーロポート**としてよく知られている。ベネルクス３国[6]の一員である。

ライン川・マース川のデルタと**ポルダー**と呼ばれる干拓地からできた国土で、４分の１は海面下の標高にある。**園芸農業**と**酪農**が盛んでバター、チーズの生産量が多い。**ヨーロッパ最大の石油精製基地**を有する。

ワークシェアリングを推進している国である。

首都
アムステルダム

人口（2022）
約1,756万人

面積（2021）
約4.2万km^2

---

6 オランダ、ベルギー、ルクセンブルクの３か国を合わせてベネルクス３国と呼ぶ。1958年に経済同盟を結成しており、これがEC（ヨーロッパ共同体）成立のモデルとなった。

5 世界地誌

7.6 ベルギー ★★★

　交通の要衝で、主要なヨーロッパ文化が交わる位置にある。オランダ系住民が58％、フランス系住民が32％を占め、公用語もオランダ語（フラマン語）、フランス語（ワロン語）、ドイツ語と分かれる。首都ブリュッセルはEU、NATOの本部が置かれる国際都市である。ベネルクス３国の一員である。

首都
ブリュッセル

人口（2022）
約1,166万人

面積（2021）
約3万km^2

　初代EU大統領（欧州理事会議長）にはベルギー首相経験のあるファン=ロンパイが就任しており、2022年11月現在の３代目EU大統領もベルギー元首相のシャルル・ミシェルが務めている。

7.7 スイス ★★★

　ウェストファリア条約（1648）により神聖ローマ帝国から正式に独立を果たし、ウィーン会議（1815）で永世中立国としての立場が保障される。2002年に国連に加盟しており、EUには非加盟で通貨ユーロも採用していないが、シェンゲン協定[7]には加盟している。

首都
ベルン

人口（2022）
約874万人

面積（2021）
約4.1万km^2

　ドイツ語、フランス語、イタリア語、ロマンシュ語を公用語とし、20の州と6の準州からなる。直接民主制を採用している。

　夏は高地のアルプで放牧し、冬は本村で舎飼する移牧と呼ばれる牧畜の形式が盛んである。また時計を中心とする精密機械工業が盛んである。

---

[7] シェンゲン協定は、ヨーロッパの国家間において国境検査なしで越境することを許可する協定である。

7.8 オーストリア ★★☆

北部を**ドナウ川**[8]が東西に貫流する。

スイスと同じく永世中立の立場をとる国家である。国連に加盟しており、NATOには未加盟であるがEUには1995年に加盟、通貨ユーロも採用している。首都ウィーンにはIAEA(国際原子力機関)、OPEC(石油輸出国機構)などの本部がある。

発電の約6割が水力発電で、機械や金属加工などの産業が中心である。

首都
ウィーン

人口(2022)
約894万人

面積(2021)
約8.4万km²

8 南ヨーロッパ

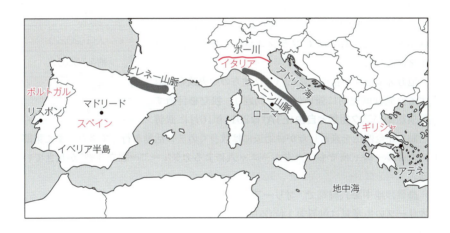

---

[8] ドナウ川はドイツの南西部のシュヴァルツヴァルトを水源とし、オーストリア、ハンガリー、ルーマニアなどを流れ、黒海に注いでいる国際河川である。

8.1 イタリア ★★★

　国土はアルプス=ヒマラヤ造山帯に属し、中央部をアペニン山脈が縦走する。古代ローマ帝国およびルネサンス発祥の地である。

　農業・工業ともに南北格差が大きい。北部は混合農業、南部は地中海式農業でブドウの生産量は世界第2位である。ジェノバ、ミラノ、トリノを結ぶ北イタリアの三角地帯が工業の中心地である。

首都
ローマ

人口（2022）
約5,904万人

面積（2021）
約30万km²

8.2 スペイン ★★★

　イベリア半島の約5分の4を占める国家であり、16世紀に海洋国として世界に君臨した。近代に入り、スペイン内戦後、1939年フランコ将軍によるファシズム政権が誕生した。1975年にフランコが亡くなると、民主化を推進した。

　地方分権志向が強く、特にバスク地方の中央政府に対する反発は歴史的に強い（バスク問題[9]）。独立を目指す民族組織バスク祖国と自由（ETA）は2011年10月に武装活動の完全停止を宣言したが、過去には数多くのテロ活動を行ってきた。また東部のカタルーニャ州でも、カタルーニャ人によるカタルーニャ独立運動[10]が起きている。

　農業は地中海式農業で、オリーブ、ブドウ、オレンジなどの生産が盛んである。オリーブの生産量は世界第1位（2021）、オレンジの輸出量は世界第1位（2021）である。

首都
マドリード

人口（2022）
約4,756万人

面積（2021）
約51万km²

9　バスク人はスペイン北東部とフランス北西部の国境地帯のバスク地方に居住し、独自の言語と文化を有する民族である。16世紀ごろ日本に来航したイエズス会のザビエルとロヨラもバスク人として知られている。

10　2017年10月にはカタルーニャ地方で独立住民投票が行われた。投票率は43％であったが、独立賛成が約9割を占めた。

8.3 ポルトガル ★★★

第3章 地理

イベリア半島西端に位置する国家で、国土の大半は地中海性気候(Cs)である。スペインとともに、日本とは戦国時代に**南蛮貿易**の相手国として交流があった。

地中海式農業でオリーブやコルクガシなどの生産が行われている。

慢性的な貿易赤字を抱える。

首都
リスボン

人口(2022)
約1,027万人

面積(2021)
約9.2万km^2

8.4 ギリシャ ★★★

国土の大半が地中海性気候(Cs)で、古代ギリシャ文明発祥の地である。宗教は**ギリシャ正教徒**が9割である。EUとNATOに加盟している。**キプロス紛争**[11]をめぐりトルコと対立している。

観光業や海運業などが盛んであるが経済の落ち込みが続き、GDP成長率はマイナスが続く。失業率も2019年には約17%と高い。**財政危機**が表面化し、EUが金融支援を行っていた。

首都
アテネ

人口(2022)
約1,038万人

面積(2021)
約13万km^2

---

[11] キプロス南部に住むギリシャ系住民とキプロス北部に住むトルコ系住民の対立に、ギリシャ・トルコ両国が介入して生じている紛争である。

5 世界地誌

⑨ 東ヨーロッパ

　スラブ系民族が多く、セルビア、スロベニアなど旧ユーゴスラビアから独立した国も多い。

国名	主な民族	主な宗教	備考
ポーランド	スラブ系	カトリック	EUとNATOに加盟
チェコ	スラブ系	カトリック	EUとNATOに加盟
スロバキア	スラブ系	カトリック	EUとNATOに加盟
ハンガリー	マジャール人	カトリック	EUとNATOに加盟
ルーマニア	ラテン系	ルーマニア正教[12]	EUとNATOに加盟
ブルガリア	スラブ系	ブルガリア正教	EUとNATOに加盟
スロベニア	スラブ系	カトリック	EUとNATOに加盟
クロアチア	スラブ系	カトリック	EUとNATOに加盟
ボスニア=ヘルツェゴビナ	スラブ系	イスラム教4割 セルビア正教3割	1992年独立以降内戦（〜95） EU加盟を目指す
北マケドニア	スラブ系	マケドニア正教	EU・NATO加盟を目指す
モンテネグロ	スラブ系	セルビア正教	EU加盟を目指す
セルビア	スラブ系	セルビア正教	EU加盟を目指す
コソボ	インド＝ヨーロッパ語族のアルバニア人が9割	イスラム教	国連・EU・NATO加盟を目指す

---

12 正教はギリシャ正教、東方正教とも呼ばれるキリスト教の教派の一つで、国・地域名を冠した呼称もされる。

10 ロシア連邦・旧ソ連諸国

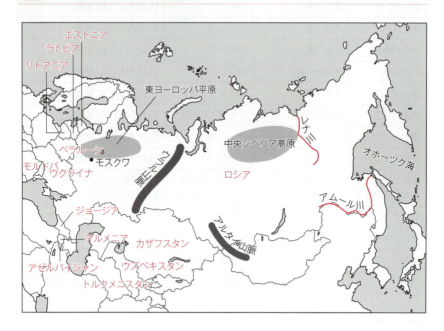

10.1 ロシア ★★★

(1) 自　然

　世界最大の面積を持つ国家である。ウラル山脈より西側を**ヨーロッパ=ロシア**、東側を**シベリア**、南側を**中央アジア**と呼ぶ。ウラル山脈はヨーロッパとアジアの自然境界になっている。冷帯気候地域が広く分布している。

首都
モスクワ

人口(2022)
約1億4,471万人

面積(2021)
約1,710万km²

(2) 行政区分

　46州、21共和国、9地方、4自治管区、2連邦市、1自治州からなる[13]。

---

[13] 46州にヘルソン州、ザポロージェ州を加えると48州に、21共和国にクリミア共和国、ドネツク人民共和国、ルガンスク人民共和国を加えると24共和国に、2連邦市にセヴァストーポリ市を加えると3連邦市になるが、これらはすべて国際的にはウクライナ領土として承認されており、その地位は係争中である（2022年11月現在）。

（3）民族・言語・宗教

　スラブ系のロシア人が約8割を占めているが、100以上の民族からなる**典型的な多民族国家**である。連邦公用語のロシア語の他に100以上の言語がある。7割がロシア正教の信徒だが、カトリックやプロテスタント、イスラム教の信徒もいる。

（4）略　史

　1917年、ロシア革命により**世界初の社会主義国**となり、1922年、ソビエト社会主義共和国連邦（ソ連）が成立する。1985年以降、**ゴルバチョフ書記長**（後に大統領）が**ペレストロイカ**（改革）、**グラスノスチ**（情報公開）を進め、1989年アメリカのブッシュ大統領と会談して**冷戦に終止符**が打たれた。

　1991年、バルト三国（エストニア、ラトビア、リトアニア）の独立を機に**ソ連が解体**し11か国による**独立国家共同体**（CIS）を創設した**14**。1992年に国名をロシア共和国から**ロシア連邦**に変更した。

（5）農　業

　ソ連時代の農業は**ソフホーズ**（国営農場）、**コルホーズ**（集団農場）などの集団化された農業であった。現在は民営化されており、ヨーロッパ=ロシアでは酪農やライ麦・ジャガイモを栽培する混合農業、ウクライナから西シベリア南部にかけては肥沃な**チェルノーゼム**が分布し、大規模な小麦栽培が行われている。**大麦、テンサイ**の生産量は世界第1位（2021）、**小麦の輸出量は世界第1位**（2021）である。

（6）鉱工業

　石炭や鉄鉱石など原料指向型の工業地域が多数立地している。近年はシベリア・極東など東部の開発が進む。**石炭、原油、天然ガス**の産出量は世界有数である。

（7）北方領土問題

　日本との間には**北方領土問題**がある。1956年に**日ソ共同宣言**がなされたものの、平和友好条約はまだ締結していない。2016年に**安倍・プーチン会談**、2018年に日露会談が行われたが、その後、進展はしていない。

（8）チェチェン問題

　ロシア連邦を構成する共和国の一つであるチェチェン共和国で、1994年に独立

14　のちにジョージアが加わって12か国となったが、ウクライナ、ジョージアがその後脱退、トルクメニスタンが準参加国となり、9か国となっている（2022年11月現在）。

派と親ロシア派の反政府勢力が軍事衝突した。ロシアは反政府勢力を支援し、軍事介入した。1997年にロシア軍は撤退したが、その後、チェチェン人によるテロが続いた。

10.2 ウクライナ ★★★

　南部のステップ気候区では肥沃な**チェルノーゼム**が広がり、**世界的な小麦の生産地**となっている。**鉄鉱石**や**石炭**も豊富である。

　ソ連時代の1986年に**チョルノービリ原子力発電所**で事故が起き、世界的に関心を集めた。

　ウクライナ国内では依然ロシアに依拠する**親ロシア派**と**EUやNATO**に加盟したいとする**親欧米派**との対立が続いていた。2014年、親ロシア派の住民保護を名目にロシア軍が、ウクライナの**クリミア自治共和国**に侵攻し、国民投票でロシア編入の賛成数が多かったことから**ロシアに編入、実質的に併合された**（**クリミア併合**）。ただし国際的には併合は未承認である。同年、ウクライナで親欧米派の大統領が就任すると、親ロシア派との間に内戦が起こった。

首都
キーウ

人口（2022）
約3,970万人

面積（2021）
約60万km^2

　2022年2月、ロシアは東部の親ロシア派の多いルハンスク州とドネツク州が共和国として独立することを承認した。その後ロシアはルハンスク州、ドネツク州のロシア系住民保護を名目としてウクライナに侵攻した。

10.3> その他の旧ソ連諸国　★★★

　アゼルバイジャン領内のナゴルノ・カラバフ地方に住むアルメニア人の多くはキリスト教徒で、イスラム教徒中心のアゼルバイジャンからの独立を求める運動が続いていたが、アルメニアが彼らの独立を支援し、アルメニア、アゼルバイジャン両国の武力衝突に発展した(**ナゴルノ・カラバフ紛争**)。

　ほか、ジョージアからの南オセチアの分離独立問題などを抱えている。

国名	主な民族	主な宗教	備考
ベラルーシ	スラブ系	ベラルーシ正教	
モルドバ	スラブ系	モルドバ正教	公用語はルーマニア語
エストニア	ウラル系	プロテスタント	バルト三国、ユーロ導入
ラトビア	バルト系	プロテスタント	バルト三国、ユーロ導入
リトアニア	バルト系	カトリック	バルト三国、ユーロ導入
ジョージア	カフカス系	ジョージア正教	2009年、CIS脱退
アルメニア	インド＝ヨーロッパ系	アルメニア正教	
アゼルバイジャン	トルコ系	イスラム教	
カザフスタン	トルコ系	イスラム教	カスピ海周辺の油田開発を行う
ウズベキスタン	トルコ系	イスラム教	
トルクメニスタン	トルコ系	イスラム教	

11 北アメリカ

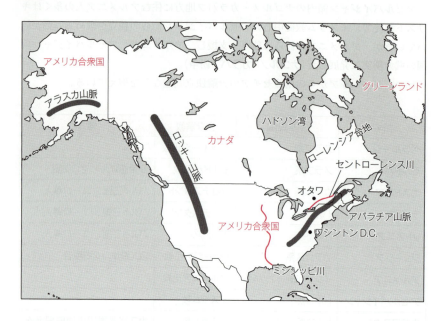

11.1 カナダ ★★★

　1982年にイギリスから完全独立して主権国家になった。**世界第2位の国土面積**を有する。大部分は冷帯および寒帯であるが、太平洋岸には西岸海洋性気候(Cfb)も分布する。

　10州と3準州からなる。**ケベック州**はフランス系住民が8割を占め、分離独立運動が続いている。**ヌナブット準州**は先住民の**イヌイット**が多く住んでいる。

　農業はアメリカと同じく小麦の生産が盛んで、6割は輸出用である。また牧畜も盛んである。

　工業では石油、天然ガス、ウランの産出が多く、特に**ウラン**の産出量は世界第2位(2019)である。輸出余力が大きく、最大の貿易相手国はアメリカである。アメリカ、メキシコとともに**アメリカ・メキシコ・カナダ協定**(USMCA)を結んでいる。

首都
オタワ

人口(2022)
約3,845万人

面積(2021)
約998万km²

11.2 アメリカ ★★★

（1）概　要

50の州と**コロンビア特別区**（ワシントンD.C.）から構成される連邦制国家である。西部は**ロッキー山脈**などの新期造山帯の急峻な山脈や高原で、中央は広大な平原[15]で、中央平原には**ミシシッピ川**が流れる。東部は古期造山帯の緩やかな**アパラチア山脈**で、山麓には古くから**滝線都市**が発達している。かつては五大湖の南部付近まで大陸氷河が覆っていた。

首都
ワシントンD. C.

人口（2022）
約3億3,829万人

面積（2021）
約983万km²

（2）民族・宗教

先住民は**イヌイット**や**インディアン**などのネイティブアメリカンである。

イギリス系白人は**WASP**（White Anglo-Saxon Protestant）と呼ばれ、政治・経済の主導権を握ってきた。アフリカ系黒人はプランテーション労働力として移住しており、南東部のコットンベルトに多い。またメキシコなど中南米からの移住者であるヒスパニックは南西部に多い。近年はアジア系民族も太平洋側を中心に増加している。宗教はプロテスタントが5割、カトリックが2割程度である。

このような状況を指してアメリカは「民族のサラダボウル」といわれている。

（3）農　業

農業では**トウモロコシ**の生産量が世界第1位（2021）、**大豆**の生産量が世界第2位（2021）である。**適地適作**の農業を行い、**穀物メジャー**による組織的な生産・流通システムが整っている。肉牛の生産も盛んである。

（4）工　業

北緯37度線以南の**サンベルト**で**IT産業**が盛んであり、カリフォルニア州の**シリコンバレー**やテキサス州の**シリコンプレーン**が有名である。航空機産業も盛んである。

（5）政治・外交

前トランプ政権時代にTPP離脱、パリ協定脱退、イラン核合意不承認を行い、中国とは貿易摩擦が深刻化した。2021年に民主党のバイデン大統領が就任したが、

---

15 中央平原は西経100度を境に、西側には**グレートプレーンズ**と呼ばれるステップ気候の大平原、東側には**プレーリー**と呼ばれる温暖湿潤気候の草原に分かれる。

5　世界地誌

アフガニスタンから米軍を撤退させたため、タリバーンが勢力を挽回して首都カブールを制圧し、タリバーン政権を復活させる結果となった。

国内では黒人差別、アジア系人種差別の問題も大きな課題となっている。

12 中央アメリカ

12.1 メキシコ ★★★

北米大陸南部から**ユカタン半島**にまたがる高原の国で、かつて**マヤ文明**や**アステカ文明**などの古代文明が栄えた。16世紀、スペインの**コルテス**によりアステカ王国が滅ぼされ、大量の**銀**がヨーロッパに持ち出された。

白人と先住民インディオの混血である**メスティソが6割**を占め、公用語は**スペイン語**である。

農業としては**レモン**、**ライム**、トウモロコシ、綿花などの栽培が盛んであり、レモン、ライムの生産量は世界第2位(2021)である。植民地時代の大農園は**アシエンダ**と呼ばれたが、独立後は解体が進んでいる。

銀の産出量は世界第1位(2021)である。OPEC非加盟国であるが、**原油**の産出量はラテンアメリカ第2位(2021)である。

アメリカ、カナダとともに**アメリカ・メキシコ・カナダ協定(USMCA)**を結んでいる。

首都
メキシコシティ
人口(2022)
約1億2,750万人
面積(2021)
約196万km²

12.2 キューバ ★★★

公用語は**スペイン語**で、スペイン系の白人が6割以上を占める。

1959年にカストロやゲバラによる**キューバ革命**が成功し、社会主義体制の国家となる。2015年に長く断絶していた**アメリカと国交回復**した。

観光業やサトウキビのプランテーションをはじめ、経済はほぼ全体的に国有化されている。

首都
ハバナ

人口（2022）
約1,121万人

面積（2021）
約11万km²

12.3 パナマ ★★☆

北はカリブ海、南は太平洋に面している。中央に閘門式（閉門式）である**パナマ運河**（全長80km）がある。

公用語は**スペイン語**で、メスティソが6割程度を占める。宗教はカトリック教徒が7割以上である。

アフリカのリベリアと同じく**便宜置籍船国**である。

首都
パナマシティ

人口（2022）
約441万人

面積（2021）
約7.5万km²

12.4 ハイチ ★★☆

ラテンアメリカ最初の独立国であり、**世界初の黒人共和国**でもある。旧宗主国は**フランス**で、公用語は**フランス語**と**ハイチ語**（フランス語系クレオール語）である。**黒人が9割以上**で、**カトリックが6割**近くを占める。アフリカ伝統信仰とキリスト教聖人信仰の習合した民間信仰である**ブードゥー教**の信徒も少なくない。

主な農産物はコーヒー、米、バナナや砂糖などで、工業は建設業、軽工業などが盛んである。

政情不安や災害などで、経済は不安定である。

首都
ポルトープランス

人口（2022）
約1,158万人

面積（2021）
約2.8万km²

13 南アメリカ

　大部分が安定陸塊であるが、**アンデス山脈**は新期造山帯（環太平洋造山帯）に属する。**ラプラタ川**河口は典型的な**エスチュアリー**（三角江）で、チリ南部の沿岸には**フィヨルド**が見られる。**アマゾン川**は**世界一**の流域面積を誇り、流域には**セルバ**と呼ばれる熱帯雨林が広がる。

　オリノコ川流域の**リャノ**とブラジル高原の**カンポ**は熱帯草原、アルゼンチンのパンパは温帯草原である。

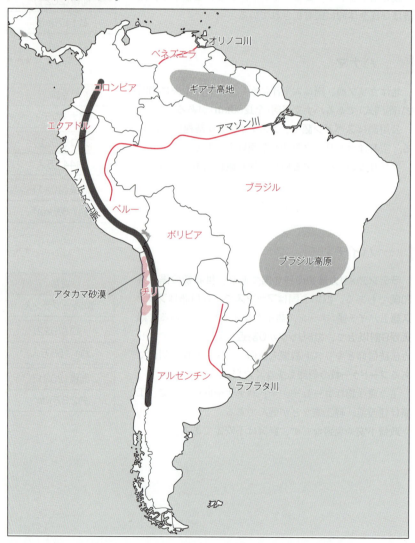

第3章 地理

南アメリカの植生と気候（北から南へ）

植生	地域	気候
リャノ	オリノコ川流域	サバナ気候
セルバ	アマゾン川流域	熱帯雨林気候
セラード	ブラジル高原（大豆畑として開発）	サバナ気候
カンポ	ブラジル高原	サバナ気候
グランチャコ	パラグアイ川流域	ステップ気候
パンパ	ラプラタ川流域	温暖湿潤気候

　先住民のインディオ、ヨーロッパから移住してきた白人、奴隷として移住させられたアフリカ系黒人との間で混血が進んだ。白人とインディオの混血を**メスティソ**、白人と黒人の混血を**ムラート**、黒人とインディオの混血を**サンボ**という。アンデスの高地やペルー、ボリビアではインディオの割合が高い。白人が多いのはアルゼンチンやブラジル、黒人が多いのはハイチやジャマイカなどの西インド諸島、混血（メスティソ）が多いのはメキシコ、ベネズエラ、チリである。

　ラテン民族（主にスペイン、ポルトガル）の植民地であったため、**宗教はカトリックが大部分**を占める。公用語は**スペイン語**が多く、ブラジルはポルトガル語、ジャマイカは英語、ハイチはフランス語である。

13.1 ベネズエラ　★★★

　正式名称は**ベネズエラ・ボリバル共和国**であり、南アメリカ大陸北部に位置している。国土の北西部に**マラカイボ湖**、中央部にサバナの**リャノ**が植生し、南東部に**ギアナ高地**がある。**オリノコ川**は中央部を西から東へ流れている。ほぼ熱帯気候だが、カリブ海沿岸には乾燥気候（BW・BS）が見られる。

　公用語は**スペイン語**で、その他31の先住民の言語も話されている。**メスティソが6割**である。

首都
カラカス

人口（2022）
約2,830万人

面積（2021）
約93万km^2

　コーヒー豆の栽培が盛んである。また、オリノコ川のリャノでは肉牛の放牧が盛んである。

　原油の埋蔵量は世界第1位（2021）だが、産出量はかなり減少している。それでもラテンアメリカ最大の産油国で、OPECの原加盟国でもある。

5　世界地誌　197

2013年にマドゥロ政権になると、失政やハイパーインフレが続き、2019年にグアイド国会議長が暫定大統領に就任し、両者の対立が続いている。このような政治・経済の混乱から2014年以来、500万人以上の住民が海外に脱出している。

13.2 ペルー ★★★

　かつて**インカ帝国**があったところとして有名であり、**マチュピチュ**は**世界複合遺産**に登録されている。東部はアマゾン川上流の熱帯雨林地帯、西部は亜熱帯の砂漠地帯である。**チチカカ湖**はボリビアとの国境をなしている。

　インディオが4割強、メスティソが4割弱を占め、公用語は**スペイン語**、ケチュア語、アイマラ語である。

　寒流のペルー海流の影響で世界有数の漁獲高を誇っていたが、**エルニーニョ現象**で寒流の魚の**アンチョビ**(かたくちいわし)が獲れにくくなり、現在漁獲高は世界第5位(2019)である。そのほか**銀**の産出量は世界第2位である。

　1990年から2001年まで日系人**フジモリ大統領**が政権を握っていた。在任中の1996年に武装グループが日本大使館を占拠する事件が起き、翌年4月に犯人全員射殺で解決した。

首都
リマ

人口(2022)
約3,405万人

面積(2021)
約129万km²

13.3 エクアドル ★★★

　赤道直下に位置する国家で、アンデス山脈の両側は熱帯気候(Af・Aw)、アンデス山脈は高山気候(H)である。アンデス山脈中の首都キトは世界で2番目の標高にある首都(最高はボリビアの首都ラパス)で、**高山都市**として有名である。

　メスティソが7割程度を占め、公用語は**スペイン語**である。

　バナナの輸出量は世界第1位(2021)で、他にコーヒーの生産も盛んである。

　2020年に**OPECを脱退**したが、原油の産出も多い。

首都
キト

人口(2022)
約1,800万人

面積(2021)
約26万km²

198　第3章　地理

13.4 コロンビア ★★★

メスティソが6割近くを占める、公用語は**スペイン語**である。**アンデス共同体**[16]の加盟国である。

コーヒー豆の生産量は世界第4位(2021)、輸出量は世界第3位(2021)である。また原油の産出も多い。

首都
ボゴタ
人口(2022)
約5,187万人
面積(2021)
約114万km²

13.5 ブラジル ★★★

世界第5位、南米最大の面積とラテンアメリカ最多の人口を有する国家である。**世界最大の流域面積を誇るアマゾン川**流域は熱帯雨林のセルバを形成している。首都ブラジリアは**計画都市**であり、1960年にリオデジャネイロから遷都した[17]。国土の大部分がブラジル高原で、気候は熱帯・乾燥帯・温帯が分布する。

旧宗主国はポルトガルであったため、**ポルトガル語**が公用語である。白人が5割以上を占める。かつて多くの日本人が移民し、約200万の日系人がいるといわれている(外務省推定による)。

首都
ブラジリア
人口(2022)
約2億1,531万人
面積(2021)
約851万km²

植民地時代の大農園を**ファゼンダ**という。肥沃な**テラローシャ**を利用したコーヒーのモノカルチャーから、**近年は多角化が進み**、大豆、トウモロコシなどの生産が多い。**コーヒー豆、大豆**の生産量と輸出量は世界第1位(2021)である[18]。

工業の中心地は**サンパウロ、リオデジャネイロ**などの南東部に位置する。**鉄鉱石**も豊富で、**カラジャス鉄山**が著名である。**水力発電の割合が圧倒的に高く**、約8割を占める。

---

16 アンデス共同体はアンデス地域の統括的な経済開発を目的とした組織で、加盟国はコロンビア、ペルー、エクアドル、ボリビアの4か国で、他に準加盟国としてブラジル、アルゼンチン、パラグアイ、ウルグアイ、チリが存在する。

17 計画都市とは、都市計画に従って整備された都市をいう。もともとブラジルの首都はリオデジャネイロだったが、人口が集中したため、内陸部に計画的な政治都市ブラジリアを建設して遷都した。2016年の統計でも沿岸部のリオデジャネイロは約649万人、サンパウロは約1,203万人だが、首都のブラジリアの人口は約297万人である。

18 大豆はブラジル高原のセラードを開拓して大豆畑とし、生産力を高めた。現在では穀物大国アメリカを上回っている。

ロシア、インド、中国、南アフリカとともにBRICSとして注目され、ラテンアメリカの経済を牽引している。また、1995年に域内の関税撤廃等を目的とした関税同盟としてアルゼンチン、パラグアイ、ウルグアイの３国と南米南部共同市場（メルコスール）を発足した。

2016年にはリオデジャネイロでオリンピックが開催された。

13.6 チ リ ★★★

アンデス山脈に沿って南北4,300kmに及ぶ細長い国で気候は変化に富む。寒流のペルー海流の影響で気温が上がらず熱帯気候は分布しない。南部にはフィヨルドが見られ、最南部には寒帯気候が分布する。中部は地中海性気候である。アンデス山脈と太平洋の間にアタカマ砂漠が存在する。

地中海式農業でブドウの生産が盛んであり、輸出量は世界第１位（2021）である。ワインも有名である。また世界最大級のチュキカマタ銅山をはじめ、銅鉱の産出量は世界第１位（2021）である。

メスティソが約７割を占め、公用語はスペイン語である。

首都
サンティアゴ

人口（2022）
約1,960万人

面積（2021）
約76万km^2

13.7 アルゼンチン ★★★

ラプラタ川流域のパンパは広大な平原、河口はエスチュアリーで、ここに首都ブエノスアイレスが位置する。南部のパタゴニア地方は砂漠気候である。1982年、イギリスとの間にはフォークランド諸島の領有をめぐり戦争が勃発した（フォークランド紛争）が敗北した。

白人が９割を占め、公用語はスペイン語である。

農牧業が中心産業で、小麦、トウモロコシ、大豆、アルファルファ（牧草）が主要産品である。このほかラプラタ川流域の湿潤パンパでは肉牛の飼育、乾燥パンパでは牧羊を行っている。植民地時代の大農園をエスタンシアという。

原油や天然ガスも採れるが経済的に厳しく、対外債務は2,776億ドル（2019）もあり、失業率も11.7％（2020）に上る。

首都
ブエノスアイレス

人口（2022）
約4,551万人

面積（2021）
約280万km^2

14 オセアニア

14.1 オーストラリア ★★★

　大部分は**安定陸塊**だが、東部の**グレートディヴァイディング山脈**は**古期造山帯**である。北東部の海岸沿いに**グレートバリアリーフ（大堡礁）**と呼ばれるサンゴ礁海岸が広がる。内陸部を中心に国土の70％は乾燥気候で砂漠が多く、北部半島部分に熱帯気候、東岸に温暖湿潤気候（Cfa）、南西岸に地中海性気候（Cs）が分布する。

　18世紀末からイギリス人の入植が始まった。先住民は**アボリジニー**で、現在の人口の2％を占める。有色人種の移民を制限し白人だけを優遇するする白豪主義を採っていたが1973年に撤廃し、近年は多文化主義を進めている。

　中央部の**大鑽井盆地**では**掘り抜き井戸**を利用して**羊毛**の生産を行っている。スペイン原産で毛専用の**メリノ種**が中心であり、羊毛の輸出量は世界第1位（2020）であ

首都
キャンベラ

人口（2022）
約2,618万人

面積（2021）
約769万km²

る。その他、**小麦**や**肉牛**の生産が盛んである。

東部の古期造山帯では**石炭**、北西部の安定陸塊では**鉄鉱石**、北部では**ボーキサイト**が産出される。

14.2 ニュージーランド ★★★

環太平洋造山帯の一部で地震・火山が多い国家である。首都ウェリントンやオークランドなど主要都市の多くのある北島と、北島より面積の大きい南島に分かれる。国土全体が西岸海洋性気候(Cfb)である。先住民は**マオリ**であり、人口の約14%を占める。

北島中心に酪農が盛んで、**バター**の輸出量は世界第1位(2019)である。**牧羊**も行っており、**コリデール種**(毛・肉兼用)が中心である。降水量が少ない南島東側では小麦が栽培される。

輸出の約半分は農産物で、中国が最大の貿易相手国である。

2011年に大地震が発生し、日本人留学生を含む170名が亡くなった。その1か月後に東日本大震災が起こった。

首都
ウェリントン

人口(2022)
約519万人

面積(2021)
約27万km^2

15 日 本

15.1 日本の概要 ★★★

　日本の面積は北方領土を含めて約37.8万km^{2}であり、北端が北海道の**択捉島**、南端が東京都の**沖ノ鳥島**、東端が東京都の**南鳥島**、西端が沖縄県の**与那国島**である。

　首都は1869年より東京に定められている。

　外国との間に領有権の争いがある土地として、**北方領土**（色丹島、歯舞群島、国後島、択捉島）、**竹島**（島根県）、**尖閣諸島**（沖縄県）があり、それぞれロシア、韓国、中国との領土問題である[19]。

　日本は北米プレート、ユーラシアプレート、太平洋プレート、フィリピン海プレートという四つのプレートの境界部に位置する**弧状列島**であり、太平洋側には**日本海溝**や**南海トラフ**などの海溝がある。

　北米プレートとユーラシアプレートの境界に**フォッサマグナ**という大きな溝があり、その西端を**糸魚川・静岡構造線**（新潟県から静岡県にかけて走る構造線）という。東端については詳らかではない。このフォッサマグナにより**東北日本**と**西南日本**に分けられる。

　また、長野県諏訪湖から九州にかけて走っている断層線を**中央構造線**（メディアンライン）という。その西南日本の北側を**内帯**、西南日本の南側を**外帯**といい、内帯は**なだらかな地形**であるのに対し、外帯は**険しい地形**になっている。

首都
東京

人口（2022）
約1億2,395万人

面積（2021）
約38万km^2

構造線とフォッサマグナ

---

[19] 尖閣諸島について、日本政府は領土問題が存在しないとの立場をとっている。

15.2 気候

(1) 特徴

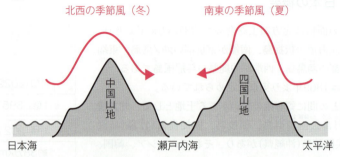

夏は南東の季節風が太平洋側を吹いて降雨をもたらし、乾燥した風が瀬戸内海や日本海側を吹く。冬は北西の季節風が日本海側を吹いて降雨や降雪をもたらし、乾燥した風が瀬戸内海や太平洋側を吹く。

中央高地(内陸性気候)は年中少雨で、冬は0℃以下になる。一方、瀬戸内地方も年中少雨だが、冬でも0℃以上になり温暖である。

日本の気候

北海道	冷帯湿潤気候で梅雨がない
本州・四国・九州	温暖湿潤気候 　太平洋側：夏季多雨・冬季乾燥 　日本海側：夏季乾燥・冬季多雨・降雪 　中央高地：年中少雨・気温の年較差が大きい 　瀬戸内　：年中少雨・冬季も温暖
南西諸島	亜熱帯性気候

(2) 気団

以下の気団や移動性高気圧の影響で、日本は四季が明瞭になっている。

移動性高気圧	・春と秋に多く出現し晴天をもたらす
小笠原気団	・夏の気団 ・南東の季節風をもたらし、高温多湿で夏を蒸し暑くしている
オホーツク海気団	・初夏と秋の気団 ・夏に太平洋側の東北地方に「やませ」をもたらす
シベリア気団	・冬の気団 ・北西の季節風をもたらし、日本海側に雨や雪を降らせる

15.3 農　業　★★☆

主な農作物の収穫量

農作物		順位		
米	（2022）	❶新潟県	❷北海道	❸秋田県
小麦[20]	（2022）	❶北海道	❷福岡県	❸佐賀県
大麦	（2022）	❶佐賀県	❷栃木県	❸福岡県
ミカン	（2021）	❶和歌山県	❷愛媛県	❸静岡県
リンゴ	（2021）	❶青森県	❷長野県	❸岩手県
ブドウ	（2022）	❶山梨県	❷長野県	❸岡山県
モモ	（2022）	❶山梨県	❷福島県	❸長野県
茶	（2022）	❶静岡県	❷鹿児島県	❸三重県
豚	（2022）	❶鹿児島県	❷宮崎県	❸北海道
肉用若鶏	（2022）	❶鹿児島県	❷宮崎県	❸岩手県
乳用牛	（2022）	❶北海道	❷栃木県	❸熊本県
肉用牛	（2022）	❶北海道	❷鹿児島県	❸宮崎県
ダイコン	（2021）	❶千葉県	❷北海道	❸青森県
キャベツ	（2021）	❶群馬県	❷愛知県	❸千葉県
レタス	（2021）	❶長野県	❷茨城県	❸群馬県
ピーマン	（2021）	❶茨城県	❷宮崎県	❸鹿児島県
イグサ[21]	（2021）	❶熊本県	❷福岡県	
コンニャクイモ	（2021）	❶群馬県（群馬県のみ）		
テンサイ	（2022）	❶北海道（北海道のみ）		
サトウキビ	（2021）	❶沖縄県	❷鹿児島県	
イチゴ	（2021）	❶栃木県	❷福岡県	❸熊本県
大豆[20]	（2021）	❶北海道	❷宮城県	❸秋田県

20　小麦は62％（2022）、大豆は43％（2021）が北海道で生産されている。

21　イグサは畳表の原料である。

15.4 漁 業 ★★☆

200海里漁業専管水域の設定は漁業に大きな影響を与えた。かつて盛んだった遠洋漁業は激減し、現在は沖合漁業が中心である。その一方で、魚介類の輸入量も増えている。正月のおせち料理に使う魚介類の9割は輸入品だといわれている。

漁港別水揚量（2021）	❶銚子（千葉県）　　❷釧路（北海道）　　❸焼津（静岡県）
漁業形態（2020）	沖合漁業（48.3%）、沿岸漁業（20.6%）、海面養殖業（22.9%）、遠洋漁業（7.0%）、内水面漁業・養殖業（1.2%）
魚介類の輸入先（2021）	❶中国　　　　　❷チリ　　　　　❸ロシア ❹アメリカ　　　❺ノルウェー

15.5 林 業 ★★☆

日本の木材自給率の推移	89.2%（1960）→46.7%（1970）→32.9%（1980）→18.2%（2002）→26%（2010）→28.9%（2014）→34.4%（2016）→36%（2017）→37%（2018）→38%（2019）→41.8%（2020） 下降の一途をたどっていた自給率は2010年以降上昇し続け、2020年には40%台まで回復した
木材の輸入先（2022）	❶カナダ　　　　❷アメリカ　　　❸スウェーデン ❹フィンランド　❺ロシア

15.6 工 業 ★★☆

工業地帯・工業地域の製造品出荷額等の順位 (2019)	❶中京工業地帯　❷阪神工業地帯　❸関東内陸工業地域 ❹瀬戸内工業地域　　　　　　　　　❺京浜工業地帯	
各工業地帯・工業地域の特色	**中京工業地帯**	自動車・鉄鋼・石油化学・繊維・窯業
	阪神工業地帯	鉄鋼・化学
	瀬戸内工業地域	石油化学・鉄鋼・自動車・セメント・化学
	関東内陸工業地域	電機・IC・機械
	京浜工業地帯	出版・印刷

15.7 各地の産業 ★★☆

（1）北海道

農林水産業	上川盆地・石狩平野／稲作 根釧台地／パイロットファームで酪農 十勝平野／トウモロコシ、テンサイ、ジャガイモ、小麦、小豆などの畑作 釧路、小樽、根室／水産加工
工業	札幌／食品 苫小牧／製鉄、パルプ、製油、自動車 室蘭／鉄鋼、製油 函館／造船 帯広／製糖

（2）東　北

農林水産業	秋田県八郎潟／干拓地 秋田平野、庄内平野、仙台平野／稲作 山形盆地／サクランボ 福島盆地／モモ 津軽平野／リンゴ 青森県八戸、宮城県気仙沼、女川、石巻／漁業 秋田県、青森県／林業：秋田スギ・青森ヒバ 秋田県能代／製材
工業	岩手県釜石／製鉄 青森県六ケ所村／原子力燃料サイクル施設、石油備蓄基地 その他、東北地方にはIC工場が多い

5　世界地誌　207

(3) 中　部

農林水産業	新潟県／稲作 長野県／リンゴ 山梨県／甲府盆地でブドウ、モモ 静岡県／牧ノ原台地で茶の栽培、ミカン、海面漁業、浜名湖でウナギの養殖 愛知県／渥美半島でメロンや電照菊の栽培、輪中地帯で稲作や園芸農業
工業	中京工業地帯／豊田や刈谷で自動車、東海で鉄鋼、名古屋で機械 東海工業地域／浜松で楽器、オートバイ、富士宮で製紙、パルプ、蒲原でアルミニウム工業 長野県諏訪市、岡谷市／精密機械

(4) 関　東

農林水産業	群馬県／コンニャクイモ、キャベツ、生乳、豚、肉用若鶏 栃木県／生乳、イチゴ、大麦 茨城県／豚、肉用若鶏、鶏卵、メロン、甘藷 千葉県／落花生、生乳、豚、肉用若鶏、甘藷、大根、海面漁業、海面養殖 埼玉県／米、小麦、ネギ、サトイモ 神奈川県／キャベツ、ナシ、ミカン、海面漁業 東京都／ウド、コマツナ、海面漁業
工業	茨城県鹿島臨海工業地域／鉄鋼、石油化学 茨城県日立／電気機械 京浜工業地帯／出版・印刷 京葉工業地域／石油化学 北関東／群馬、埼玉、栃木で電気機械や自動車

(5) 近　畿

農林水産業	滋賀県／琵琶湖でアユやマスの養殖、米(江州米として有名) 和歌山県／ミカン、梅、林業(吉野スギやヒノキ) 京都府／茶 奈良県／茶、金魚 兵庫県／レタス、タマネギ 三重県／志摩半島で真珠の養殖、茶
工業	阪神工業地帯／鉄鋼、化学工業(中小工場が多い) 播磨工業地域／姫路中心に鉄鋼、化学工業

(6) 中国・四国

農林水産業	鳥取県／ナシ 岡山県／ブドウ、モモの栽培、児島湾の干拓 広島県／カキの養殖 高知県／園芸農業、カツオやマグロの海面漁業
工業	瀬戸内工業地域 岡山県倉敷市水島コンビナート／石油化学 広島市／自動車 広島県呉市／造船 山口県宇部市／セメント工業 香川県坂出市／造船

(7) 九州・沖縄

農林水産業	福岡県／小麦、大麦、菊 佐賀県／タマネギ、ミカン、イチゴ、大豆、有明海で海苔の養殖 熊本県／イグサ、メロン、ミカン、イワシや海苔などの海面漁業 宮崎県／豚、肉牛、肉用若鶏 長崎県／ビワ、馬鈴薯、ブリやサワラなどの海面漁業 沖縄県／パイナップル、サトウキビ、マグロなどの海面漁業
工業	北九州工業地帯／かつて鉄鋼業中心で栄えたが、現在は自動車工業が盛ん 九州各地にIC工場が作られ、九州はシリコンアイランドと呼ばれている

5　世界地誌

15.8 日本の世界遺産（2023年2月現在） ★★★

世界遺産には**世界文化遺産、世界自然遺産、世界複合遺産**の３種類があるが、現在日本には世界文化遺産と世界自然遺産の２種類が登録されている。

知床	北海道	自然遺産	ヒグマやシマフクロウなどの生息地 陸域と海域の生態系が豊かな自然環境を形成している
白神山地	青森県・秋田県	自然遺産	天然ブナの植生地
小笠原諸島	東京都	自然遺産	大小30の島々に独自の生態系が認められる
屋久島	鹿児島県	自然遺産	屋久杉をはじめ貴重な動植物が生息
平泉	岩手県	文化遺産	奥州藤原氏ゆかりの中尊寺や毛越寺がある
白川郷・五箇山	岐阜県・富山県	文化遺産	合掌造りの集落
富士山	静岡県・山梨県	文化遺産	富士山が信仰の対象であり、芸術の源泉であることが評価されている
古都京都	京都府	文化遺産	古都京都の文化財
古都奈良	奈良県	文化遺産	古都奈良の文化財
法隆寺地域の仏教建築物	奈良県	文化遺産	法隆寺と法起寺
紀伊山地の霊場と参詣道	和歌山県・三重県・奈良県	文化遺産	熊野三山と高野山の山岳信仰およびその霊場を結ぶ参詣道が評価されている
姫路城	兵庫県	文化遺産	近世城郭の完成した姿を残している
石見銀山	島根県	文化遺産	銀生産から搬出までの全体像を残している
原爆ドーム	広島県	文化遺産	核兵器根絶と平和の尊さを永久に伝えている
厳島神社	広島県	文化遺産	海上に浮かぶ朱塗りの大鳥居が有名
日光の社寺	栃木県	文化遺産	東照宮をはじめ多くの社寺がある
琉球王国のグスク	沖縄県	文化遺産	琉球王国時代のグスク（城郭）と関連遺跡群 2019年に火災で**首里城**が焼失し、再建計画が進められている
富岡製糸場	群馬県	文化遺産	明治時代の製糸工場 技術者の育成にも努めた

210　第3章　地理

明治日本の産業革命遺産	長崎県・福岡県・佐賀県・鹿児島県・熊本県・山口県・静岡県・岩手県	文化遺産	端島炭鉱（長崎・通称軍艦島）、八幡製鉄所（福岡）、旧集成館（鹿児島）、松下村塾（山口）、韮山反射炉（静岡）など、8県23か所
国立西洋美術館	東京都	文化遺産	日本を含む7か国のル・コルビュジエの建築作品の一つ 正式名称は「ル・コルビュジエの建築作品・近代建築運動への顕著な貢献」
宗像・沖ノ島と関連遺産群	福岡県	文化遺産	「神宿る島」として、古代から現代まで信仰が受け継がれており、古代祭祀・遺跡や東アジアの文化交流を知る上で貴重である
長崎と天草地方の潜伏キリシタン関連遺産	長崎県・熊本県	文化遺産	江戸時代のキリスト教禁止の環境で信仰を守り続けた潜伏キリシタンの関連遺産 原城（島原の乱の遺跡）や大浦天主堂（正式名称は日本二十六世殉教者天主堂、江戸末期に建てられた日本最初の西洋建築）
百舌鳥・古市古墳群	大阪府	文化遺産	大仙陵古墳（仁徳天皇陵）をはじめとする49基の古墳群
奄美大島・徳之島・沖縄島北部および西表島	鹿児島県・沖縄県	自然遺産	2021年登録 43,000haにも及び、大部分が森林地帯である イリオモテヤマネコやヤンバルクイナなどの固有種が生息している
北海道・北東北の縄文遺跡群	北海道・青森県・岩手県・秋田県	文化遺産	2021年登録 三内丸山遺跡など縄文時代の遺跡群

5　世界地誌　211

過去問チェック

01 （中国では）人口増加を抑制するために、1970年代からはじめられた「一人っ子政策」により、人口増加率は低下したが、若年層の割合が低くなり高齢化が進んだことや、女児の新生児が減少し人口の性比が偏るなどの問題が生じたため、1990年代には、都市部においてはこの政策が廃止された。**裁判所2007** [1.1]

✕ 一人っ子政策が廃止されたのは1990年代ではなく2015年である。

02 東南アジアには多くの華人（中国系住民）が住んでおり、経済活動の一翼を担っている国も多い。これらの国々のなかで特に人口に占める華人の割合が最も高いのはマレーシアであり、次いでインドネシアやベトナムである。一方、シンガポールではブミプトラ政策のため華人の割合が低い。**国家専門職2004** [2.2] [2.3]

✕ 東南アジアで華人の割合が最も高いのはシンガポールであり、次いでマレーシアとなっている。また、ブミプトラ政策はシンガポールではなくマレーシアで行われている政策であり、少数派の華人が経済的な実権を掌握していることに対して、多数派の原住民であるマレー人の経済的・社会的地位向上を目指す政策である。

03 インドでは、カースト制度を遵守することは国民の義務であると憲法で規定されている。**東京都Ⅰ類2006** [3.1]

✕ 現在のインド憲法ではカーストによる差別は禁止されている。とはいえインドではカースト制度に由来した差別が根強く残り、社会問題となっている。

04 （インドでは）1990年代の経済自由化以降、IT産業の伸びがめざましく、重要な輸出産業となった。IT産業が発展した要因は、数学の教育に力を入れていること、英語に堪能な人材が多いこと、アメリカ合衆国やヨーロッパが夜の間に仕事を引き受けることができることなどにある。インドにおけるIT産業発展の中心は、北西部に位置するイスラマバードである。**裁判所2011** [3.1] [3.2]

✕ イスラマバードはインドの北西に位置しているが、同都市はパキスタンの首都である。インド国内のIT産業の中心地は南部のバンガロールなどであり、インドのシリコンバレーと呼ばれる。

05 スリランカは、国土は熱帯に位置し、国名は現地語で「光り輝く島」の意味をもつ。同国では、長らくムスリムが中心の多数派タミル人と仏教徒が中心の少数派シンハラ人との対立があり、2009年まで内戦状態が続いた。内戦終結後も国内の経済は低迷しており、コーヒーやカカオなどのプランテーション作物を中心とする農業依存型経済が続いている。**国家専門職2013** [3.4]

212 第3章 地理

✕ スリランカでは多数派がシンハラ人（約8割）、少数派がタミル人である。また、タミル人の多くはヒンドゥー教を信仰している。

06 南アフリカ共和国では、少数派のフツ族と多数派のツチ族は言語や文化をほとんど共有していたものの、両者の間で生じた主導権争いにより、反政府側と政府軍の内戦が勃発した。その結果、ツチ族によるフツ族の大量虐殺やツチ族の大量難民化などの人道問題が生じた。**国家専門職2019** `5.11` `5.13`

✕ ツチ族、フツ族の衝突に起因する内戦が起きたのは南アフリカではなくルワンダである。なお、ルワンダではツチ族が少数派、フツ族が多数派であった。

07 スイスは、連邦共和制の国であるが、州の自治権は弱く、現在、有権者が権利を直接行使する直接民主制はすべての州において行われていない。**東京都Ⅰ類2005** `7.7`

✕ スイスは直接民主制を採用している国家である。

08 かつてブラジルは、モノカルチャー経済の農業国だった。しかし、1960年代には工業化政策によって「ブラジルの奇跡」と呼ばれるほどの経済成長を達成した。近年では、自動車、小型航空機、機械類などの工業製品の輸出額が増加したことにより、ロシア・中国・インドと共に新興工業国（NIEs）の仲間入りを果たし、世界経済への影響力を強めている。**裁判所2010** `13.5`

✕ ブラジルは新興工業国（NIEs）に数えられる国であるが、ロシア、中国、インドとともに並び称されるのはBRICsのほうである。これに南アフリカを加え、近年著しい経済発展を加えたBRICSとして注目される。

09 オーストラリアでは、内陸の大鑽井盆地を中心に、カナートと呼ばれる地下水路を用いた牧畜が発達してきた。また、鉄鉱石やボーキサイトなどの鉱産資源の世界的な生産国であり、大陸の西側を南北に走る新期造山帯のグレートディヴァイディング山脈には、カッパーベルトと呼ばれる銅鉱の産出地帯がある。**国家一般職2019** `14.1`

✕ カナートと呼ばれる地下水路が発達しているのはイランである。また、グレートディヴァイディング山脈は新期造山帯ではなく古期造山帯であり、大陸の西側ではなく東側を南北に走行している。なお、カッパーベルトと呼ばれる銅の鉱床地帯は、アフリカのコンゴ民主共和国とザンビアにまたがる地域に広がっている。

10 日本列島は、複数のプレートの境界に位置し、当該境界を形成するプレート

5 世界地誌 213

の例として、インド・オーストラリアプレートがある。**東京都Ⅰ類2007** 15.1

❌ 日本が位置しているのは北米プレート、ユーラシアプレート、太平洋プレート、フィリピン海プレートの四つのプレートの境界部である。

第3章

地理

5 世界地誌　215

過去問 Exercise

問題1　中華人民共和国に関する記述として、妥当なのはどれか。

特別区Ⅰ類2011

1　西部のヒマラヤ山脈からテンシャン山脈に至る地域は、湿潤なモンスーンが吹くため暑くて降水量も多く、主に稲作が行われている。

2　1984年以降、シャンハイなどの都市が経済特区として開放され、中国企業のほかに日本の資本との合弁による郷鎮企業が進出し工業が発展した。

3　総人口は1970年代には13億人を超え、食料問題等も発生したが、1979年に一人っ子政策が実施された後は減少に転じている。

4　人口の約9割を漢族が占め、少数民族のうち、チベット・ウイグル・モンゴル・チョワン・ホイの5つの民族は自治区をつくっている。

5　市場経済への転換と急成長が進んだものの、自由貿易が原則のWTOへの加盟にはまだ至っていない。

216　第3章　地　理

解説

正解 **4**

第3章 地理

1 ✗　ヒマラヤ山脈からテンシャン山脈に至る地域は標高も高く、内陸部に位置するため氷雪気候となり、モンスーンの影響による降雨は見られない。中国で稲作が盛んなのはチンリン=ホワイ線の南側である。

2 ✗　経済特区に指定されているのは華南に位置するシェンチェン(深圳)、チューハイ(珠海)、スワトウ(汕頭)、アモイ(厦門)、ハイナン(海南)の５都市であり、シャンハイ(上海)は指定されていない。

3 ✗　中国の人口が13億人を超えたのは2004年のことであり、例えば1975年は９億１千万人であった。また、一人っ子政策導入後も人口増加は続いている。

4 ◯　正しい記述である。

5 ✗　中国は2001年にWTO(世界貿易機関)に加盟している。

5　世界地誌　217

| 問題2 | アジア諸国に関する次の記述のうち、最も妥当なのはどれか。 |

国家専門職2003

1 大韓民国はリアス式海岸を持ち、南部の気候は温暖湿潤気候、北部の気候は亜寒帯冬季少雨気候である。米、大麦の生産が盛んで、セマウル運動などを通じて農村の発展が目指された。外資導入による輸出主導型の工業化により、1960年代後半から高度経済成長が実現された。

2 ベトナムは国土の大半が山地と高原であり、その気候は温暖湿潤気候や亜寒帯湿潤気候である。チュチェ思想に基づいた経済政策により、農業の集団化や商工業の協同化を進め、生産向上を図ってきた。とうもろこしやこしょうが主な農産物である。

3 フィリピンは国土の約30％が森林で占められ、その気候はサバナ気候である。農林業では特に稲作が盛んで米の輸出量が多く、その他にパーム油、チークが主な産物となっている。また、この国の住民の多数がイスラム教徒である。

4 インドネシアは密林に覆われ、その気候は熱帯雨林気候である。民族構成が複雑で、中国人・インド人が三分の一を占め、民族対立が続いている。プランテーション型農業による天然ゴムの生産量は世界第一位である。また、「東方政策（ルックイースト）」のもと工業化を進めている。

5 マレーシアは、高温多湿な熱帯雨林気候である。住民の75％が中国系であり、英語、中国語、マレー語、タミル語の四つの言語が使われている。天然資源に乏しいため、自由・中継貿易とそれに関連する金融・海運などの第三次産業が発展している。

解説

正解 **1**

1 ◯　正しい記述である。

2 ✕　ベトナムの気候は南部がサバナ気候(Aw)で、北部には温帯冬季少雨気候(Cw)が見られるが、温暖湿潤気候(Cfa)や亜寒帯湿潤気候(Df)は見られない。またチュチェ(主体)思想はベトナムではなく北朝鮮(朝鮮民主主義人民共和国)の金日成が唱えたものである。ベトナムでは、1986年にドイモイ(刷新)政策が採択され、それ以降は社会主義的な市場経済を目指している。主な農産物は米、コーヒー豆である。

3 ✕　フィリピンは全土が熱帯に覆われているが、熱帯雨林気候(Af)と熱帯モンスーン気候(Am)であり、サバナ気候(Aw)は見られない。また森林は全国土の約45％を占めている。主な農産物は米であるが輸出は少なく、またパーム油やチーク材は主な産物ではない。1571年にスペインの植民地となったことなどが影響し、国民の大半がカトリック教徒である。

4 ✕　インドネシアは主な島々が赤道下に散在しているため熱帯に覆われており、熱帯雨林気候が多く見られるがサバナ気候も見られる。中国人やインド人が3分の1を占めるという点や天然ゴムの生産が最も多いとする点が誤りで、天然ゴムの生産量第1位はタイで、インドネシアは第2位である(2021)。また、ルックイースト政策を掲げているのはマレーシアである。

5 ✕　気候については妥当な記述である。民族については、住民の約7割がマレー系であり、中国系は約2割、さらにインド系が1割弱となっている。石油・木材・天然ゴムなど天然資源には比較的恵まれており、問題文はシンガポールに該当するものである。

5 世界地誌　219

| | | 問題3 | 次のA、B、Cは東南・南アジア諸国に関する記述であるが、それぞれに当てはまる国の組合せとして最も妥当なのはどれか。 |

国家専門職2017

A この国は、大半が変動帯に属する約7,000余りの島から成り、地震・火山災害が多く、台風にもしばしば襲われる。農業が盛んであるが、輸出指向型の工業化を進め、電機・電子などの工業が成長した。また、スペインの植民地となった時期にキリスト教の影響を強く受け、国民の多数がキリスト教徒である。

B この国は、古くから水田耕作を中心とする農業が盛んである。1960年代半ばに国土の約半分を占めていた森林が、その後30年間で減少して、洪水が南部を中心に頻発し、同国政府は天然林の伐採を原則禁止した。

C この国では、自然環境は熱帯雨林、モンスーン林から各種サバンナを経て、北西部の砂漠や北端の氷河を頂く高山まで多様である。独立後は灌漑施設整備や耕地整理等で食糧増産を図り、1960年代後半には小麦・米の高収量品種導入で「緑の革命」を推進した。また、経済成長に伴い、ミルクや鶏肉などの需要が高まり、特にミルクの需要に対する生産の増加は「白い革命」と呼ばれている。

	A	B	C
1	インドネシア	タイ	パキスタン
2	インドネシア	ベトナム	インド
3	フィリピン	タイ	インド
4	フィリピン	バングラデシュ	パキスタン
5	フィリピン	ベトナム	ネパール

解説

正解 ❸

第3章
地理

A：フィリピン

「約7,000余りの島から成り」、「スペインの植民地」、「多数がキリスト教徒」がヒントになる。インドネシアは大小17,500ほどの島々からなり、国民の大多数はイスラム教徒である。

B：タイ

タイでは1960年代に国土面積の53％を占めていた森林が、伐採によって27％ほどにまで減少した。森林が少なくなることで雨水の流量が川の限界を超えやすくなり、洪水が頻発することとなった。

C：インド

「緑の革命」、「白い革命」がヒントになる。**B**の記述から「タイ」を導くのは困難なので、こちらを手がかりに正解にたどり着くのがよいだろう。

5　世界地誌　221

問題4 次の図と文は、アフリカの地図とアフリカに関する記述であるが、文中の空所A～Dにあてはまる国名又は地図上の位置を示すカタカナを選んだ組合せとして、妥当なのはどれか。

特別区Ⅰ類2015

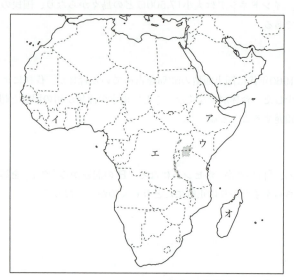

　　A　は、1914年当時、ベルギー領で、地図上　B　に位置し、盆地には熱帯雨林がみられ、鉱工業ではコバルトやダイヤモンドの主要産出国である。
　　C　は、1914年当時、イギリス領で、地図上　D　に位置し、植民地時代には茶やコーヒーの栽培が行われ、現在も茶は主要な輸出品である。高地では花の栽培がさかんで、園芸作物も輸出している。

	A	B	C	D
1	タンザニア連合共和国	ア	ケニア共和国	イ
2	タンザニア連合共和国	エ	マダガスカル共和国	オ
3	コンゴ民主共和国	ウ	エチオピア連邦民主共和国	ア
4	コンゴ民主共和国	エ	ケニア共和国	ウ
5	マダガスカル共和国	オ	エチオピア連邦民主共和国	イ

解説

正解 **4**

A：コンゴ民主共和国 ／ **B**：エ
　「ベルギー領」、「コバルトやダイヤモンドの主要産出国」などがヒントになる。

C：ケニア共和国 ／ **D**：ウ
　「イギリス領」、「植民地時代には茶やコーヒーの栽培」などがヒントになる。

　なお、アはエチオピア、イはコートジボワール、オはマダガスカルである。

問題5 次のA、B、Cは、アジア又はヨーロッパに位置する王国に関する記述であるが、それぞれに当てはまる国の組合せとして最も妥当なのはどれか。

国家専門職2014

A この国は、国土面積が我が国よりも小さく、1919年以降英国の委任統治領であったが、1946年に独立した。国民の大半はイスラム教徒である。また、中東地域の穏健勢力としてアラブ・イスラム諸国との協調、全方位等距離外交の推進を基調としており、1994年にはイスラエルとの平和条約に署名し、外交関係を樹立している。

B この国は、国土面積が約4万平方キロメートルほどであり、欧州連合(EU)の前身である欧州共同体(EC)の原加盟国である。我が国とは長い交流の歴史があり、通商関係は約400年前に始まった。また、同国の王室と我が国の皇室も緊密な交流があり、2013年の新国王の即位式には、我が国の皇太子同妃両殿下が出席した。

C この国は、スカンディナヴィア半島の西岸に位置しており、暖流の影響で高緯度の割には気候は温暖である。欧州自由貿易連合(EFTA)の加盟国であるが、欧州連合(EU)には加盟していない。また、近海の海底油田から産出する石油・天然ガスが主要な輸出品目であるが、我が国へは魚介類が最も多い輸出品目になっている。

	A	B	C
1	サウジアラビア	オランダ	ノルウェー
2	サウジアラビア	スペイン	スウェーデン
3	ヨルダン	スペイン	ノルウェー
4	ヨルダン	オランダ	ノルウェー
5	ヨルダン	スペイン	スウェーデン

解説

正解 4

A：ヨルダン

中東・アラブ諸国の中でイスラエルと平和条約を締結しているのはヨルダンとエジプトだけである。上記以外の中東・アラブ諸国はパレスチナ問題をめぐる歴史的対立から国交を結んでいない。

B：オランダ

スペインは、いわゆる第3次拡大（1986）のときにポルトガルと一緒に欧州共同体（EC）加盟を果たした。なお、ロシアを除いたヨーロッパ諸国のうち、我が国よりも国土面積が大きいのはスペイン、フランス、スウェーデン、ウクライナだけであり、そのことからもオランダと判断可能である。

C：ノルウェー

北海に点在する油田の主なものはイギリスとノルウェーの経済水域に点在しており、世界でも有数の油田・ガス産出国である。なお、スウェーデンはスカンディナヴィア半島東側に位置し、欧州連合（EU）に加盟している。

問題6 アメリカ合衆国に関する記述として、妥当なのはどれか。

東京都Ⅰ類2010

1 農産物を大規模に扱うアグリビジネスが盛んであり、穀物メジャーとよばれる巨大な穀物商社がある。

2 サンベルトとよばれる一帯は、北緯37度線の南にあり、サンベルトの工業都市の例としてデトロイトがある。

3 ロッキー山脈は、国土の東部にそびえ、古期造山帯の一つで世界有数の石炭の産地である。

4 ミシシッピ川は、アメリカ合衆国の中央部を南西方向に流れる河川であり、カリフォルニア半島の東側から太平洋へ流れている。

5 ニューヨークは、アメリカ合衆国の首都であり、世界経済の中心であるとともに、国際連合本部があるため、国際政治の中心でもある。

解説

正解 **1**

1 ◯ アグリビジネスとは農産物の生産から加工・貯蔵・運搬・販売などの農業関連産業の総称である。また、穀物メジャーと呼ばれる大商社が穀物輸出の80％以上を取り扱っている。

2 ✕ 自動車産業の中心地であるデトロイトは中西部のミシガン州に位置し、北緯37度線の北に位置しておりサンベルトからは外れている。なお、五大湖沿岸から北東部にかけての地域をスノーベルト（フロストベルト）という。

3 ✕ ロッキー山脈はアメリカの東部ではなく西部を南北に走行し、古期造山帯ではなく新期造山帯に分類される。なお、東部にある世界有数の石炭産地であるのはアパラチア山脈である。

4 ✕ ミシシッピ川は、五大湖の西側に位置するイタスカ湖を源として中央部を南方向にメキシコ湾に向かって流れており、太平洋には到達しない。

5 ✕ アメリカの首都はニューヨークではなくワシントンD.C.である。

5　世界地誌　227

問題7　ブラジルに関する記述として、妥当なのはどれか。

東京都Ⅰ類2016

1　ブラジルは、日本の４倍程度の国土面積を持ち、人口は２億人を超え、貧富の差は大きくないとされる。

2　ブラジルは、20世紀初頭にスペインから独立したが、人口の約半数はラテン系の白人であり、他は混血などとなっている。

3　ブラジルでは、1960年に首都がブラジリアからリオデジャネイロに移転され、リオデジャネイロ沖では石油が掘削されている。

4　ブラジルでは、南東部のイタビラ鉄山に加え、北部のカラジャス鉄山が開発され、世界的な鉄鉱石産出国となっている。

5　ブラジルでは、2012年から2014年までの実質GDP成長率は毎年７％を超え、高度成長が続いている。

解説

正解 **4**

1 ✕　ブラジルの国土面積(851万km^2)は日本の国土面積(38万km^2)の20倍以上である。

2 ✕　ブラジルの旧宗主国はスペインではなくポルトガルである。

3 ✕　首都の移転元と移転先が逆で、1960年にリオデジャネイロから遷都し、現在の首都はブラジリアである。なおリオデジャネイロ沖の石油掘削の記述は正しい。

4 ◯　正しい記述である。

5 ✕　ブラジルの実質GDP成長率は、2012年が0.9％、2013年が2.3％、2014年が0.1％となっている。

問題8 次の文は、我が国の地形に関する記述であるが、文中の空所A～Eに該当する語の組合せとして、妥当なのはどれか。

特別区Ⅰ類2014

本州中部には、南北に縦断するプレート境界があり、 **A** とよばれ、その西側では特に隆起量が大きかったために、山脈を形成し、一方、東側は大陥没帯になっているが、新しい堆積物におおわれている。

諏訪湖付近で **A** と交わる **B** は、 **C** 日本を **D** と **E** に分けている。 **D** の山地は比較的標高が高く、深いV字谷が刻まれているのに対し、 **E** では丘陵や高原状の低い山地が多い。

	A	B	C	D	E
1	中央構造線	南海トラフ	西南	内帯	外帯
2	中央構造線	糸魚川・静岡構造線	西南	外帯	内帯
3	糸魚川・静岡構造線	中央構造線	東北	内帯	外帯
4	糸魚川・静岡構造線	中央構造線	西南	外帯	内帯
5	糸魚川・静岡構造線	南海トラフ	東北	内帯	外帯

230 第3章 地理

解説

正解 **4**

第3章

地理

A：糸魚川・静岡構造線
　本州中部を南北に縦断するプレート境界を糸魚川・静岡構造線という。

B：中央構造線
　一方、中央構造線は西南日本を東西に横断している。

C：西南
　地質構造をもとに日本を大きく二つに分けたとき、南西側に位置する領域を西南日本と呼ぶ。主に糸魚川・静岡構造線の南西側を西南日本と呼ぶことが多い。

D：外帯
　西南日本の南側を外帯といい、険しい地形が多い。

E：内帯
　西南日本の北側を内帯といい、なだらかな地形が多い。

5　世界地誌　231

国家一般職★★★／国家専門職★★★／裁判所★★★／東京都Ⅰ類★★★／特別区Ⅰ類★★★

6 地図と地理情報

地球上の位置を表す基本的な用語の意味を把握し、日本の標準時子午線は覚えておきましょう。地図の図法についてはそれぞれの長所や短所、どのような用法に向いているかを押さえましょう。出題は少ない分野です。

1 地球上の位置と時差

1.1 地球上の位置 ★★★

地球の球面上に設定した位置は、緯度・経度という座標を使って表すことができる。

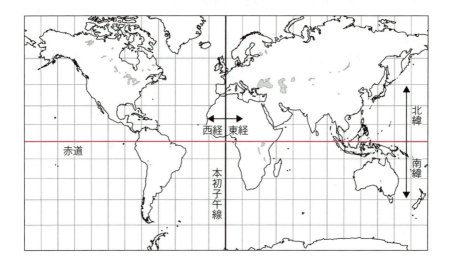

(1) 緯線と経線

赤道に平行な線を**緯線**といい、北極点と南極点を結ぶ線を**経線**(**子午線**)という。経線のうち、ロンドン郊外の旧グリニッジ天文台を通るものを**本初子午線**という。緯線と経線は垂直に交わり、地球上の正確な位置を示す座標軸となっている。

赤道を境に地球の北半分の半球(北半球)を**北緯**といい、南半分の半球(南半球)を

第3章 地理

南緯という。赤道を緯度０度とし、北緯・南緯をそれぞれ90度までに分ける。

本初子午線を境に地球の東半分の半球（東半球）を**東経**といい、西半分の半球（西半球）を**西経**という。本初子午線を経度０度とし、東経・西経をそれぞれ180度までに分ける。

（2）回帰線

北緯23度26分の緯線を**北回帰線**といい、夏至のときに太陽が天頂に位置する緯度を示す。

同様に南緯23度26分の緯線を**南回帰線**といい、冬至のときに太陽が天頂に位置する緯度を示す。

1.2 時　差　　　　　　　　　　　　　　★★★

（1）標準時

国や地域では一定の経線を基準にして、共通の時刻を定めている。このとき基準となる経線を**標準時子午線**といい、それに基づいて定められる共通の時刻を**標準時**という。また、ロンドンを通る本初子午線を基準に定められる時刻を**グリニッジ標準時（GMT）**という。

日本では**兵庫県明石市**を通る**東経135度**を標準時子午線と定めており、日本と外国との時差を求めるには東経135度を使って計算する。

ロシアやアメリカなど、国土の広い国では複数の標準時を設定している。ただし中国は国土が広いものの例外として、北京の標準時のみ設定されている。

（2）時差の概要

地球は約**24時間**かけて西から東へ自転し、１回転する。そのため、地球上の各地点では時間の差である**時差**が生じる。24時間かけて１回転（360度回転）するので、360÷24＝15より、**経度15度ごとに1時間の時差が生じる**ことになる。

（3）日付変更線

本初子午線（経度０度）のグリニッジ標準時（GMT）を基準に、**東はプラス**（GMTより進んでいる）、**西はマイナス**（GMTより遅れている）の時差を表す。

東経180度はプラス12時間、西経180度はマイナス12時間となるため、**経度180度の経線にほぼ沿って日付変更線**が設けられている。

6　地図と地理情報　233

| 日付変更線を**西から東**へ越えるとき（西半球へ移るとき） | ⇒ | 日付を**1日遅らせる** |
| 日付変更線を**東から西**へ越えるとき（東半球へ移るとき） | ⇒ | 日付を**1日進める** |

（4）時差の求め方

　時差の求め方には日付変更線をまたいで考える場合とまたがないで考える場合の2通りがある。

> 例題：東経135度を標準時子午線とする東京が4月10日の午前9時であるとき、西経120度を標準時子午線とするロサンゼルスの日時を求める。
>
> ❶ 日付変更線をまたいで考える
> 　東京は東経135度、ロサンゼルスは西経120度であるから、それぞれ日付変更線（経度180度）との差は、180－135＝45、180－120＝60であり、双方の経度差は105度となる。1時間ごとに15度傾くので、105÷15＝7となる。
>
>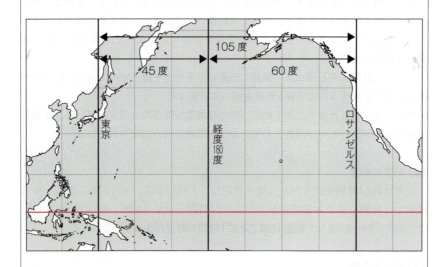
>
> 　つまり、日付変更線をまたいだ時差は7時間である。東京が午前9時なら、ロサンゼルスは午後4時になるが、地図で見ればわかるように東京は日付変更線を挟んで西側にあり、ロサンゼルスは東側にある。「西から東へ越えるとき」すなわち西半球に移るときは、**1日遅らせる**のがルールである。
> 　よってロサンゼルスは、**4月9日の午後4時**となる。

❷ 日付変更線をまたがないで考える

両者の時差は、東京およびロサンゼルスと経度０度であるロンドンとの時差の和となる。

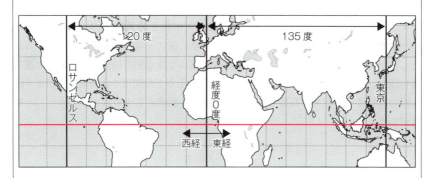

東京は東経135度、ロサンゼルスは西経120度であるから、（135＋120）÷15＝17となり、東京とロサンゼルスの時差は**17時間**となる。西半球にあるロサンゼルスは、東京よりも**17時間遅い**ので、**4月9日の午後4時**となる。

（5）サマータイム

サマータイムは、標準時よりも１時間進んだ夏時刻を設ける制度である。夏季に仕事や余暇の充実や点灯時間の縮小などの目的に設けられており、現在、欧米諸国など約70か国で採用されている。日本では1948年から４年間実施された。

2 地図と地理情報

2.1 地図とさまざまな図法 ★★★

地球は球面であり、地図は球面を平面で表すため、**角度**、**面積**、**距離**、**方位**のすべてを正確に表すことはできない。その特質や用途に応じてさまざまな地図が作成されている。

角度を正しく表現した図法を**正角図法**、面積を正しく表現した図法を**正積図法**、距離を正しく表現した図法を**正距図法**、方位を正しく表現した図法を**正方位図法**という。

(1) メルカトル図法

メルカトル図法は、任意の線と経線の交わる角度が地表面と同じように表されている**正角図法**である。経線と緯線が直交しており、地図上のどの地点でも経線は正確に南北を示すため、羅針盤を用いる**航海図**に使われている。

メルカトル図法において任意の2点を結んだ直線を**等角航路**（等角コース）といい、地球上のある地点から他の地点に行くのに、常に一定の角度で交わりながら進むことができる航路である。ただし、この航路は2地点間の最短経路である**大圏航路**（大圏コース）とは限らない[1]。このように、メルカトル図法では経線と緯線を平行直線で描いているため、高緯度になるほど距離や面積が拡大されてしまうという短所がある。

メルカトル図法

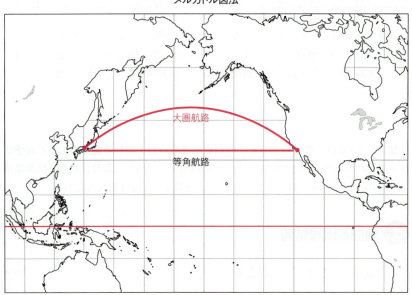

(2) サンソン図法

サンソン図法は算盤の珠のような形をした図法であり、面積を正しく表した**正積図法**である。

緯線は等間隔の平行線で、経線は中央経線を除いて正弦曲線となる。高緯度のひ

---

[1] 大圏航路はメルカトル図法では曲線で表されるが、後出の正距方位図法では図の中心から任意の1地点までの最短距離が直線で表される。

ずみが大きいので、低緯度を中心とする地方図などに利用される。

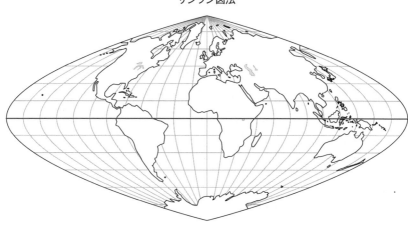

(3) モルワイデ図法

　モルワイデ図法も**正積図法**であり、緯線は平行線、経線は楕円曲線で表している。サンソン図法よりも中・高緯度地方のひずみは小さい。世界全図や分布図などに利用されている。中央経線と赤道の長さの比は1：2である。

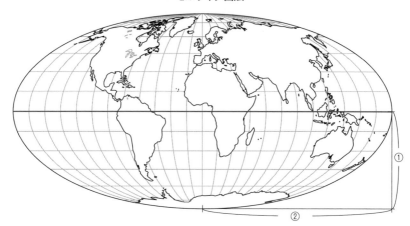

（4）エケルト図法

エケルト図法も**正積図法**であり、ドイツの地理学者エケルトが考案した6種の図法の総称である。このうち第6図がよく使われる。

高緯度地方のひずみをなくすため、極を赤道の2分の1の長さの直線にした。世界地図などに利用される。

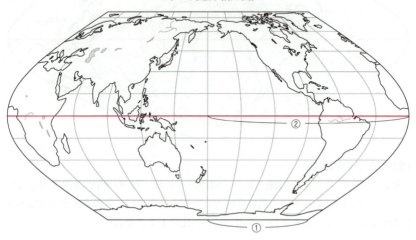

エケルト図法（第6図）

(5) ホモロサイン図法（グード図法）

　<u>ホモロサイン図法</u>（グード図法）も**正積図法**であり、高緯度地域のひずみを小さくするために、海洋の部分で断裂させた形をしている。また、**緯度40度44分より低緯度側をサンソン図法、高緯度側をモルワイデ図法で描き接合**している。

　海洋の部分が断裂しているため、航路や海流を示す地図には向いておらず、世界地図に用いられている。

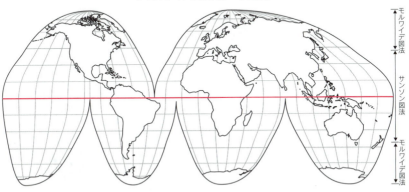

ホモロサイン図法（グード図法）

(6) ボンヌ図法

　ボンヌ図法も**正積図法**であり、円錐図法(地球に円錐をかぶせて投影した図法)を改良し、正積図法にしたものである。**緯線は等間隔の同心円、経線は中央経線が直線となり、他は曲線**となる。世界全体を描くと**ハート形**となり、周辺部のひずみが大きいので、中緯度の大陸図などに利用されている。

ボンヌ図法

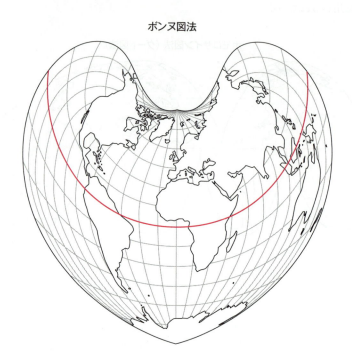

（7）正距方位図法

　正距方位図法は、**正距図法**であり**正方位図法**である。地図の中心から任意の地点までの距離と方位が正しく表されている。**航空図**に利用されている。

正距方位図法

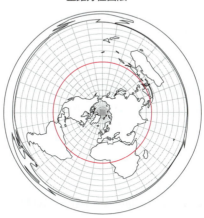

2.2 情報通信の発達と新しい地図 ★★★

(1) リモートセンシング（遠隔探査）

遠隔で対象物を測定する技術を**リモートセンシング（遠隔探査）**という。地球を観測する人工衛星が地表面から反射・放射される電磁波を受信することで、地表面の状態を測定することができる。物質により電磁波の波長が異なることを利用し、土壌や海洋などの調査、地球環境の監視などに活用されている。

(2) 全地球測位システム（GPS）

全地球測位システム（GPS）は、地球を回る約30基の人工衛星のうち数基のGPS衛星からの電波を利用し、自動車、航空機、船舶や携帯端末などの位置を求めるシステムである。もともと軍事用に開発されたものだが、現在はカーナビをはじめ幅広く活用されている。

(3) 地理情報システム（GIS）

コンピュータ上で必要な地理情報の検索や解析、管理ができるデジタル技術を**地理情報システム（GIS）**という。

個人の活用例としてはカーナビや携帯のGPS機能などがあり、企業の活用例としては、エリアマーティングによる市場の分析などがある。また、地方自治体では、ハザードマップ（防災地図）の作成などに活用されている。

第3章
地理

6　地図と地理情報　243

過去問 Exercise

問題1　次の文は、緯度と経度に関する記述であるが、文中の空所A～Cに該当する語の組合せとして、妥当なのはどれか。

特別区Ⅰ類2010

地球上の位置は、緯度と経度で示し、緯度は赤道を0度として南北を分けたものをいい、経度はイギリスの　A　天文台を通る経度0度の　B　を基準として東西を分けたものをいう。　B　での時刻は、国際的な時刻の基準とされ、　A　標準時と呼ばれる。また、経度180度にほぼ沿って日付変更線が設定されている。日本では、兵庫県明石市を通る　C　の経線で日本標準時を決めている。

	A	B	C
1	グリニッジ	本初子午線	東経135度
2	グリニッジ	本初子午線	東経145度
3	グリニッジ	標準時子午線	東経135度
4	ケンブリッジ	標準時子午線	東経145度
5	ケンブリッジ	標準時子午線	東経135度

244　第3章　地理

解説

正解 **1**

A：グリニッジ

　グリニッジ天文台による天体観測は、15世紀後半からのヨーロッパ諸国による大航海時代が背景にある。遠洋航海には緯度・経度の正確な計測が不可欠であり、その航海支援の目的で建設された。

B：本初子午線

　グリニッジ天文台を通る経線（子午線）を本初子午線といい、経度0度の線である。標準時子午線とは国や地域が標準時を定める基準とするための経線である。

C：東経135度

　日本は東経135度を日本標準時子午線に定めているが、東西に国土が大きい国では複数の標準時が設けられており、アメリカ合衆国は6、ロシアは11の標準時を設けている。

問題2 地図の図法に関する次のA～Dの記述の正誤の組合せとして最も妥当なものはどれか。

裁判所2019

A メルカトル図法は、経線と一定の角度で交わる等角航路が直線で表される。

B モルワイデ図法は、中緯度のひずみが少ない正積図法である。

C 正距方位図法は、海図に利用されることが多い図法である。

D サンソン図法は、高緯度地方の形は正確だが、低緯度地方はひずみが大きい。

	A	B	C	D
1	正	正	正	誤
2	正	正	誤	正
3	正	正	誤	誤
4	誤	誤	正	正
5	誤	誤	正	誤

解説

正解 ③

A ◯　緯線と経線が直交する直線で描かれるため、常に経線と一定の角度で交わる航路(等角航路)が直線で示される。そのため古くから航海用の海図として用いられる。

B ◯　モルワイデ図法はサンソン図法の欠点を補って中〜高緯度地方のひずみが小さく、世界全図などを描く際に用いられる。

C ✕　正距方位図法は正確な距離と方位を表すもので、航空図として用いられる。

D ✕　サンソン図法は正確な面積が表現される図法であるが、高緯度になるにつれて形のひずみが大きくなる。そのため、ひずみが小さい低緯度地方を描く場合などに用いられる図法である。

6　地図と地理情報　247

第4章

思　想

　西洋思想史では近代以降の思想について、東洋思想史では儒教・仏教に関連する思想と明治期以降の思想についての出題が多く見られます。高等学校の「倫理」の教科書で学習するレベルを意識しましょう。

　さまざまな宗教家、思想家、哲学者が登場するので、人物ごとにその思想の特徴やキーワードを整理しましょう。また、その思想が生まれた社会背景、どのような思想の流れを受けたものかという影響関係、どの思想とどの思想が対照的な考え方なのかという対比関係などに注目して学んでいくとよいでしょう。

国家一般職★★★／国家専門職★★★／裁判所★★★／特別区Ⅰ類★★★

1 西洋思想

古代の西洋思想は、ギリシアの三哲人の学習が中心になります。キーワードと著書を軸に、それぞれの考えの違いを正確に理解してください。近代では、大陸合理論とイギリス経験論の対立をドイツ観念論（カント）が克服する流れと、社会契約説（ロック、ルソーなど）を中心に押さえておきましょう。現代の西洋思想は、客観を重視する社会主義と主観を重視する実存主義を軸に展開します。やがて、両主義の基礎にある人間中心主義を克服した構造主義が台頭していきます。

❶ 古典古代の思想

ギリシア・ローマ時代は西洋文明の源流に当たることから、一般に古典古代と呼ばれている。**神話に代わり哲学が始まった**のもこの時代である。ギリシアのイオニア諸都市で始まった**自然哲学の時代**は、アテネ古代民主制の発展の波に乗って**黄金時代**を迎え、アレクサンドロス大王の遠征とともに**ヘレニズム文化**に流れ込む。

ギリシア哲学の全体像

神話的世界→ 自然哲学→ ┃ ソフィストと三大哲学者 ┃ →ヘレニズム文化
古代民主制の盛衰

1.1 自然哲学の時代 ★★★

紀元前6世紀頃、貴族制から民主制への転換期に入ると、世界や宇宙の起源を神々や英雄の行為によって説明する**神話的世界観**に代わって、**万物の根本原理（アルケー）**を論理的に探求しようとする**自然哲学**が始まった。

（1）タレス（B.C.624/40頃〜 B.C.546）

タレスは**自然哲学の祖**とされる。自然を運動変化し、生成流動する生命を持ったものと考え、そのような自然のアルケーを**水**であると説いた。

250　第4章　思　想

（2）ピタゴラス（B.C.580頃～？）

ピタゴラスは南イタリアにピタゴラス教団と呼ばれる、音楽・宗教・学問の団体を結成した。万物は数の比例関係に従って秩序あるコスモス（宇宙）をなしていると考え、アルケーを数に求めた。数学の「ピタゴラスの定理」でも知られる。

（3）ヘラクレイトス（B.C.535～ B.C.475頃）

ヘラクレイトスは、「万物は流転する」、「同じ河に二度入ることはできない」などの言葉を残し、世界の実相を絶えず変化する流動と捉えた。そのような流動する世界のアルケーを、永遠に生きる火であるとした。

（4）デモクリトス（B.C.460～ B.C.370頃）

デモクリトスは、世界は、それ以上分割することができないアトム（原子）と、存在しないもの（空虚）によって構成されると捉え、世界の根本原理はアトム（原子）とその運動であるとする原子論を説いた。

1.2 ギリシア哲学の黄金時代　★★★

民主制が高度に発達すると、民主政治の技術や人間社会についての知識が必要とされるようになった。それに伴って、自然に関する原理的な思索を展開した自然哲学に代わり、人間社会や政治・倫理に関する哲学が誕生した。特にアテネにおいて活躍したソクラテス、プラトン、アリストテレスはギリシアの三大哲学者といわれている。

（1）古代民主制の発展とソフィスト

紀元前5世紀頃、古代民主制の発達に伴って、民主政治に不可欠な弁論術を教える職業教師であるソフィスト（「知恵ある人」の意）が登場した。自然哲学がアルケーを求めたのに対し、ソフィストは法や社会制度を哲学の対象とし、真理はそれを主張する者が置かれている立場によって決定されるという相対主義を特徴とした。

代表的なソフィストであるプロタゴラス（B.C.500頃～ B.C.430頃）は、「人間は万物の尺度である」と語り、ものごとは各人の感じるように現れるため、それぞれの人間が判断の基準（尺度）であると説いた。絶対的真理や普遍性を否定する相対主義の立場がここに見られる。

1　西洋思想

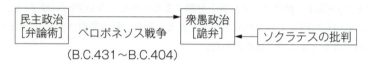

民主制と弁論術

自然哲学 → 古代民主制の発達 → ソフィスト[弁論術]　相対主義

(2) ソクラテス (B.C.470〜B.C.399)

　古代ギリシアの民主制も、**ソクラテス**の時代には陰りを見せ、**衆愚政治**へと堕落していった。ソクラテスが自らの敵として激しく対決したのは、アテネの衆愚政治やそれと結びつき**詭弁家**と化した**ソフィスト**であった。

衆愚政治と詭弁

民主政治[弁論術] ──ペロポネソス戦争(B.C.431〜B.C.404)→ 衆愚政治[詭弁] ← ソクラテスの批判

① 無知の知

　デルフォイのアポロン神殿の柱に刻まれた箴言「汝自身を知れ」を、ソクラテスは自分の無知を自覚せよという意味に解釈した。そして、自分が無知であることを自覚し、それを出発点として真の知恵を探究すべきだと説いた。

② 問答法（産婆術）

　対話を通じて相手に無知を自覚させ、それを出発点に真の知恵を発見させようとする、ソクラテスの真理探究の手法は**問答法**（産婆術）といわれる。相手の主張を吟味し、矛盾や行き詰まりを自覚させ、相手が自ら真理の発見へ向かうようにした。

③ 知徳合一

　徳（アレテー）に適い**善く生きる**ことは、徳について知っていることと同義である。これを**知徳合一**（知行合一）という。ソクラテスによれば、人間が過った振る舞いをし不徳に陥るのは、徳についての真の知を有していないからである。徳について知り、自分の魂（プシュケー）を善くしようと気遣うこと（**魂への配慮**）がソクラテスの理想とした生き方である。

（3）プラトン（B.C.427～ B.C.347）

ソクラテスの弟子**プラトン**は政治家を志すが、衆愚政治（＝ソクラテスの処刑）に絶望し、**イデア論**に基づく**理想主義**的哲学を展開した。アテネに研究と教育を目的とする機関**アカデメイア**を創設し、著書には『**ソクラテスの弁明**』、『**饗宴**』、『**パイドン**』、『**国家**』がある。

ソクラテスは著書を遺さなかったが、その思想はこれらのプラトンの著書から知ることができる。

① イデア論

世界は経験によって知覚しうる**現象界（現実界）**と事物の本質が存在する**イデア界**（真実の世界）とに分割されるとする。プラトンによれば、現象界に存在する現実の個物は、イデア界に属するイデアの**模倣**であり、**事物の本質（イデア）は経験を超えた理想の世界（イデア界）**に存在する。イデア界とは**理性によって捉えられる**完全で永遠不滅の真の実在の世界である。

さらにプラトンは、さまざまなイデアの中でも**善のイデア**を最高のイデアとした。人間の魂は、肉体に宿る前に見ていたイデアを想起することによって認識することができるとした。

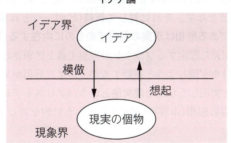

イデア論

② 魂の三部分と哲人政治

プラトンは魂を三つの部分、理性・意思・欲望に分け、それぞれに対応する徳として、知恵・勇気・節制を挙げた。また三つの徳が調和した状態を正義の徳という（知恵・勇気・節制・正義をギリシアの四元徳という）。

またプラトンは、これに基づいて理想国家の思想を展開した。三つの徳が、国家を構成する3階級に対応している。知恵（哲人）が支配し、勇気（軍人）がこれを助け、欲望（庶民）がこれに従う**哲人政治**が国家の理想形態であるとした。

魂の3部分と階級

魂の3部分	徳	理想国家の階級
理　性	知恵（理性の徳）	哲人（統治者階級）
意　思	勇気（意思の徳）	軍人（防衛者階級）
欲　望	節制（欲望の徳）	庶民（生産者階級）

（4）アリストテレス（B.C.384〜B.C.322）

　プラトンが創設したアカデメイアに学び、アレクサンドロス大王の家庭教師を務めた**アリストテレス**は、プラトンの理想主義に対して、**現実主義**的哲学を展開した。あらゆる学問の基礎を確立して**万学の祖**と呼ばれる。著書には『ニコマコス倫理学』、『政治学』、『形而上学』がある。

　アリストテレスは徳を、知性の理論的な働きをよくする**知性的徳**と、行動、態度、感情をよくする**倫理的徳**に分け、実用的な目的を離れ、理性を働かせて純粋に真理を考察する**観想的生活**（テオリア的生活）こそが、人間にとっての最高の幸福であるとした。

① 形相と質料

　現実の個物は形相と質料からなる。**形相（エイドス）**とは、個物の形や機能を指し、その個物の本質をなす。それに対して**質料（ヒュレー）**とは個物の素材をいう。ただし**個物の本質である形相は現実の個物そのものに内在する**（現実主義）とされ、本質を現実とは別次元に設定するプラトンの理想主義と区別される。

　質料は形相（本質）を実現しようと運動するが、いまだ形相が実現しない状態を**可能態**、質料が形相を実現した状態を**現実態**という。アリストテレスによれば自然界の事物はすべて自らの形相（本質）を実現するという目的を有している（目的論的自然観）。

形相と質料

② 中　庸

アリストテレスの重視した徳で、両極を避け、ものごとの中間を選択し行動する能力をいう。

③「人間はポリス的動物である」

人間は単独に存在するのではなく、ポリスという政治的共同体の成員として行動するとき、人間らしさを身につけることができるということを表現している。のちに「人間は社会的動物である」と読み替えられた。

アリストテレスは共同体を形成して生きることを人間の本質であると捉え、人間性の善さによって結ばれた友愛(フィリア)を重んじた。

プラトンとアリストテレス

	個物の本質	本質の位置	思想の特徴
プラトン	イデア	現実を超えたイデア界	理想主義
アリストテレス	形相(エイドス)	現実の個物に内在	現実主義

1.3 ヘレニズム文化 ★★★

アレクサンドロス大王の東方遠征(B.C.334 ～ B.C.323)によって、ギリシアのポリスは衰退した。ポリス衰退は、一方で狭いポリスの枠組みを超え、自らを世界市民の一員と位置づけるコスモポリタニズム(世界市民主義)を生み出したが、他方で安定したポリスの生活を失った人々の間で心の平安を実現する思想が求められた。

(1) エピクロス (B.C.341～ B.C.270)

エピクロスはエピクロス学派の祖であり、快楽主義を唱えた。「隠れて生きよ」を生活信条とし、心を乱す原因となる政治や公共生活を避け、外界から煩わされない魂の平静な境地であるアタラクシアを求めることを説いた。

(2) ゼノン (B.C.335頃～ B.C.263頃)

ゼノンはストア学派の祖である。理性や意思によって欲望に打ち克つ禁欲主義を唱え、外界からの刺激によって起こる感情や欲望に乱されない心(アパテイア)を賢者の理想の境地とした。また、「自然に従って生きよ」を生活信条とし、自然を支配する理法(ロゴス)に従って生きることを説いた。

1　西洋思想　255

ギリシア哲学概要

区　分	第1期　自然哲学	第2期　黄金時代	第3期　ヘレニズム文化
時代背景	ポリス・植民市の形成	アテネにおける古代民主制の盛衰	アレクサンドロス大王の東方遠征とヘレニズム時代
特　　徴	万物の根源（アルケー）の探究	政治思想と形而上学	コスモポリタニズム（世界市民主義）と倫理思想の発達
哲　学　者	タレス（水） ピタゴラス（数） ヘラクレイトス（火） 　「万物は流転する」 デモクリトス（アトム）	ソフィスト（弁論術） プロタゴラス（相対主義） 　「人間は万物の尺度」 ソクラテス 　無知の知・問答法 プラトン 　イデア論・哲人政治 アリストテレス 　形相・質料、ポリス的動物、中庸、観想的生活	エピクロス（快楽主義） 　アタラクシア ゼノン（禁欲主義） 　アパテイア

2 中世の思想

　ヘブライ民族（イスラエル民族）のユダヤ教を母体として、ローマ帝国の時代にイエスが生み出した**キリスト教**は、**中世ヨーロッパの精神世界を支配した**。キリスト教は思想・宗教だけでなく、教会という組織を媒介とし政治経済のうえでも大きな影響力を行使した。

2.1 ユダヤ教とキリスト教　　　　　　　　★★★

（1）ユダヤ教

　エジプトの支配下にあったヘブライ民族は紀元前13世紀頃、モーゼに率いられてパレスチナに脱出し（出エジプト）、ダヴィデ王からソロモン王の時代（B.C. 1000頃～ B.C.922）に全盛期を迎えた。しかしソロモン王の死後、ヘブライ民族は北のイスラエルと南のユダに分裂し、イスラエル王国はアッシリアに、ユダ王国は新バビロニアに滅ぼされた。

① ユダヤ教の成立

　新バビロニアによる征服によって、多くのヘブライ人がバビロニアに連行された（バビロン捕囚）。このころ、**ヤハウェ**を唯一神（一神教）とする**ユダヤ教**が成立した。

256　第4章　思　想

ユダヤ教は出エジプト、バビロン捕囚といった民族的苦難にさらされた結果、民族主義的色彩の強い宗教となった。当時のヘブライ人の生活と信仰は、『旧約聖書』に記されている。

② 選民思想

ユダヤ教の第一の特徴は、「**イスラエル人**[1]**のみが神によって選ばれ、排他的な恩恵を享受することができる**」とする点にある。選ばれた民はまた、**世界人類の救済という使命を全うせねばならない**。しかし時代とともにイスラエル民族のみ救済されるという民族主義的排他性が顕著になった。

③ 律法主義

ユダヤ教の第二の特徴は、**神と人間との間に契約が存在する**という考え方である。人間は神に対して神の下した律法（モーゼの十戒）を守る義務が、神は人間に対して救済と繁栄を実現する義務が課されている。しかし信仰が形骸化し、律法はただ形式的にのみ守られるようになった。

④ メシア思想

民族の救済と繁栄を実現してくれる指導者をメシアという。この世の終わり（終末）にはメシアが現世に出現し、神の裁きが下されると信じられた。キリスト教では、メシアは全世界の普遍的指導者という意味を持つ。

（2）キリスト教の成立と展開

律法主義と民族主義的排他性に陥ったユダヤ教を批判し、ユダヤ教の選民思想、律法主義を克服することによってキリスト教が誕生した。**信仰の純粋性と博愛主義**を唱えたイエスが、紀元後間もない頃にキリスト教という新たな宗教を展開した。

キリスト教はユダヤ教を母体として生まれたが、ユダヤ教がイエスをメシアと認めない点で両者は区別される。

① 原罪と悔い改め

原罪とは、人間は生まれながらにして罪を背負っているということを意味する。狭義的には、アダムとイヴ（最初の人類）が神の命に背いたという事実に由来する。また原罪だけでなく、生きていくなかで背負ったさまざまな**罪を悔い改め**、イエス

---

1 「イスラエル人」とはヘブライ人、ユダヤ人のことで、外国からヘブライ人と呼ばれた人々が自らを「イスラエル人」と呼んだ。

の言葉(福音)を信じることによって救われるとした。

② アガペー

キリスト教では、神の人への愛、人の神への愛、隣人への愛をすべて**アガペー**と呼び、キリスト教思想の中核をなす。神はすべての人間に**無差別、無条件、無償の愛**を与える。そのような神の愛に生かされた人間はそれに応えるために、神の愛に倣って神を愛し、「自分を愛するように、隣人を愛せよ」と説いた。

③ 新約聖書

キリスト教の聖典は『旧約聖書』と『新約聖書』である。ユダヤ教、キリスト教は神と人間との**契約関係**を基礎に成立する宗教であるが、そのうち『新約聖書』はイエスの行動や言葉を記した**福音書**からなる。イエスをメシアと認めないユダヤ教徒は『旧約聖書』のみを聖典とする。

④ 原始キリスト教

イエスの処刑後、その教えはローマ帝国内に広まった。イエスの十二使徒であったペテロは**イエスの復活**を説き、パウロは**イエスの死を人間の罪の身代わりである**という思想を打ち立て、信仰と布教をともにする原始キリスト教が確立された。

またキリスト教は絶え間ないローマ皇帝による弾圧に耐え、313年**コンスタンティヌス帝**によって**公認**され(**ミラノ勅令**)、さらに392年には**テオドシウス帝**によりローマ帝国の**国教**とされた。

2.2 中世のキリスト教神学 ★★★

中世ヨーロッパ世界は、政治経済的には封建制が、思想的にはキリスト教が支配する時代であり、古典古代に見られた民主制や自由な合理的精神は著しく抑圧された。このような事態から、中世は**暗黒の時代**と呼ばれている。その間、古典古代の遺産は8世紀に誕生したイスラム世界で保存され、東方貿易でイスラム文化と接触を持った北イタリア諸都市で再発見されることになる(ルネサンス)。

258　第4章　思　想

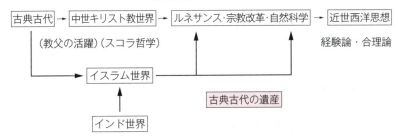

（1）教父哲学

　古代末期にはローマ帝国の国教となったキリスト教は、さまざま公会議で異端と戦い、正統の教義を確立していった。異端と論争し教会の正統性を守った古代末期の神学者を教父、その哲学を**教父哲学**と呼ぶ。彼らは**古代ギリシア哲学**、特にプラトン哲学を利用しつつ、教義の体系化を図った。キリスト教の正統派教義は、彼ら教父によって確立された。

① 三位一体説と正統派教義の形成

　父（神）と子（イエス）と聖霊は三つの姿をとりながらも、その神性において一体の関係にあるという正統派の教義を**三位一体説**という。キリストが神なのか、それとも人間なのかという問題は、キリスト教にとって根本的な問題であった。その中で、**ニケーア公会議(325)**でイエスを神としないアリウス派は否定され、三位一体説を唱えるアタナシウス派が正統とされた。また**エフェソス公会議(431)**では、マリアの聖母性を否定するネストリウス派が異端とされた。

② アウグスティヌス（354〜430）

　アウグスティヌスは古代の教父を代表する哲学者で、**三位一体説**を完成させた。原罪を背負っている人間が、罪から救済されるのはひとえに神の恩寵によるものだとした。自らの信仰体験に基づく『**告白**』(386〜387)や神の国と地上の国とを比較して人間の歴史について論じた『**神の国**』(413〜426)は有名である。また**信仰・希望・愛**をキリスト教の**三元徳**であるとした。

（2）スコラ哲学

① スコラ哲学

　スコラとは教会付属学校で教授された哲学を意味したが、のちに9世紀から15世紀の中世キリスト教哲学を指すようになった。中世を通じて哲学は神学の下位に位置づけられ「**哲学は神学の侍女**」といわれた。**スコラ哲学**は、主にアリストテレス哲学を下敷きに展開された。

② トマス・アクィナス（1225〜74）

　ドミニコ修道会士でスコラ哲学の代表的人物であった**トマス・アクィナス**は、信仰と理性を区別し、**信仰の理性に対する優位**を主張した。また信仰に支えられた、神を頂点とする**教会国家**を理想とした。主著に『**神学大全**』がある。

2.3 イスラム教の成立 ★★★

　イスラム教は、キリスト教世界と対立しながらも近世以降の西洋文化の発展に非常に大きな影響を及ぼした。

（1）イスラム教

　イスラム教は、**アッラー**を唯一神とする一神教で、**ムハンマド（マホメット）**によって開かれた。聖典はアッラーの神がムハンマドに下した啓示を編纂した『**コーラン**』である。イスラム教の一神教はキリスト教のそれより徹底化され、ムハンマドも神の子ではなく、**最大にして最後の預言者**と位置づけられる。またイスラム教ではイエスも預言者の一人であり『聖書』も聖典の一つとされていることから、ユダヤ教徒もキリスト教徒も、啓典（神が人間に下した啓示を記録した書）の民とされる。

　ムハンマドは、622年メッカでの迫害を逃れるため**メディナ**に逃れた。これを**ヒジュラ（聖遷）**といい、イスラム暦紀元とされている。

（2）ヨーロッパ社会とイスラム文化圏

　イスラム世界とキリスト教世界とは、十字軍や国土回復運動に見られるように表面的には鋭く対立したが、文化・学問の領域で西洋文明は、イスラム世界から莫大な影響を受けた。

　中世から近世にかけて、ヨーロッパ思想界はキリスト教教義の支配に服していたが、その間、**古代ギリシアの文化的遺産はイスラム世界に保存**された。またインド思想とギリシア思想という二大思想がイスラム文化において結び合わされることによって発達した高度な自然科学は、**ルネサンス・近世自然科学の先駆**となった。

2.4 ルネサンス・宗教改革と合理的精神　★★★

高度なイスラム教文化が東方で成立した頃、西洋社会はキリスト教が支配する暗黒の時代であったが、北イタリア諸都市で始まったルネサンス、ドイツで始まった宗教改革は、西洋に新しい合理的精神をもたらした。また合理的精神の発達は、モラリストなどの懐疑主義を生み出した。

（1）ルネサンス

① ルネサンス

東方貿易で栄えた北イタリア諸都市に始まった古典文化の復興運動を**ルネサンス**という。中世のヨーロッパはキリスト教思想に支配されていたが、ビザンツ帝国の滅亡により亡命した古典学者やイスラム文化との接触によって、**キリスト教以前の古典文化が再発見**されることになった。

② ルネサンスと人文主義

人間性を尊重し、その解放を目指す思潮を**人文主義**（ヒューマニズム）という。ルネサンスの思想家は、普遍的な人間性（万能人・普遍人）を理想とし、その範を古典古代に求め、神中心の中世的人間観からの脱却を図った。文学・芸術・思想の各領域に、人文主義が行き渡った。

③ ピコ＝デラ＝ミランドラ（Pico della Mirandola［伊］1463〜94）

ピコ＝デラ＝ミランドラはイタリアのルネサンス期の人文主義者である。討論会のために準備した演説原稿『**人間の尊厳について**』の中で、神は人間に自由な選択の能力を与えたと説き、人間が自らの自由意志で自分自身を形成していくところに人間の尊厳の根拠があるとした。

（2）懐疑主義とモラリスト

16世紀から18世紀にかけて社会や人間の道徳について、**随筆形式を採用しつつ内省的な思索を展開した思想家群を**モラリスト**という。絶対的な真理（神・教義）に対し、宗教改革・ルネサンスやそれに続く啓蒙思想の流布によって、相対主義的・懐疑主義的な態度をとった。

① モンテーニュ（Michel Eyquem de Montaigne［仏］1533〜92）

モンテーニュはさまざまな思想が乱立する中で孤独な内省的思索を展開し、その成果を『**エセー（随想録）**』(1580)にまとめた。彼の「**私は何を知っているか（ク・セ・**

1　西洋思想　261

ジュ?)」という言葉は、偏見や独断を疑い自己省察に没頭する**懐疑論**の特徴を表している。

② パスカル (Blaise Pascal [仏] 1623〜62)

パスカルは「パスカルの原理」で著名な数学・物理学者である。人間を「悲惨さ」と「偉大さ」、「有限」と「無限」の間を揺れ動く存在とみなし、このような人間のあり方を**中間者**と呼んだ。またパスカルによれば、人間存在の矛盾を説明することができるのはキリスト教だけであり、人々をその信仰へと導くために『**パンセ(瞑想録)**』(死後刊行)を著した。そこに登場する「**人間は考える葦である**」という有名な言葉は、人間は「葦」のように自然界で最も弱々しい存在でありながら、「考える」という点において、最も偉大な存在であるという彼の思想を表現している。

パスカルは自然科学者であると同時に、心情や繊細な精神の重要性を認めるモラリストでもあった。

(3) 宗教改革

宗教改革とは、16世紀ヨーロッパに広がった、ローマ・カトリック教会の腐敗を批判し、個人の純粋な信仰心に基づいて信仰を浄化しようとする**原理主義的**な運動である。宗教改革によって、キリスト教会はカトリックとプロテスタントに分かれた。中世的なカトリック教会による支配から個人の信仰心を解放したことで、ルネサンスとともに近代的な個人の自覚をもたらし、近代資本主義を支えた独特の職業倫理をも生み出した。

① ルター (Martin Luther [独] 1483〜1546)

ローマ・カトリック教会が贖宥状(信者が犯した罪に対する罰を免除する証書)をドイツで販売したことに抗議し、**ルター**が「**95か条の論題**」を掲げたことを発端に宗教改革が始まった。ルターは、聖書をキリスト教の真理の唯一の源泉とする**聖書中心主義**を唱え、ドイツ国民が自分で聖書を読めるように、聖書のドイツ語訳を行った。また、特権的な身分としての聖職者を否定する**万人司祭主義**を唱えた。

② カルヴァン (Jean Calvin [仏] 1509〜64)

カルヴァンは、スイスのジュネーブで神の権威に基づいて政治を行う**神政政治**を展開した。この世の出来事は、すべて人間の側からは推測することも許されていない超越的な神の**摂理**によって決定されていると説いた。さらにその延長で、救済に関する**予定説**を展開し、来世における救済のいかんは、人間の善行・悪行にかかわりなくあらかじめ決定されているとした。カルヴァンの思想は、イギリスでは市民

革命の原動力(1642、清教徒革命)となった。主著に『キリスト教綱要』(1536)がある。

③ マックス・ウェーバー (Max Weber [独] 1864〜1920)

貨幣の獲得や蓄財を卑しい行為とみなしたカトリック教会に対し、ルターやカルヴァンの**プロテスタンティズム**は、禁欲と蓄財に励み職業労働(Beruf calling)に能動的に取り組むことを神からの呼びかけと解釈し、**世俗世界**において**禁欲的な職業労働に従事する**ことを**神が与えた使命**であるとした(職業召命説)。ドイツの社会学者**マックス・ウェーバー**は、著書『プロテスタンティズムの倫理と資本主義の精神』において、**プロテスタンティズムの職業倫理が、近代資本主義を生み出す原動力**となったことを明らかにした。近代資本主義がイギリス・オランダ・アメリカなどのプロテスタント国家で発達したことが以上のことの傍証となっている。

(4) 合理的精神と自然科学

ルネサンスと宗教改革によって切り開かれた合理的精神は、まず自然科学の領域で成功を収めた。コペルニクス(1473〜1543)、ケプラー(1571〜1630)、ガリレイ(1564〜1642)による**地動説**の提唱や、それらを受け継いだ**ニュートン**(1643〜1727)の力学的自然観(万有引力の法則)が姿を見せ始める。次項で紹介する**近世の思想**は、彼らの力学的自然観を基礎に築き上げられたものである。

③ 近世の思想

16世紀に起こった宗教改革は、これまで思想界を支配していたキリスト教の影響を完全に崩壊せしめるものであった。これを受けて思想・哲学の領域でも**神の神学から人間の哲学へ**という大きな転換が起こった。このような近世の哲学の新しい潮流は、一般にイギリスで発達した**経験論**と大陸諸国で発達した**合理論**という二つの流れに分類される。これらの思潮は、当時成功を収めた**自然科学的思考**をモデルとした新しい哲学の到来を示すものである。

3.1 イギリス経験論 ★★★

フランシス・ベーコンによって始められ、ホッブズ、ロック、バークレー、ヒュームへと受け継がれるイギリス系哲学を**経験論**という。合理論が理性の働きを重視し、その絶対性を重んじたのに対し、**感覚的経験の意義**を強調する点に特徴がある。

（1）ベーコン（Francis Bacon［英］1561～1626）

ベーコンはイギリス・ルネサンスを代表する哲学者で、後述するデカルトとともに**近世哲学の祖**と呼ばれる。イギリス経験論の出発点に立つ人物で、実験・観察といった自然科学的方法の理論的基礎（**帰納法**）を確立した。

① 帰納法と自然科学

ベーコンは、「**知は力なり**」という彼の言葉が物語っているように、実験と観察を通して発見した**法則に自ら従うことにより自然を支配**することで、豊かな物質的生活を享受できると考えた。ベーコンが**近代自然科学の基礎を築いた**といわれる所以である。帰納法とは、諸事物の実験と観察（経験）を繰り返し、それらに共通する法則を明らかにする方法のことである。また、ベーコンは自らが生み出した自然科学的方法（実験・観察と帰納法）によって、アリストテレスとその思想に立脚する不毛な**スコラ哲学を批判**した。

② イドラ論

ベーコンは、人間が陥りやすい四つの**イドラ**（種族のイドラ、洞窟のイドラ、劇場のイドラ、市場のイドラ）を挙げた。人間はこれらのイドラ（偏見）を克服することによって、有益な真理を手にすることができると説いた。

四つのイドラ

種族のイドラ	人類一般に共通する偏見（自然を擬人化して捉える誤りのたとえ）
洞窟のイドラ	個人特有の性癖・慣習・環境・教育などによって生じる偏見（狭い世界に閉じ込められ、光が遮られていることから生じる誤りのたとえ）
劇場のイドラ	権威や伝統に盲目的に従うことによって生じる偏見（劇場で演じられたものを盲信することによって生じる誤りのたとえ）
市場のイドラ	言語を使用することによって生じる偏見（市場でデマが流れ、それに惑わされることによって生じる誤りのたとえ）

③ 主 著

『**ノーヴムオルガーヌム（新機関）**』

1620年刊、スコラ哲学批判、イドラ論、帰納法の提唱

（2）ホッブズ（Thomas Hobbes［英］1588～1679）

ホッブズはイギリス経験論の継承者として活躍する一方、社会契約論を展開するなど、政治思想家としても知られる。彼は、ピューリタン革命からクロムウェルに

よる軍事独裁までの混乱期を無秩序な闘争状態と考え、平和を回復するための国家権力の意義と必要性を説いた。

① 社会契約説

自然状態にある人間は、**自己保存**の本能（＝物体に固有の力）に自由に従う権利としての**自然権**を有している。しかし万人が自然権を行使すれば、「**万人の万人に対する戦い**」という危機的な状態が発生する。そこで人々は、理性が発見した**自然法**に従い、**自己の自然権を放棄する社会契約**を結ばなければならない。このような社会契約によって成立した秩序ある合議体が**国家（コモンウェルス）**である。人々に自然権を放棄させ国家に全面的に譲渡させるというホッブズの思想は、**抵抗権（革命権）を認めない**立場を採るものであり、**専制君主制を擁護**する結果となった。

② 主 著

『リヴァイアサン』

1651年刊、強大な国家権力を、旧約聖書に登場する巨大な怪獣リヴァイアサンにたとえ、社会契約説を提起した。

(3) ロック (John Locke [英] 1632～1704)

ロックはホッブズの経験論と社会契約論を引き継ぐだけでなく、後述する**イギリス啓蒙思想の基礎を築いた人物**である。その思想は、ロック以降のイギリス経験論哲学に受け継がれただけでなく、**フランス啓蒙思想**にも大きく影響した。

① タブラ・ラサ

タブラ・ラサとは、白紙状態（なめらかな板）という意味である。経験以前に生得的な観念が存在するというデカルト（**生得観念**の思想）を批判して、**あらゆる観念の起源は経験に由来している**と考えた。経験以前の人間の心を白紙状態（タブラ・ラサ）とした。

② 社会契約説

ロックは、自然状態を自然法が支配する自由で平等な状態だと考えた。また、自然権として**所有権（財産権）**も認めるべきであると主張した。このようにロックが想定する自然状態は基本的に平和な状態であるが、紛争を調停する機関が存在していないため、戦争状態に陥る潜在的な危険性を有している。そこで人々は**社会契約を締結し、自然権を調停機関としての政府に信託（委任）**しなければならない。とはいえ、人々は自然権を保証するために、契約によって政府を生み出したのだから、政

1　西洋思想

府が人々の信託に反した場合は政府権力に抵抗する権利、**抵抗権**(革命権)が認められている。ロックは抵抗権の存在を認めたことから、**名誉革命を擁護**した思想家とみなされている。

③ 主　著
『人間知性論』
　　1690年刊、タブラ・ラサ
『**統治論**』(＝**市民政府二論**)
　　1690年刊、社会契約説

(4) ヒューム (David Hume [英] 1711～76)
　ヒュームは経験論を徹底させたことにより**懐疑論**に至り、あらゆる事物の現れを、人間が経験する感覚的印象に還元し、知覚の他には何も実在しないと説いた。人間は知覚された経験を超えては何も知ることができないとするヒュームの哲学は、経験論の限界を示すものだったが、後にドイツ観念論の哲学者カントに影響を与え、カントの批判哲学へとつながった。

(5) イギリス哲学の系譜
　ベーコン、ホッブズと続いた経験論はロックにおいて**イギリス啓蒙主義**という形でひとまず完成し、その後バークレー、ヒュームに受け継がれる。18世紀に入ると、イギリス思想は**功利主義**を生み出す一方、アメリカでは**プラグマティズム**の哲学へと姿を変えていく。

イギリス哲学の系譜

ベーコン → **ホッブズ** → **ロック** → バークレー → ヒューム → **ベンサム** → **ミル**
　　　　　　　[社会契約論]　　　　　　　　　　　　　　　　　[功利主義]

‥‥▶ **ジェームズ、パース、デューイ**
　　　　[プラグマティズム(米)]

3.2 大陸合理論 ★★★

フランスのデカルトに始まり、主に大陸諸国で発達した哲学を**大陸合理論**という。理性の絶対性を主張し、理性によって得られた**明晰判明**な観念のみが真理とされる。経験論が重視する**感覚的経験は人間の正しい認識を阻害する要因に過ぎない**とみなす点に特徴があり、理性によって論理的に展開される**数学を学問の模範**とした。

（1）デカルト（René Descartes［仏］1596～1650）

デカルトは近世哲学の父とも呼ばれ、数学を模範として直観的真理への到達を目指した。経験論のベーコンが実験・観察という自然科学的方法の基礎を確立したのに対し、デカルトは**数学**をモデルとした近代科学の論理的思考を確立した。

① 演繹法

学問が目指す真理は、直観によって得られる明晰性を備えていなければならない。デカルトはそのモデルを数学（現在の解析幾何学・代数）に見出した。数学は与えられた問題を未知数Xの方程式に再構成し解を発見するが、デカルトは、このような未知を既知とする真理発見法である**演繹法**を学問の理想とした。

② 良識（ボン＝サンス）

デカルトは理性を良識とも呼び、『方法序説』では「**良識はこの世で最も公平に分け与えられている**」としている。

③ 方法的懐疑

デカルトは確実な真理を見つけるために、あらゆるものを疑うという手法を採った。これを**方法的懐疑**と呼ぶ。方法的懐疑によって辿り着く確実な真理は、そのように疑っている私自身が存在しているということである。この「**我思う、ゆえに我あり（コギト・エルゴ・スム）**」という真理は、デカルトの哲学の根本原理であり、「考える我」の発見は西洋思想における**近代的自我**の目覚めだとされている。

④ 物心二元論

デカルトは、精神と物体を二つの異なる**実体**と考えることによって、**精神と物質**（物体）を切り離して考える近代的二元論の立場を確立した（**物心二元論**）。また、人間は思惟（精神の属性）し延長（物体の属性）する存在で、**松果腺**と呼ばれる器官によって心と体がつながると考えた（松果腺は、肉体における精神の座）。

1　西洋思想　267

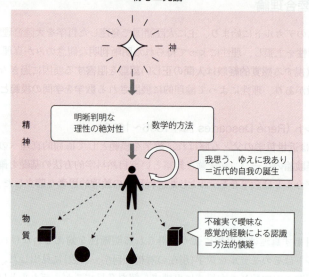

⑤ 主　著
『**方法序説**』
　1637年刊、数学をモデルとした学問方法の確立
『**省察**』
　1641年刊、方法序説の発展、物心二元論

（2）スピノザ（Baruch de Spinoza、蘭、1632〜77）
　スピノザはデカルト哲学を批判的に継承しつつ、**汎神論（神即自然）**と呼ばれる独自の哲学（倫理学）を展開した。オランダに逃れたスペイン系ユダヤ人の末裔で、神＝自然に代表される彼の神秘主義的思想の源流は、ユダヤ哲学に由来するといわれている。

① 汎神論（神即自然）
　汎神論とは、神の外にはいかなる実体も存在せず、すべてのもの（自然）はみな神から必然的に生じ神の内にあるとする思想である。デカルトが神・精神・物体の三つをそれぞれ実体と考えたのに対して、スピノザは**自然そのものである神**のみが唯一の実体で、精神・物体はその属性に過ぎないとした。

キリスト教と汎神論

キリスト教	汎神論（スピノザ）
神：自然から超越（神＞自然）	神：自然に内在（神＝自然）
神 自然	自然＝神

② 物心一元論

　デカルトが精神(思惟)と物体(延長)を互いに独立した実体とみなすのに対し、スピノザは神のみを唯一の実体とし、精神と物体を実体(神＝自然)の二つの属性にすぎないとした。さらに**精神と物体の秩序は完全に一致すると見る一元論の立場に立った**。

③ 倫理学

　スピノザによれば、すべてを神によって必然的に生み出されたものとして**永遠の相の下**に認識することで、最高善と幸福を手にすることができる。スピノザは、このように神の必然性を認識することを**神への知的愛**と呼び、倫理学の究極の目的と考えた。デカルトに倣いスピノザも、自らの思想を幾何学的構成に従って論証しようとした。

④ 主　著

『**エティカ**』

　1675年頃刊、神への知的愛に至る方法を幾何学的に論証

（3）ライプニッツ（Gottfried Wilhelm Leibniz、独、1646～1716）

　ライプニッツは、デカルト、スピノザと同じく、数学的方法を模範とする合理的体系である**普遍学**の確立を目指した。デカルト以来の数学を範とする合理論の系譜は、ライプニッツに至り、ニュートンと並ぶ**微積分学の発見**として結実する。

① モナド

　モナドとはあらゆるものの構成要素で、**宇宙全体はこの無限のモナドの集合**とみなされる。しかしモナドは、影響を及ぼし合うことはなく、相互に独立して宇宙を構成している（**モナドは窓を持たない**）。ライプニッツによれば、モナドの内実は分割可能な物体であるアトム（原子）とは異なり、空間的な広がり（大きさ）を持たない非物質的な力とされる。いいかえればモナドは、**互いに独立して宇宙を映し出す**という作用（力）によって宇宙を構成しているのである（**モナドは宇宙の鏡**）。

② 予定調和

　さらにライプニッツは、宇宙がお互い無関係な無限のモナドの集合であるにもかかわらず、一定の秩序が保たれているのは、そもそもモナドが**あらかじめ神の力によって方向づけられている**からだと考えた。これをライプニッツの**予定調和**の思想という。

③ 微積分

　ライプニッツは、**ニュートンと並んで数学における微分法を発見した人物**といわれる。世界は究極の単子からなるという彼の思想と現在の微積分の発想は密接に関わっている。

④ 主　著

『単子論』

　1714年刊、世界をモナドと呼ばれる構成要素の無限の集合と見る

イギリス経験論と大陸合理論

イギリス経験論	・ベーコン、ホッブズ、ロックなど ・帰納法を用いる
大陸合理論	・デカルト、スピノザ、ライプニッツなど ・演繹法を用いる

4 近代の思想 Ⅰ

第4章 思想

　啓蒙とは闇を光で照らすという意味である。イギリス経験論のロックに始まり、フランス百科全書派の思想家に受け継がれた啓蒙思想は、名誉革命、フランス革命の理論的支柱としての役割をも果たした。またフランス啓蒙思想は、ルソーを介してドイツのカントにも大きな影響を及ぼしている。

　ここでは、ロックに始まる啓蒙思想がドイツ、フランスにおいてどのような形で開花していったかを明らかにしていく。

啓蒙思想の系譜

イギリス啓蒙思想（ロック） → フランス啓蒙思想（百科全書派・ルソー）
→ ドイツ啓蒙哲学（カント）

4.1 フランス啓蒙思想 ★★★

　ロックに始まる穏健なイギリス啓蒙思想は、フランスへと受け継がれると**急進化**し、やがて訪れるフランス革命の原動力になった。またフランスでは、**百科全書派**やルソーなどの啓蒙思想家が活躍する反面、**モラリスト**と呼ばれる懐疑思想家も独自の思索を展開した。

（1）百科全書派

　1751年からフランスで全35巻におよぶ『**百科全書**』が刊行された。その執筆・編集に関わった一群の思想家を百科全書派と呼んでいる。

① 百科全書

　革命前夜のフランスを支配していた啓蒙主義の精神を反映した全35巻の書物で、途中刊行停止命令を受けながらも、1751 〜 80年の30年をかけて刊行された。当時最高の科学的学問の成果を取り入れた画期的な書物である。ディドロやダランベールが中心となり、ヴォルテール、モンテスキュー、ルソーなども加わった。

② ヴォルテール (François-Marie Arouet, dit Voltaire [仏] 1694〜1778)

　ヴォルテールはロック（イギリス経験論・啓蒙思想）の思想をフランスに導入した啓蒙思想家である。宗教的独断を排し、**寛容の精神**を重視した。また**自然科学的精神**とヒューマニズムとの調和を目指した点に彼の思想の特徴がある。

1　西洋思想　271

③ ディドロ（Denis Diderot［仏］1713～84）

　ディドロはフランス啓蒙思想を代表する人物で、**百科全書の計画・編集者**でもある。唯物論的な思想を展開した。

④ ダランベール（Jean Le Rond d'Alembert［仏］1717～83）

　ダランベールは哲学だけでなく数学・物理学にも業績を残し、ディドロとともに百科全書の編集・執筆に携わった。経験的知識を重視し、実証主義的な立場を採った。『百科全書』の「序論」が有名である。

⑤ モンテスキュー（Ch.L.de S.Montesquieu［仏］1689～1755）

　モンテスキューは、ヴォルテールと同じくロックの影響を受けて、フランス絶対王政を批判した。統治権を三つに分割する**三権分立**の思想は、近代政治制度の基礎となっている。『**法の精神**』（1748）の他、『ペルシャ人への手紙』（1721）が有名である。ディドロ、ダランベールに協力し、百科全書の編纂にも携わった。

（2）ルソー（Jean-Jacques Rousseau［仏］1712～78）

　ルソーは、百科全書に寄稿し、独自の社会契約説を展開するなど、啓蒙思想家としての側面を見せる一方、啓蒙思想の行き過ぎた理性主義に対する批判（**自然に帰れ**）を展開している。また、その教育思想はドイツのカント（ドイツ啓蒙思想）に、小説文学作品は近代文学に大きな影響を及ぼしている。

① 自然に帰れ

　ルソーによれば、自然状態にある**自然人は自己愛**（＝自己保存の欲望）だけではなく、**あわれみの情**（同情心）をも備えているとする。しかし人間が集まり社会ができると、不自由や不平等が発生する。ルソーは自然状態から社会が堕落（不自由・不平等の発生）した原因を私有財産に求め、「**自然に帰れ**」のスローガンのもと**文明社会を痛烈に批判**した。

② 社会契約説

　ホッブズやロックのいう自然状態と異なり、**ルソーのいう自然状態は自由・平等・平和の支配する理想状態**である。堕落した文明社会の中に理想的な自然状態を構築するためには、社会契約を締結することによって、すべての人が自己を**一般意志**に服従させなければならないとした。ルソーは、公共の福祉に反し私利私欲を追求する意志を「**特殊意志**」と呼び、その特殊意志を総計したものを「**全体意志**」とした。これに対し、公共の福祉を実現しようとする普遍的意志が「**一般意志**」である。

ルソーは、すべての人が一般意志に服従する国家を提唱し、**人民主権**、**直接民主制**の国家を理想とした。

③ 主　著
『**人間不平等起源論**』
　　1755年刊、不自由・不平等の起源を私有財産制度に求める
『**社会契約論**』
　　1762年刊、社会契約論の展開
『**エミール**』
　　1762年刊、教育小説→カントに絶大な影響を及ぼした
『新エロイーズ』
　　1761年刊、恋愛小説
『告白』
　　1782～89年刊、自己告白→近代リアリズム小説の源流

4.2　ドイツ観念論哲学　★★★

ベーコンに始まる**イギリス経験論**は、それを徹底させたヒュームによって**懐疑論**へと至った。一方、デカルトに始まる**大陸合理論**は、その行き過ぎによって**独我論**に陥る危険性をはらんでいる。その両者の思想を独自の**批判哲学**によって統合したのがカントであり、カント以降のドイツでは高度な観念論哲学が展開された。

(1) カント (Immanuel Kant [独] 1724～1804)

カントは、ベーコン以来のイギリス経験論とデカルト以来の大陸合理論の合流点に位置し、またルソーからフランス啓蒙主義の強い影響を受けている。西洋思想のさまざまな成果がカントによって統合されたのである。

ドイツ観念論の形成と展開

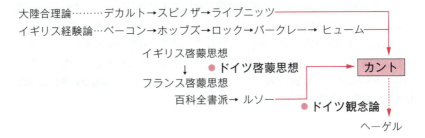

① 批判哲学の形成

先に述べたように合理論は独我論へ、経験論は懐疑論へと陥る危険性をはらんでいる。カントは、理性の能力が及ぶ範囲を正しく理解するために、**理性そのものを批判的に考察し(批判哲学)、理性の可能性と限界を確定する作業を通じて二つの思潮を統合した**。ガリレオ、ニュートンによって得られた自然科学の成果は、ひとまずベーコンとデカルトによって哲学的基礎を獲得したが、カントは、自然科学を生み出す理性そのものを批判的に検討することによって、経験論(→懐疑論)・合理論(→独我論)という形で二極分解した近世哲学を再度統合したのである。

② 理論理性

カントは対象を認識する先天的な能力を「**理論理性**」と呼んだ。カントによれば、人は**感性**(時間・空間を認識する能力)と**悟性**(分量・関係性・性質などにより物事を整理する能力)の二つを通じて物事を認識する。目や耳に与えられる刺激を感性によって捉えたものは曖昧なイメージ(現象)に過ぎず、それを理性の働き(悟性・理論理性)によって**カテゴリー**(分量・性質・関係・様相)に関連づけて整理することで正確な認識が成立するのである。

またカントは、感性によって捉えられる「現象」と区別して、その現象の根源となるものを「**物自体**」と呼び、人が認識できるのは「現象」であって、「**物自体**」を認識することはできないとした。

認識の成立過程

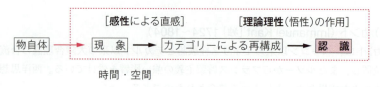

③ 認識論のコペルニクス的転回

カント以前の認識論では、人間の認識以前にまず対象が存在し、その対象を受動的に認識するという構図であったが、カントはむしろ人間の認識が対象を構成すると考えた。対象が意識を規定するのではなく、意識が対象を規定するというカントの哲学の変革を、コペルニクスの地動説による天文学の大転換にたとえて、カント自ら「**コペルニクス的転回**」と呼んだ。また、カントはこれを「**認識が対象に従うのではなく、対象が認識に従う**」と表現した。

④ 実践理性と意志の自律

　人間に先天的に備わっている、善を実践しようとする道徳的な意志能力を「**実践理性**」という。カントは、実践理性によって打ち立てられた普遍的な**道徳法則**（道徳律）に自らが従うとき、意志の自律と自由が可能になるとした。また、意志の主観的な原理を**格率**と呼び、「汝の意志の格率が常に同時に普遍的立法の原理として妥当しうるように行為せよ」と説いた。

⑤ 定言命法と目的の王国

　定言命法とは、常に「…せよ」と**無条件に命じる命令**のことであり、カントは定言命法によって行動すべきであると説いた。定言命法に対して、**仮言命法**とは、例えば「財産を手に入れたければ、…せよ」のような**条件つきの命令**をいう。仮言命法についてカントは、目的を実現するための手段や方法を教えるもので、忠告や処世術にはなるが、いつでも、どこでも人間に普遍的に妥当する道徳法則にはなり得ないとした。

　また、定言命法に従って意志の自律と自由を獲得した主体を**人格**という。カントは、互いの人格を目的として尊重し合う共同体を理想とし、「**目的の王国**」と呼んだ。

⑥ 主　著

『**純粋理性批判**』

　1781年刊、第一批判（認識論）、理論理性の限界と可能性を確定

『**実践理性批判**』

　1788年刊、第二批判（倫理学）、実践理性の機能についての考察

『**判断力批判**』

　1790年刊、第三批判（美学理論）、理論理性と実践理性の統合

　　　　　　　　　　　　　　　　　　　　　　　　　　　　──三批判書

『**永久平和のために**』

　1795年刊、国際法や国際機構の設置による国際連邦を実現することを永久平和の条件として主張

（2）ヘーゲル（Georg Wilhelm Friedrich Hegel［独］1770〜1831）

　カントのあとフィヒテ、シェリングへと続くドイツ思想は、**ヘーゲル**において集大成され、**ドイツ観念論**と呼ばれている。ヘーゲルは自らの哲学大系を構築するに当たり、西洋諸思想を広く吸収したので、**近代哲学の完成者**と呼ばれている。後述する現代を代表する社会主義と実存主義は、ともにヘーゲル批判から出発している。

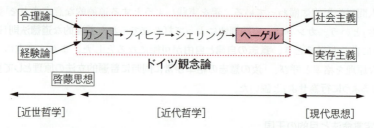

① 弁証法

　ヘーゲルは、事物や認識の発展・運動を捉える方法を**弁証法**と呼んだ。ヘーゲルによれば、事物や認識は矛盾を契機として**正（テーゼ）→反（アンチ・テーゼ）→合（ジン・テーゼ）**という段階を経て発展していく。一つの段階は必然的にそれと対立する立場を生み出し、その矛盾・対立が発展の原動力となる。そして、その**矛盾を止揚（アウフヘーベン）**する運動が事物や認識の発展を可能とする。

② 絶対精神

　絶対精神とはヘーゲル哲学の根本原理であり、ヘーゲルによれば、世界は絶対精神の弁証法的な自己運動過程とみなされる。

③ 人　倫

　人倫とは人間の倫理や倫理を実現する共同体を指す。ヘーゲルは、人倫の共同体もまた、**家族（正）→市民社会（反）→国家（合）**という形で、弁証法的に発展すると考えた。

家族	愛の共同体だが、人格的独立はいまだ存在しない共同体
市民社会	独立人格が互いに自己の欲望を追求するが、不自由・不平等が生じる
国家	市民社会の矛盾が止揚された理想の共同体

④ 主　著

『**精神現象学**』
　1807年刊、精神が弁証法的に発展する過程を考察
『**法の哲学**』
　1821年刊、人倫の共同体についての考察

5 近代の思想 Ⅱ

　ベーコンに始まったイギリス哲学(経験論)は、英国本国では、資本主義の発展に呼応して功利主義哲学を生み出し、さらにアメリカ(新大陸)ではプラグマティズム(実用主義)という形を採る。またスコットランドの思想界では反功利主義的な道徳哲学から出発したアダム・スミスが自由主義的な経済学(古典派)を生み出した。

5.1 功利主義 ★★★

　イギリス哲学の系譜に属する功利主義の特徴は、**行為の善悪の基準を、理性や客観的な真理にではなく、経験的な快・不快に置く点**にある。イギリスの産業革命期を代表する思想である。当時のイギリスは、貴族などの特権階級と庶民との身分的差別が強固であり、「功利性の原理」の前での平等を訴えた点で画期的であった。

(1) ベンサム (Jeremy Bentham [英] 1748〜1832)

　イギリス功利主義を確立したベンサムは、ホッブズやロックの自然法思想や社会契約論を非科学的であるとして批判し、政治は国民全体で快楽の総量がより多く、苦痛のより少ない政策を目指すべきだと主張した。また、市民社会の平等の原則を説き、普通選挙法を目指す選挙法改正運動にも尽力した。

① 最大多数の最大幸福

　政治的・倫理的な正義(善悪)の基準は、功利性(快楽・幸福に対する有用性)によって決定されるとしたベンサムは、社会における「最大多数の最大幸福」(功利性の原理)を実現することを目指した。

② 快楽計算

　ベンサムは快楽を量的に表現し、計算することができるとし、その計算を**快楽計算**と呼んだ。この快楽計算を通じて、最大多数の最大幸福を決定することを目指した。ちなみにその計算の基準には、強度、永続性、確実性、遠近性、純粋性、範囲などがある。これらの快楽の内容を量的に計算可能だとする功利主義の立場を**量的功利主義**という。

1　西洋思想　277

③ 外的制裁（サンクション）

　ベンサムは、個人が自分自身の幸福追求に走り、社会全体の利益を損なうことのないように四つの制裁を活用して、公共の利益の増進と利他主義の実現を図ろうとした。

四つの制裁

自然的制裁	自然に与えられる制裁、暴飲暴食によって体調を崩すことなど
法律的（政治的）制裁	法律によって与えられる刑罰など
道徳的制裁	世間の人々から与えられる社会的な非難など
宗教的制裁	神の罰への恐れなど

④ 主　著
『道徳および立法の諸原理序説』
　1789年、功利主義の確立

（2）J・S・ミル（John Stuart Mill［英］1806〜73）

　J・S・ミルは、幸福の増進があらゆる人間行動を判断する判定基準であるとする功利主義のベンサムの立場を継承しつつ、ベンサムの説く「最大多数の最大幸福」を目指すことで、多数者の専制が起きうることを批判し、新たな功利主義を展開した。また、ベンサムが外的制裁を重視したのに対し、ミルは人間の良心から生まれる内的制裁を重視する立場を採り、各人の個性の自由な発展が社会全体の進歩につながると説いた。

① 質的功利主義

　ベンサムの量的功利主義や快楽計算を否定し、精神的快楽を重視する。ミルはこのような質的功利主義の立場を「満足した豚であるよりは、不満足な人間であるほうがよく、満足した愚かものであるよりは、不満足なソクラテスであるほうがよい」と表現した。

② 主　著
『自由論』
　1859年刊、精神的自由を重視する自由論
『功利主義』
　1863年刊、質的功利主義の展開

278　第4章　思　想

（3）スミス（Adam Smith ［英］ 1723〜90）

マルサス、リカードと並んで古典派経済学の祖である**アダム・スミス**は、経済学者である以前に、道徳哲学者として有名である。

① 神の見えざる手

人間は自らの利己心に従って行動するが、その際、**第三者の共感を得られるように行為する**ことによって、自然に調和的な秩序が形成される。このような秩序形成作用を**神の見えざる手**と呼んだ。スミスは他者との共感を重視する道徳哲学者（『道徳情操論』）であったが、神の見えざる手とは、現代経済学でいう市場法則に当たり、道徳哲学の延長上に構想された「神の見えざる手」（秩序）の考察が、高度な経済学を生み出したといえる。

② 自由放任主義

国家が市場に介入することなく、個人の自由な経済活動を積極的に擁護する立場を自由主義という。**自由放任主義**（レッセ・フェール）とは、この立場を表す言葉である。スミスは特に労働価値説を展開することによって、**絶対王政と結びついた重商主義を批判**した。

また、国家はその任務を国防・警察・消防・司法などに限定する「**小さな政府**」とする夜警国家論を説いた。

③ 主　著

『諸国民の富（国富論）』

1776年刊、富の源泉を労働に求め、重商主義批判を展開

1　西洋思想　279

5.2 プラグマティズム ★★★

イギリス経験論から発達した英米哲学の一つは、ラッセルやヴィトゲンシュタインらの論理実証主義へと発展する一方、アメリカでは**プラグマティズム（実用主義）を生み出した**。19世紀から20世紀にかけて高度に発達した資本主義を背景として生み出された思想である。また、プラグマティズムの特徴は抽象的な理論や空論を排し、実験などの科学的方法や思考を日常生活に応用しようとする点にある。

（1）パース（Charles Sanders Peirce［米］1839～1914）

プラグマティズムの創始者として知られる**パース**は、「形而上学クラブ」を結成し、仲間たちと研究を重ねながら論文を発表した。パースが初めてプラグマティズムを定義した論文『観念を明晰にする方法』は、発表当時注目されなかったが、その後「形而上学クラブ」の仲間であったジェームズが講演で紹介し、広く知られるようになった。

論文の中でパースは、概念の意味を観念的に考えるのではなく、その概念に従って**行動**したときの結果によって明らかにすべきであると説いた。

（2）ジェームズ（William James［米］1842～1910）

ジェームズはプラグマティズムを発展させ、世の中に普及させたアメリカの哲学者である。

① 真理の有用性

ジェームズは、「**真理の有用性**」を説き、思想の真偽や行為の善悪、事物の美醜などは、それが人生において有用であるか否かによって決まると主張した。

② 主　著

『プラグマティズム』

1907年刊、文学作品や思想家のエピソードなどを多く取り入れた表現方法をとり、一般大衆にプラグマティズムを浸透させることに貢献した

（3）デューイ（John Dewey［米］1859〜1952）

プラグマティズムの**大成者**である**デューイ**は教育学者としても活躍し、自発的に問題を発見し、解決する能力を身につけることを主眼とする「問題解決学習」を提唱した。

① 道具主義

デューイは、学問や知識は、人間が行動するときにその行動に役立つ道具であるとする、「**道具主義**」を唱えた。デューイによれば、知識や理論の価値は、他の道具と同様に、それ自体の中にあるのではなく、実際に使用された場合の結果の有用性にある。

また、その意味で、知識や理論などは、使用を通じて絶えず改善される「仮説」としての性格を持つと説いた。

② 主　著

『民主主義と教育』

1916年刊、世界的に影響を与えた主著

1　西洋思想　281

6 現代思想

　ヘーゲルによって完成された近代哲学は、その観念論的性格を唯物論的に転換した科学的社会主義と、普遍主義・理性主義を批判する実存主義へと枝分かれしていった。また戦後のフランスでは、実存主義を克服しようとする構造主義が、ドイツではナチス批判を展開したフランクフルト学派の思想が影響力を持った。

6.1 社会主義思想の系譜 ★★★

　18世紀中頃イギリスで始まった産業革命は、私有財産と自由な経済活動を基礎とする資本主義を生み出した。資本主義は人々に自由を保障するが、その結果として、富める者はいっそう富み、貧しい者は貧苦から脱却できない、社会的・経済的に不平等な社会となった。そのような資本主義の欠陥を是正するために生まれたのが、社会主義思想である。

　社会主義の特徴は、資本主義経済の問題点を「生産手段の私有化」に求める点にある。社会主義では、生産手段の私有制を否定し、生産手段を共同社会の所有に移しかえ、万人の利益のために管理すべきだと主張する。

（1）空想的社会主義

　空想的社会主義とは、イギリスとフランスで生まれた初期の社会主義思想に対し、マルクスおよびエンゲルスが与えた名称である。資本主義に対する社会科学的考察に欠けていたため「空想的」とされた。イギリスの**オーエン**(Robert Owen[英]1771 ～ 1858)、フランスの**サン＝シモン**(Saint-Simon[仏]1760 ～ 1825)、フーリエ(Charles Fourier[仏]1772 ～ 1837)らが重要である。

（2）科学的社会主義

　マルクスと彼の協力者であったエンゲルスは、空想的社会主義の思想とドイツ観念論（特にヘーゲル）の遺産を引き継ぎ、厳密な社会科学に基づく資本主義批判を展開した。資本主義社会の崩壊、労働者を担い手とする階級闘争・社会革命による社会主義社会の実現が、歴史の必然であることを科学的に論証し、体系的な社会主義思想を完成させた。

① 弁証法的唯物論と唯物史観

　ヘーゲルが世界を絶対精神の弁証法的運動と見たことを批判し、マルクスは、世界は物質からなるとする唯物論の立場から弁証法的唯物論の立場を打ち立てた。また、歴史は物質を生み出す生産力の上昇によってもたらされる生産様式（下部構造・土台）の変化（社会革命）に由来するとする唯物史観（史的唯物論）を唱えた。ヘーゲルが重視した観念や精神は、下部構造の変化に応じて副次的に生み出される上部構造と位置づけられる。

② 階級闘争と社会主義革命

　マルクスによれば、すべての歴史は階級闘争の歴史であり、資本主義の崩壊に並行して資本家と労働者との対立が激化することによって、社会主義革命が勃発し、社会主義社会が成立するとした。資本主義が崩壊するメカニズムを解明した『資本論』は、社会主義思想の中で最も重要な文献である。

（3）社会主義思想の諸潮流

　マルクスとエンゲルスが打ち立てた科学的社会主義は、20世紀の社会に大きな影響を与えた。まずロシアではレーニンが『帝国主義論』（1917）や『国家と革命』（1918）を著し、1917年にはロシア革命を導いた（共産主義・マルクス＝レーニン主義）。また中国では毛沢東が独自の社会主義思想を練り上げた。近代化に成功したイギリスでは、マルクス主義的な社会主義革命ではなく、ウエッブ夫妻が中心となったフェビアン協会（フェビアン社会主義）に代表されるような社会改良主義が優勢となり、社会民主主義へとつながった。

1　西洋思想　283

6.2 実存主義 ★★★

19世紀末から20世紀にかけて、爆発的な発展を経験した西洋文明は、合理性や理性を重んじる思想と密接に結びつきながら、個性や主体性を持った人間存在そのもの（実存）を疎外し、抑圧し始めた。実存主義とは、このような人間存在の疎外・抑圧に対する異議申立てを行った一連の思想をいう。いずれも、西洋文明の合理性に対して非合理性を、抽象性・客観性に対して具体的な個人の内面（主観性）を重視する傾向がある。世紀末の絶望と不安といった感情を如実に表現する思潮である。

実存主義は、超越的な存在である神との関わりの中で実存の完成を目指す有神論的実存主義と、神の存在や信仰と無関係なところで実存の完成を目指す無神論的実存主義に分けられる。

（1）キルケゴール（Sören Aabye Kierkegaard［デンマーク］1813〜55）

実存主義の先駆者とみなされるキルケゴールは、特に抽象的で超合理的な体系を構築したヘーゲルの弁証法を厳しく批判した。また生涯熱烈なキリスト者であり、人は「いかにしてキリスト者となりうるか」を問い続けた（有神論的実存主義）。

① 主体的真理

情熱なく無関心に探求できる抽象的な客観的真理に対して、人がそれによって生きかつ死ぬことができるような真理（イデー）を主体的真理という。真理とは、生きることと無関係に存在するのではなく、「いかに生きるか」を問う中で探求されねばならない。キルケゴールはこのような真理を「私がそのために生き、そして死にたいと思うようなイデー」と呼び、生きることと無関係に探求される抽象的・客観的真理（例えばヘーゲルの体系）を批判した。

② 単独者

自己を見失うことなく、単独で主体的真理を探求する理想的な人間を単独者と呼んだ。生涯キリスト者であったキルケゴールによれば、神との関係を失ったとき、人間は絶望に陥るが、この絶望をきっかけとしながら、神を求めて命がけの飛躍を決断するとき、人間は主体的真理を実現することができるとした。

③ 実存の三段階

　人間の生き方は、絶望を経験することによって深まっていく。キルケゴールはそれを三つの段階に分けて考察した。これを**実存の三段階**という。

美的実存	ひたすら享楽、快楽を追求するが、決して満足できず倦怠感・虚無感に襲われ、絶望に陥ってしまう段階
倫理的実存	快楽の追求を断念し、良心的に自己の倫理に従って生きようとするが、良心的であろうとすればするほど、逆に無力感に襲われ、絶望に陥ってしまう段階
宗教的実存	絶望のただなかにある単独者としての人間が、神と出会い本来の自己を回復することができる段階

④ 主　著
『**あれか、これか**』

　1843年刊、二者択一を自ら決断し、自己のあり方を選び取っていく主体的な実存を説く

『**死に至る病**』

　1849年刊、死に至る病とは絶望のことで、キリスト教のいう罪

（2）ニーチェ（Friedrich Wilhelm Nietzsche［独］1844〜1900）

　ニーチェはショウペンハウエルの影響を受け、ラディカルなキリスト教文明批判を展開した。25歳の若さでバーゼル大学古典文献学教授に就任するが、晩年は狂気の中で怪死する。キリスト教を徹底批判したことから、**無神論的実存主義**に分類される。

① ニヒリズム

　ニヒリズムとは、既存の道徳・宗教や価値観を破壊しようとする立場をいう。ニーチェはニヒリズムの立場から、西洋思想を2000年間支配し続けたキリスト教道徳と対決した。彼の有名な「**神は死んだ**」という表現は、**キリスト教道徳が人間の退廃や欺瞞をもたらしたことを厳しく告発する**ものである。

1　西洋思想　285

② ルサンチマン

ニーチェによればキリスト教道徳(博愛主義)の背後に隠蔽された弱者の恨みの感情が存在しており、これを**ルサンチマン**と呼んだ。**博愛主義とは、虐げられた弱者が主人に復讐しようとする恨みの現れに過ぎない。**ニーチェは、このような弱者の道徳を奴隷道徳と呼び、自己を肯定・賞賛する支配者の貴族道徳を対置した。

③ 力(権力)への意志

力(権力)への意志とは、あらゆる障害を克服し、よりいっそう大きな存在になろうとする生命力をいう。ニーチェは、キリスト教の博愛主義が人間を凡庸化・矮小化したことを批判し、力への意志が人間が本来従うべき意志のあり方とした。

④ 永劫の回帰

世界に意味と目的を与えていた神が死んだのち、世界はただ永遠に目的も意味もなく繰り返されるだけである。このような世界の無意味な繰り返しを**永劫の回帰**という。ニーチェは目的と意味のない世界に生きることを己の運命として受け入れ、それを肯定する**運命愛**を強調した。

⑤ 超 人

人間を凡庸化するキリスト教道徳を否定し、力への意志によって目的と意味のない世界(神なき世界)に新たな価値を創造しつつ生きること(能動的ニヒリズム)が、ニーチェの理想であった。このような意志を持つものを**超人**という。

⑥ 主 著

『**ツァラトゥストラはかく語りき**』

1883〜85年刊、超人思想の展開

『**力(権力)への意志**』(遺稿)

永劫の回帰の思想と運命愛

（3）ハイデガー（Martin Heidegger［独］1889〜1976）

「存在とは何か」という問題を問い続けたドイツの哲学者**ハイデガー**は、自己の哲学の担い手をナチズムに見出し、一時期ナチスに協力したといわれる。神や超越者に依らない思索を展開したことから**無神論的実存主義者**と称される。

① 現存在（ダーザイン）

「存在とは何か」という問題を立てることができるのは、人間だけである。ハイデガーは、存在について問うことができる人間のことを**現存在**と呼んだ。

② 世界─内─存在

現存在としての人間は、単独で存在しているのではなく、他の現存在（他者）と互いに関係し合って生きている。このように他者とともに存在している現存在のあり方を**世界─内─存在**という。世界─内─存在としての人間は、日常生活の中で他者や世間に対して関心（憂慮）を向けながら生きるが、この**他者への過剰な関心**によって、**人間は自己の本来のあり方から目をそらしている**と指摘した。

③ ひと（ダス・マン）と良心の呼び声

ハイデガーは日常生活の中（世界─内─存在）で、他者や世間に関心を向けすぎ自己本来のあり方（実存）から目をそらしている人間を「**ひと（ダス・マン）**」と呼んだ。彼によれば、時間に制約されている現存在は、いつかは死すべき運命にあるが、「ひと（ダス・マン）」はこの死という事実から目をそむけて暮らしている。「ひと（ダス・マン）」とは、このような**死への存在**という自己の本来的なあり方（実存）を直視しない人間のことである。しかし、「ひと（ダス・マン）」も、やがて本来のあるべき自己が発する良心の呼び声によって、**死と向き合うことで真の自己に目覚めることができる**と考えた。

④ 主 著

『存在と時間』

1927年刊、死に至る存在である現存在の分析

（4）ヤスパース（Karl Jaspers ［独］1883〜1969）

ヤスパースははじめ医学を学び精神医学・精神病理学者となるが、やがて哲学へと転じて実存主義哲学を打ち立てる。超越者との交わりの中に真の自己のあり方を見出そうとしたことから、**有神論的実存主義**と称される。

① 限界状況

死、苦悩、闘争、罪責のように、人間にはどうすることもできない状況を限界状況という。限界状況に直面し、自己の有限性、絶望、不安を感じる中で、自己を超えた超越者に出会うことができる。

② 実存的交わり

限界状況に直面することによって真の自己（実存）に目覚めた人々が、超越者を求める中で互いに連帯していくことを**実存的交わり**という。この過程をヤスパースは**愛しながらの戦い**と呼んだ。

③ 主　著
『理性と実存』
1935年刊、理性と実存との密接な結びつきを解明

（5）サルトル（Jean-Paul Sartre [仏] 1905〜80）

サルトルは、哲学者としてだけでなく、作家、評論家、社会運動家としても活躍した。戦後文学の知的指導者でもあり、フランスを代表する**行動する知識人**である。

① 実存は本質に先立つ

「**実存は本質に先立つ**」とは、人間は「何であるか」（**本質**）が明らかになる前に、存在してしまっている（**実存**）とするサルトルの考え方である。つまり人間という存在に関しては、すでに存在しているという事実が先行しているのであり、人間の**実存の定義はあらかじめ定められているものではない**。そのため、あとから自らの決断によって自分は何であるかという本質を創り上げていかねばならないのである。このような決断を**投企**という。サルトルはそこに、人間の自由と不安を見て、「**人間は自由の刑に処せられている**」と表現した。

② アンガージュマン

自由を持った人間は、同時に自己が選択したすべての行為に責任を有している。しかし、この責任は自分一人にとどまるのではなく、社会全体に対しても向けられる。そのために積極的に社会に参加し、矛盾した社会を変革していかねばならない。サルトルのいう変革のための社会参加を**アンガージュマン**という。

③ 主 著

『嘔吐』
　1938年刊、サルトル初期の小説

『存在と無』
　1943年刊、無神論的実存主義を説く

『実存主義とは何か』
　1946年刊、「実存は本質に先立つ」というサルトルの基本思想について解説

6.3 現代思想の諸潮流 ★★★

　これまで思想・哲学の中心はドイツであったが、第二次世界大戦以降、思想の中心はフランスに移る。戦後から1960年代までは、ドイツ思想から多くを吸収した**サルトルの実存主義**が注目を浴びたが、異議申立て運動の挫折以降は、**構造主義**という新しい思潮が主流となる。

（1）構造主義

　実存主義が人間の主体性を重んじたのに対し、1970年代以降は**人間の主体や実存を背後で規定する不変の「構造」に注目する構造主義**が注目を浴びるようになった。その「構造」の内容は思想家によって異なる。しかしサルトルの実存主義が個人の実存や主体性を強調するのに対して、構造主義の思想家たちは、実存や主体が**構造の効果として恣意的に生み出されてきたものに過ぎない**という点で一致している。またこれらの思想はサルトル批判を超え、ヘーゲル以降の近代哲学を“主体の哲学”として批判する。また1980年代以降は、構造主義に代わってポスト構造主義が主流となった。

① レヴィ＝ストロース（Claude Lévi-Strauss［仏］1908～2008）

　文化人類学者であり、構造主義の思想家である**レヴィ＝ストロース**は、人々の思考や行動を規定する構造を未開民族の**神話**や**親族体系**（婚姻制度）の研究を通じて明らかにした。

　主著『**野生の思考**』（1962）では、西欧社会から見て未開であるとされる社会の思考にも、世界を詳しく分類し、秩序づけ、体系化する非常に厳密な論理性があることを指摘し、未開の社会の思考と、高度に発展したとされる西欧社会の思考の間に優劣はないと主張する。その主張は、**西洋の科学文明を中心に考える現代人を痛烈に批判**するものとなった。

② フーコー（Michel Foucault［仏］1926～84）

　一つの時代を支配する認識構造（エピステーメー）を批判的に解明する**系譜学**（考古学）を確立し、人文諸科学を生み出した**近代的な知や理性**が、**歴史的には狂気や病を暴力的に排除する権力と共謀関係にある**ことを歴史的資料の読解を通じて明らかにした。また近代的主体も、日常生活のあらゆる領域に網の目のように張り巡らされた権力によって生み出されたものに過ぎないとした（生産する権力）。

　主著『**狂気の歴史**』（1960）では、近代における「狂気」という概念の成立過程を明らかにし、理性と狂気の区別が、歴史的過程から生まれることを明らかにした。

また、『監獄の誕生』では、近代社会とはベンサムが考案したパノプティコン（一望監視施設）に象徴されるような監視される社会であり、軍隊、学校、工場などの組織によって個人を規律化・規格化し、権力に従順なものに作り変えるものであると説いた。

（2）フランクフルト学派

1930年代のドイツ・フランクフルト大学で活動し、アメリカ亡命中に批判理論と呼ばれるファシズム批判を展開した。終戦後ドイツで活躍し、フランクフルト学派と呼ばれている。第一世代のホルクハイマー、アドルノ、フロム、マルクーゼ、第二世代のハーバーマスらが有名である。近代社会がもたらした自由や自律が、実はファシズムなどの抑圧社会をも同時に生み出したという歴史のパラドックスを強調する点に特徴がある。

① アドルノ（Theodor Wiesengrund Adorno［独］1903〜69）とホルクハイマー（Max Horkheimer［独］1895〜1973）

アドルノとホルクハイマーによる共著の『啓蒙の弁証法』では、無知蒙昧な自然状態にある人間を解放し、自由・独立の文明社会に導くはずの啓蒙的理性が、逆にナチズムに代表されるような新たな野蛮をもたらしたと説く。また、理性が、目的を達成するための単なる技術的な手段（道具的理性）に堕してしまったとし、道具的理性がファシズムや侵略戦争に奉仕していると批判した。

また、現代人の社会的性格を「権威主義的パーソナリティ」であるとし、権威に盲従し、下位者に自分への服従を求める権威主義的パーソナリティを持つ者は、組織の命令で残虐行為や不正を行う危険性を持つとした。その例としてナチスを挙げ、強く批判した。

② ハーバーマス（Jürgen Habermas［独］1929〜　）

ハーバーマスはフランクフルト学派の第2世代の研究者であり、『公共性の構造転換』（1962）、『コミュニケーション的行為の理論』（1981）などの著書がある。道具的理性に代わって対話によって合意を形成する能力である対話的理性により公共性を実現していくことを提唱した。

1　西洋思想　291

（3）フェミニズム

フェミニズムとは、男性支配の社会に抗議し、女性差別の撤廃と男女平等の実現を目指す女性解放の思想や運動を指す。

フェミニズムを代表するボーヴォワール（Simone de Beavoir［仏］1908〜86）は、フランスの文学者・哲学者であり、主著に『**第二の性**』がある。『第二の性』の中で、「**人は女に生まれるのではない。女になるのだ**」と語り、女性という存在は生得的なものではなく、社会の中で人為的に作られたものだと説いた。また、実存主義の哲学者サルトルと恋愛関係になるが、伝統的な結婚制度を批判し、契約結婚という新しい関係を実践したことでも知られる。

（4）精神分析学・心理学

① フロイト（Sigmund Freud［オーストリア］1856〜1939）

精神分析学の創始者として知られる**フロイト**は、神経症の治療と研究から人間の行動を背後から規定する**無意識の存在**を仮定し、人間の内的世界の構造を解明した。

人間の心の底の無意識には、本能的な**性の衝動**が潜んでおり、自我は無意識から湧き起こる本能的な欲望を抑制しようとするが、抑圧が強すぎると心のひずみが生じ、不安や身体の機能の麻痺などの症状が起こると説いた。

② ユング（Carl Gustav Jung［スイス］1875〜1961）

ユングはフロイトの弟子であったが、後にフロイトの精神分析学に異を唱えて決別し、独自の分析心理学を確立した。心には個人の体験に基づく個人的無意識の他に、遺伝的に伝えられる人類に共通の**集合的無意識**があると主張した。

③ マズロー（Abraham H. Maslow［米］1908〜70）

マズローは、神経症の患者を扱う精神分析学や、動物の行動を観察する行動主義の心理学を批判し、精神的に成熟した健全な心理を研究対象とする人間学的心理学を主張した。**欲求の五つの階層**として、①生理的欲求（呼吸・睡眠・食欲など）、②安全の欲求（身体の安全）、③所属・愛情の欲求（集団への帰属）、④承認欲求（他者による容認・自尊心）、⑤自己実現の欲求を挙げ、**低次の欲求が満たされることで、より高次の欲求を求められるようになる**と主張した。

（5）その他の現代思想

① フッサール（Edmund Husserl［独］1859〜1938）

　フッサールは現象学を唱えた哲学者である。主観的でない客観などあり得ず、人間はその意識に現れる世界をもとに暮らしているのだから、「なぜ主観がそう確信しているのか」を考察することに重要な意義があるとした。そのうえで、客観に主観が一致しているかという判断を中止する（現象学的判断中止、エポケー）べきだと主張した。

　主著に『厳密な学としての哲学』、『ヨーロッパの学問の危機と先験的現象学』がある。

② ウィトゲンシュタイン（Ludwig Wittgenstein［オーストリア］1889〜1951）

　ウィトゲンシュタインは哲学の問題は日常言語の問題であるとして、論理や文法の正しい理解によって問題を解決する言語哲学を展開した。ゲームをモデルとして日常言語を分析する言語ゲームの概念を唱えた。

　主著に『論理哲学論考』がある。

③ ロールズ（John Bordley Rawls［米］1921〜2002）

　政治学者、倫理学者のロールズは、公正な競争の機会を保障しつつ、成功者が社会的弱者に対してその生活を改善する義務があるとした。結果としてそれが社会全体の利益の増大になるとする、「公正としての正義」という原理を提唱した。

　主著に『正義論』がある。

1　西洋思想　293

■ 過去問チェック

01 自然哲学の祖であるタレスは、生成変化する自然の観察に基づき、人間は火の利用で文化的発展を遂げたとして、燃えさかる火が万物の根源であると唱えた。裁判所2022 1.1

✕ タレスは水が万物の根源であると考えた。火が万物の根源であると考えたのはヘラクレイトスである。

02 ギリシア七賢人の一人で、自然哲学の祖とされるヘラクレイトスは、確実な知識をもたらすのは、感覚ではなく思考能力としての理性であり、理性でとらえられるイデアこそが真の実在であるという理想主義の立場をとった。国家専門職2010 1.1 1.2

✕ ギリシア七賢人の一人で、自然哲学の祖とされるのはタレスである。また後半はプラトンについての説明である。

03 アリストテレスは「人間は本性上、ポリス的動物である」と主張し、習性的（倫理的）徳のなかでも正義と友愛（フィリア）を重視した。裁判所2022 1.2

◯

04 ゼノンは、自然と調和して生きることを理想とするストア学派を創始し、肉体や死の恐怖にわずらわされない魂の平安（アタラクシア）を得ることをめざした。過度と不足の両極端を避け、その中庸の徳を習慣化することによって、永続的で安定した精神的快楽が実現されるとした。国家一般職2011 1.3

✕ 魂の平安（アタラクシア）を目指したのはゼノンではなくエピクロスである。また、後半はアリストテレスについての説明である。

05 モンテーニュは、「私は何を知るか？」と自省し、常に疑い、独断を避けることで、より深い真理を探究していけると考えた。裁判所2020 2.4

◯

06 カルヴァンは、職業労働を信仰の妨げとして否定し、信仰のためのみに生き、利潤を得た場合は全て神のものであるから教会に寄付すべきと主張した。裁判所2020 2.4

✕ カルヴァンらのプロテスタントにおいては、職業労働や蓄財に能動的に取り組むことを神が与えた使命であるとした。

294　第4章　思　想

07 ベーコンは、自然をありのままに観察する上で妨げとなる先入見や偏見などをイドラと呼び、種族のイドラ、洞くつのイドラ、市場のイドラ及び劇場のイドラの四つを挙げた。特別区Ⅰ類2004 3.1

○

08 デカルトは、スコラ哲学は現実を無視した空論であるとして、その無力を指摘し、観察や実験によって得られた経験的事実を一つひとつ積み重ねていって一般的真理に到達するという帰納法の思考方法を提唱した。特別区Ⅰ類2004 3.2

✕ デカルトは帰納法ではなく演繹法を用いて真理を導くべきだと考えた。

09 彼（ルソー）は、自然状態は自由で平等な理想的状態だが、社会状態への移行に伴って生ずる不平等を除去し、各人が平等な条件の下で市民的自由を享受するため、自らの権利を人民の意志としての一般意志に基づく共和国に全面的に移譲する必要があるとした。国家一般職2008 4.1

○

10 カントは、理性の能力が及ぶ範囲を正しく理解するために、理性の吟味・検討が必要であると唱えた。その哲学は批判哲学と呼ばれる。裁判所2015 4.2

○

11 ヘーゲルは、認識が対象に従うのではなく、対象が認識に従うという考え方を示し、この認識の転換をコペルニクス的転回とよんだ。東京都Ⅰ類2008 4.2

✕ ヘーゲルではなくカントについての説明である。

12 功利主義の代表的な思想家であるJ. S. ミルは、『功利主義』などを著した。彼は、快楽には質と量があり、量が同一でも質に差があれば、高級な快楽の方が優れているとし、また、精神的快楽は肉体的快楽よりも質的に優れているとする質的功利主義を主張した。国家一般職2020 5.1

○

13 パースは、人間は自分の罪深さに恐れながらも、単独者として神の前に立ち、神への信仰に生きることによって、初めて真実の自分に至ることができるとした。特別区Ⅰ類2002 5.2 6.2

✕ パースではなく実存主義者のキルケゴールについての説明である。

1 西洋思想 295

14 マルクスは、私有財産制度のない理想社会を描いた『ユートピア』で、生産手段を公有にして、全ての人が平等に働く社会主義を説き、農村的な協同組合を基礎単位とするファランステールという理想的な共同社会を目指した。国家専門職2018
6.1

✕ 『ユートピア』はトマス=モアによる著作であり、ファランステールを構想したのは空想的社会主義者のフーリエである。

15 ニーチェは、19世紀のヨーロッパはニヒリズムに陥っているとし、キリスト教に規定された生き方を根本的に否定して「神は死んだ」と宣言し、自分の運命を肯定し、運命を愛してたくましく生きることの意義を強調した。東京都Ⅰ類2003
6.2

◯

16 ハイデッガーは、人間は人格という抽象的な存在であり、死を避けることはできないが、死を自覚しないことによって、本来的自己存在が回復されるとした。東京都Ⅰ類2003 6.2

✕ ハイデガーは、死と向き合うことによって、人間は真の存在に目覚めると考えた。また、「人格」はカントの用語である。

17 サルトルは、人間は自分の生き方を自ら選ぶことはできず、社会によって自己のあり方を定義されるものであり、このことを「人間は自由の刑に処せられている」と表現した。東京都Ⅰ類2003 6.2

✕ 「人間は自由の刑に処せられている」とは、実存というものがあらかじめ与えられておらず、自らの決断（投企）によって後から作り上げていかなければならないことを表現したものである。

18 レヴィ=ストロースは、ファシズムに支持を与えた人々の心理と性格について大規模な調査・分析を行い、その調査結果を「権威主義的パーソナリティ」と呼んだ。また、フランクフルト学派の創始者とされている。国家専門職2004 6.3

✕ レヴィ=ストロースではなくアドルノ、ホルクハイマーについての説明である。

19 フロイトは、個人的無意識の奥底に個人を超えた普遍的無意識の領域があると考え、それを集合的無意識と呼んだ。また、神話や宗教、未開社会の伝承などを手掛かりにし、人間の無意識の根底には人類に共通した形態をもって存在している世界があると考えた。国家専門職2004 6.3

✕ 集合的無意識という概念を提起したのはフロイトではなくユングである。

20 ユングは、人間の心の奥底には意識されない心のはたらきがあり、それがその人の行動に大きな影響を与えていることに着目した。心の奥底の無意識の世界を引き出す方法として用いたのが、夢の解釈と自由連想法であり、精神分析学の創始者とされている。国家専門職2004 6.3

✕ 精神分析学の創始者はユングではなくフロイトである。

過去問 Exercise

問題1　ギリシアの思想に関する記述として最も適当なものはどれか。

裁判所一般職2016

1　アリストテレスは、人生や社会における究極の目標になる理想を設定し、それを追求する理想主義の哲学者で、アカデメイアを設立した。

2　プラトンは、アリストテレスのイデア論を批判し、物の本質はエイドス(形相)とヒュレー(質料)からなるものと考えた。

3　倫理学の創始者とされるソクラテスは、死刑の評決を受けて投獄された獄中において、ポリスの市民との対話という形式で、アテネの堕落を厳しく批判した『ソクラテスの弁明』を著した。

4　ソフィストの代表的な人物であるプロタゴラスは、物事の判断基準に普遍的・絶対的な真理はなく、それぞれの人間の考え方や感じ方によるものであるとして、「人間は万物の尺度である」と述べた。

5　ソフォクレスはギリシア七賢人の一人であり、自然哲学の始祖とされる人物で、あらゆる生き物は水がなくては生きられないという観察から思考を深め、「万物の根源は水である」と述べた。

298　第4章　思　想

解説

正解 ④

① ✕　「理想主義の哲学者で、アカデメイアを設立した」のはプラトンである。また、アリストテレスのいう人生の究極の目標は「理想」ではなく「幸福」である。

② ✕　プラトンとアリストテレスが入れ替わった選択肢である。「物の本質はエイドス(形相)とヒュレー(質料)からなる」と主張したのはアリストテレスである。

③ ✕　ソクラテスは倫理学の創始者とされるが、『ソクラテスの弁明』を著したのはソクラテスの弟子のプラトンである。

④ ◯　代表的なソフィストであることや「人間は万物の尺度である」という主張、その説明で判断できるだろう。

⑤ ✕　選択肢の説明はタレスの思想である。ソフォクレスは、ギリシア三大悲劇詩人のうちの一人である。

| 問題2 | 西洋の思想に関する記述として最も妥当なのはどれか。 |

国家一般職2022

❶ ピコ＝デラ＝ミランドラは、『デカメロン』で、人間は、神の意志により、無限の可能性を現実のものにすることができるところに人間の尊厳があるとして、人間の運命は神によって定められているという新しい人間観を示した。

❷ エラスムスは、聖書の研究の傍ら、『神曲』で、理性に基づく人間の生きかたを探究し、キリスト教の博愛の精神に基づいて、世界の人々の和合と平和を訴えた。代表的なモラリストである彼の思想は、宗教改革の先駆となるものであった。

❷ マキャヴェリは、『君主論』で、君主は、ライオンの強さとキツネの賢さを併せ持って、あらゆる手段を使って人間を統治すべきであると説いた。この主張には、現実に即して人間をありのままに捉えるリアリズムの精神がみられる。

❸ トマス＝モアは、『ユートピア』で、当時のヨーロッパ社会について、自由で平等であった自然状態が、自由でも平等でもない文明社会に堕落したと批判した。そこで、自然を理想とする考えを「自然に帰れ」という言葉で表し、この理想の方法として、科学的社会主義を提唱した。

❹ カルヴァンは、伝統的なローマ＝カトリックの立場からプロテスタンティズムを批判し、全ての存在は神の摂理によって定められているとした。また、彼は『エセー』で、世俗の労働に積極的に宗教的意味を認める新しい職業倫理が、近代の資本主義の成立につながったと論じた。

解説

正解 ❸

第4章 思想

❶ ✕ 『デカメロン』はルネサンス期の詩人・小説家であるボッカチオの小説である。また、ピコ＝デラ＝ミランドラは、人間が自らの自由意志で自分自身を形成していくところに人間の尊厳の根拠があると説いたので、「人間の運命は神によって定められているという新しい人間観」という記述は誤りである。

❷ ✕ 『神曲』は、初期ルネサンスの詩人ダンテの長編叙事詩である。「キリスト教の博愛精神に基づいて…平和を訴えた」という記述は妥当だが、エラスムスは「モラリスト」ではなく、人文主義者（ヒューマニスト）である。また、エラスムスは、宗教改革に対して批判的な立場を取ったので、「宗教改革の先駆」という記述は誤りである。

❸ ◯ 正しい記述である。

❹ ✕ 『ユートピア』はトマス＝モアの著作として妥当だが、後半の記述は、社会契約説を説いたフランスの思想家ルソーの説明である。また、最後の科学的社会主義はドイツの哲学者マルクスやエンゲルスによって確立された社会主義の学説である。

❺ ✕ カルヴァンはプロテスタント教会の指導者として活躍した人物であり、「プロテスタンティズムを批判し」という記述は明らかに誤りである。また、『エセー』はモンテーニュの著作であり、第2文の記述はカルヴァンの職業召命観の説明として妥当だが、それを「近代の資本主義の成立につながった」と論じたのは、マックス・ウェーバーである。

1　西洋思想　301

問題3　17世紀半ばのフランスにおいて、カトリック・キリスト教中、最も禁欲的な立場を固守する宗派と、世俗的な立場をとる宗派との間で激しい神学的論争が交わされ、この論争がやがてソルボンヌ大学神学部を巻き込むほどにまで発展し、世間を騒がせるに到った事件があった。この時代を代表する思想家（　　　）は、これらの論争の概要を田舎の友人に知らせる手紙の形式で、一連の公開状を発表した。『プロヴァンシャル』と題するこの作品は、後年の『パンセ』と並んで、この思想家の主著と見なされる。

　上の文章の（　　　）に入れる人名として正しいのは、次のうちどれか。

裁判所2002

1　デカルト

2　モンテーニュ

3　ヴォルテール

4　パスカル

5　モンテスキュー

解説

正解 **4**

第4章
思想

1 ✕　デカルトは自然科学・哲学で業績を残した学者である。近代思想の父と称される彼は、数学をモデルに演繹法を用いた近代科学の思考法を確立した。

2 ✕　モンテーニュは懐疑主義の立場を採った思想家である。モンテーニュやパスカルを代表格として、16世紀から18世紀にかけて社会や人間の道徳について随筆形式を採用しつつ内省的な思索を展開した思想家たちは「モラリスト」と呼ばれている。モンテーニュの主著は『エセー』である。

3 ✕　ヴォルテールはロックの思想をフランスに導入した啓蒙思想家で、宗教的独断を排し、寛容の精神を重視した。モンテスキューやディドロ、ダランベールとともに「百科全書派」と呼ばれている。

4 ◯　著作名『パンセ』から簡単に判断できるだろう。

5 ✕　モンテスキューは、イギリスの議会制度を観察して、統治権を行政権・立法権・司法権の三つに分割する三権分立の思想を考案した。

1　西洋思想　303

| | 問題4 | 社会契約説に関する次のA～Cの記述とそれに対応する人名の組合せとして最も適当なのはどれか。 |

裁判所2010

A　自然状態は、人々が自由、平等であり、善意と思いやりの情を持ち平和な状態である。しかし、私有財産制により、不平等な文明社会に堕落してしまった。そこで、人々が私欲による特殊意思ではない、公共の利益をめざす一般意思に基づく契約によって形成したのが国家である。

B　自然状態は、人々が自己保存を核心とする自然権を平等にもち、「万人の万人に対する戦い」の状態である。そこで、人々が平和な社会を求めて、相互の契約により自然権を放棄して形成したものが国家権力であるから、人々はその命令に服従しなくてはならない。

C　自然状態は、人々が生命・自由・財産を守る自然権を持ち、理性的な自然法に基づく平和な状態である。そこで、人々が自然権をより確実に維持するために、自然権の一部を信託することによって形成したのが国家権力であるから、人々には国家権力に対する抵抗権がある。

	A	B	C
1	ロック	ルソー	ホッブズ
2	ロック	ホッブズ	ルソー
3	ルソー	ホッブズ	ロック
4	ルソー	ロック	ホッブズ
5	ホッブズ	ロック	ルソー

解説

正解 **3**

第4章 思想

A：ルソー

自然状態を自由・平等・平和としている点、そして「特殊意思」、「一般意思」というキーワードから判別できる。ホッブズとロックがイギリスで活躍した哲学者であるのに対して、ルソーは両者よりも後の時代のフランスの哲学者である。ルソーは、イギリスのような間接民主的な政治体制では不平等は解消されないとして、直接民主的な政治社会を構想した。

B：ホッブズ

自然状態を「万人の万人に対する戦い」としている点、そして「自然権の放棄」というキーワードから判別できる。清教徒革命後のイギリスで主著『リヴァイアサン』を刊行したホッブズは、社会契約により設立された国家権力への服従を主張しており、これは結果的に絶対王政を正当化する思想とみなされた。

C：ロック

自然状態を「自然権を持ち、…平和な状態」としている点、そして「自然権の一部を信託」、「抵抗権」というキーワードから判別できる。ホッブズよりも後に生まれ、名誉革命後のイギリスで活躍したロックは、国家権力に制限をかける政治理論を展開することで、名誉革命後の政治体制を正当化した。

1 西洋思想 305

問題5　次のA～Cは、西洋の思想家に関する記述であるが、それぞれに該当する思想家名の組合せとして、妥当なのはどれか。

特別区Ⅰ類2011

....

A　学問の方法として演繹法を提唱し、確実で疑いえない前提から理性による推論を進めることによって真理に到達できるとした。理性を良識とも呼び、「良識はこの世で最も公平に与えられたもの」であり、それゆえ、理性の用い方こそ重要だとした。

B　人間には、本来、欲求を自由に充足させるために力を使う自然権が与えられており、自然状態においては「万人の万人に対する闘い」が生じるとした。平和を維持するために、人々は理性の命令に従って自然権を放棄し、その権利をある一人の人物又は合議体にゆだねる契約を結ばなければならないとした。

C　理性を感性よりも優先させ、その感性を支配する自発性にこそ人間の尊厳があり、真の「自由」があるとした。そして、このような理性の声に従って道徳法則を自分自身で立て、それに従うことができることを「自律」と呼び、この自律の能力を持つ理性ある存在を「人格」と呼んだ。

	A	B	C
1	ベーコン	ホッブズ	ヘーゲル
2	ベーコン	ロック	ヘーゲル
3	デカルト	ホッブズ	ヘーゲル
4	デカルト	ロック	カント
5	デカルト	ホッブズ	カント

解説

正解 **5**

第**4**章

思想

A：デカルト

　「演繹法」、「確実で疑いえない前提から理性による推論を進めることによって真理に到達できる」で判別できる。「良識はこの世で最も公平に与えられたもの」という文で始まるのは、デカルトの『方法序説』である。ベーコンはイギリス経験論者であり、個別的な事例から普遍的な法則を見出そうとする帰納法を唱えた。

B：ホッブズ

　「万人の万人に対する闘い」、「自然権を放棄し、その権利をある一人の人物又は合議体にゆだねる契約を結ばなければならない」で判別できる。社会契約論にまつわる内容である。ロックは、人間が自由で平等な自然状態を想定し、諸個人は戦争状態に陥る危険を回避するために社会契約を締結するとした。自然権は政府に委任されるが、統治に対する抵抗権を承認した。

C：カント

　「理性の声に従って道徳法則を自分自身で立て」、「自律」、「人格」の説明で判別できる。「実践理性」にまつわる内容である。ヘーゲルはカントと同じくドイツの哲学者であるが、個人の精神を超えた絶対精神を弁証法という論理を用いて主張した人物である。

1　西洋思想　307

| 問題6 | 西洋の哲学者に関する記述として最も妥当なのはどれか。 |

国家専門職2011

1 ベーコンは、感覚的事実や経験についてはしばしば人間を欺くために知識の源泉になり得ないものとして否定する一方、良識については、万人に等しく与えられた能力であり、確実な知識の基礎になり得るものとして認め、自らの哲学の立脚点とした。

2 デカルトは、スコラ哲学の方法論に基づいて、明晰判明な原理を求めるために疑わしい一切のことを疑った末、「疑っている自己の存在」すらも信頼できる拠り所でないとして否定し、「コギト・エルゴ・スム」という哲学の第一原理を見いだした。

3 ロックは、世界のすべての存在を成り立たせるものは精神であるとし、人間のみならず、物体にも精神の存在を認めた。このような世界全体を包括している精神は絶対精神と呼ばれ、これが、弁証法に従って、すべての事物や事象を本来あるべきはずのものへと発展させるとした。

4 カントは、人間の認識とは、対象である「物」をそのまま受け入れることではなく、人間(主観)のはたらきに従って「物」が現象として構成されることであると考え、「認識が対象に従う」のではなく、「対象が認識に従う」とした。

5 ヘーゲルは、真理は個々の事実を検証し、そこから法則や原理を発見することにより得られるとし、その検証に当たっては、個々の人間が資質や環境に応じて身に付けた主観的な偏見である「種族のイドラ」を取り除くことが必要であるとした。

解説

正解 **4**

❶ ✕ これは大陸合理論者であるデカルトに関する記述である。「感覚的事実や経験について」、「知識の源泉になり得ないものとして否定」、「良識…自らの哲学の立脚点」などで判断できる。ベーコンはイギリス経験論者である。

❷ ✕ デカルトはスコラ哲学の抽象的な思弁を批判している。また、「コギト・エルゴ・スム(われ思う、ゆえにわれあり)」とは、明晰判明な観念を真理の基準にして方的懐疑によってあらゆるものを疑った末に、疑っている自分自身の存在は疑いえないという明証的な真理にたどりつくということである。

❸ ✕ これはヘーゲルについての記述である。ロックはイギリス経験論の哲学と社会契約論を説いた。

❹ ◯ ドイツ観念論のカントについての記述である。このカントの哲学の変革をコペルニクス的転回という。

❺ ✕ これはベーコンに関する記述である。「真理は法則や原理を発見することにより得られる」、「種族のイドラ」などで判断できる。ヘーゲルはドイツ観念論者である。

1 西洋思想

| | 問題7 | 次はある別々の著作からの引用であるが、これらに関する次の文のA及びBに該当する語句の組合せとして最も妥当なのはどれか。 |

国家一般職2004

○ 「自然は人類を苦痛と快楽という、二人の主権者の支配のもとにおいてきた。われわれが何をしなければならないかということを指示し、またわれわれが何をするであろうかということを決定するのは、ただ苦痛と快楽だけである。」

○ 「満足した豚であるよりは、不満足な人間であるほうがよく、満足した愚かものであるよりは、不満足なソクラテスであるほうがよい。」

　思想的に密接なつながりを持つ上記の著作は、いずれも（　A　）の思想に基づいたものとして有名である。後にこのような思想について、批判的に再検討を加えた（　B　）はその著書「正義論」において、自由と機会、所得と富、生きがいの基礎など誰でも欲しがるものを「社会的基本財」と呼び、いかなる原理に基づいてこれらの分配を行うかについての考察を行い、新たな社会正義論を展開した。

	A	B
1	功利主義	サルトル
2	功利主義	ロールズ
3	実存主義	ヤスパース
4	実存主義	ハイデッガー
5	啓蒙主義	デューイ

解説

正解 **②**

第**4**章 思想

A：功利主義

　引用された著作はベンサムのものであり、「苦痛と快楽」、「満足した豚であるよりは、不満足な人間であるほうがよく、満足した愚かものであるよりは、不満足なソクラテスであるほうがよい」という印象的なフレーズから判断できる。

B：ロールズ

　後半の記述はなじみがないと感じるかもしれないが、著書名と「社会正義論」からロールズだと判断できる。

1　西洋思想　311

| 問題8 | プラグマティズムに関する記述として最も妥当なのはどれか。 |

国家一般職2005

1 プラグマティズムは、ナチスによるユダヤ人迫害で亡命を余儀なくされたユダヤ系の学者が中心となって、本来、野蛮に対抗するはずだった文明がかえって新たな野蛮状態をもたらしていることを指摘し、理性の再検討を提起したアメリカを代表する思想である。

2 アメリカで生み出されたプラグマティズムの提唱者は、パースである。彼は、人間は誰でも快楽を求め、苦痛を避けようとするものであり、その快楽も量的に計算でき、幸福とはこの計算による快楽の総計であると主張した。

3 ジェームズは、その著書『プラグマティズム』によってプラグマティズムを広く世界に普及させた。彼は、ある観念が真理だということは、その観念によって行動した場合に生まれる結果が、生活のなかで実際に役立つことだと考え、真理とは実生活における有用性であると主張した。

4 パース、ジェームズの影響を受け、プラグマティズムを総合したといわれるのが、マズローである。彼の考え方は、民主主義の基盤である個の確立を重視し、自己実現を通じての完全な人間の完成という個人主義的な傾向が強いという点に特色がある。

5 プラグマティズムは、ニヒリズムの克服を目指したという点でニーチェなどの実存主義と共通の基盤をもつ思想であり、この思想は、ハイデッガー、ヤスパースなどのヨーロッパ実存主義者たちの思想的基盤となった。

312　第4章　思想

解説

正解 ③

第4章 思想

① ✕ プラグマティズムではなくフランクフルト学派に関する記述である。フランクフルト学派の指導者のアドルノは、ユダヤ人であったためにナチス台頭後、ドイツからアメリカに亡命し、ファシズムに向かう人間の潜在的な性格について大規模な調査を他の研究者たちと共同で実施した。また、アドルノはホルクハイマーとともに『啓蒙の弁証法』を著し、ナチズムを生み出した人間理性を厳しく問い直した。

② ✕ 後半の記述がベンサムについての説明になっている。彼の基本的な立場は、社会を個人の集合と見る原子論的社会観であり、苦痛を避け快楽を求めるのが人間の本性であるとする功利主義的人間観である。各個人の幸福は快楽と苦痛の計量化によって計ることができ、そのうえで自分や他者の幸福の総和を増大させるかどうかが、行為の善悪を判定するための基準となる。

③ ◯ ジェームズによれば、例えば「神」という観念は、人々の心に安らぎを与え実生活で有用であるという点で真理とみなせる。アメリカを代表する哲学者・心理学者であるジェームズは、パースやデューイと並んでプラグマティズムの代表格であり、著作は心理学や生理学など多岐にわたる。

④ ✕ これはデューイに関する記述である。マズローはアメリカの心理学者で、プラグマティズム哲学者ではない。マズローは自ら提唱した「人間性心理学」の旗頭として活躍し、自己実現、創造性、価値、美、至高経験、倫理など、従来の心理学が避けてきた、より人間的なものの研究に道を開いた。

⑤ ✕ イギリス経験論の系譜を持つプラグマティズムは、ヨーロッパの大陸系哲学とは異なる文脈を持つ。記述にあるような、実存主義との影響関係はさほど見られない。ヨーロッパ実存主義においては、「神の死」以降の人間の実存状況が主題となった。これに対してプラグマティズムは、思考・知識・真理を道具主義的・機能主義的に考え、現実に即して改良されるべきものとみなした。

1　西洋思想

問題9
近・現代の西洋の哲学者に関する記述として最も妥当なのはどれか。

国家専門職2015

1 プラグマティズムの代表的な哲学者であるフーコーは、『言葉と物』などを著した。彼は、人は一人で存在しているのではなく、他者との関係の中で存在していることから、自分を広く社会へと関わらせること(アンガージュマン)の大切さを説いた。

2 実存主義の代表的な哲学者であるニーチェは、『ツァラトゥストラはこう語った』などを著した。彼は、ニヒリズムを説き、ヨーロッパ文明の価値の支柱であるキリスト教と対決して、「神は死んだ」と宣言し、神に代わるものとして超人を示した。

3 道具主義の代表的な哲学者であるベンサムは、『道徳および立法の諸原理序説』などを著した。彼は、人間の知性を、環境へよりよく適応するための最も優れた道具の一つであると考え、このような道具として役立つ創造的知性によって社会を改良していくことなどを主張した。

4 実証主義の代表的な哲学者であるデューイは、『哲学の改造』などを著した。彼は、最善の行為とは、できるだけ多くの人々にできるだけ多くの幸福を生み出す行為であるとし、そのような最大多数の最大幸福を社会が目指すべき目標であると考えた。

5 構造主義の代表的な哲学者であるサルトルは、『第二の性』などを著した。彼は、人間の内面的意識を拘束する社会の規範構造を明らかにすることによって、それにとらわれた自我を解放し、自由に思考する知性を備えた真の自己を回復しようとした。

解説

正解 **2**

第4章 思想

❶ ✕　フーコーは構造主義時代の哲学者であり、プラグマティズムではない。また、アンガージュマンの大切さを説いたのはサルトルである。

❷ ○　著作や「ニヒリズム」、「神は死んだ」という部分で判断できる。

❸ ✕　ベンサムは功利主義の哲学者であり、道具主義の代表的哲学者ではない。第2文の主張をしたのはデューイである。

❹ ✕　デューイは❸の解説のとおりプラグマティズムの哲学者であり、道具主義を唱えた人物である。記述にある実証主義を提唱したのはコントであり、第2文は功利主義の考えである。

❺ ✕　サルトルは構造主義ではなく、実存主義の代表的な哲学者である。『第二の性』はボーヴォワールの著作であり、第2文はフーコーについての説明である。

1　西洋思想　315

問題10 次のＡ～Ｃは、実存主義の思想家に関する記述であるが、それぞれに該当する思想家の組合せとして、妥当なのはどれか。

特別区Ⅰ類2019

A 実存的生き方について３つの段階を示し、第１段階は欲望のままに享楽を求める美的実存、第２段階は責任をもって良心的に社会生活を営む倫理的実存、第３段階は良心の呵責の絶望の中で、神の前の「単独者」として、本来の自己を回復する宗教的実存であるとした。

B 人間の自由と責任とを強調し、実存としての人間は、自らそのあり方を選択し、自らを未来の可能性に向かって投げかけることによって、自分が何であるかという自己の本質を自由につくりあげていく存在であるとして、このような人間に独自なあり方を「実存は本質に先立つ」と表現した。

C 「存在とは何か」という根本的な問題に立ち返り、人間の存在の仕方そのものを問い直そうとした。自らの存在に関心をもち、その意味を問う人間を、現存在（ダーザイン）と呼び、人間は、世界の中に投げ出されて存在している「世界内存在」であるとした。

	A	B	C
1	キルケゴール	ハイデッガー	ヤスパース
2	キルケゴール	サルトル	ハイデッガー
3	ニーチェ	ヤスパース	キルケゴール
4	ニーチェ	サルトル	ハイデッガー
5	サルトル	ハイデッガー	ヤスパース

解説

正解 ②

第4章 思想

A：キルケゴール
　「美的実存」、「倫理的実存」、「宗教的実存」などで判断できる。ニーチェも実存主義の思想家であるが、無神論的実存主義者である。

B：サルトル
　「実存は本質に先立つ」とその説明で判断できる。ヤスパースも実存主義の思想家であるが、実存は他者との誠実な実存的交わりの中で開明すると説いた。

C：ハイデッガー
　「存在とは何か」、「世界内存在」で判断できる。

1　西洋思想　317

国家一般職★★★／国家専門職★★★／裁判所★★★／特別区Ⅰ類★★★

2 東洋思想

中国の思想は、諸子百家と呼ばれる春秋・戦国時代の思想（特に儒学）、儒学の一流派である宋代の朱子学、明代の陽明学の学習が中心となります。日本の思想は、江戸時代の儒学の3流派、幕末の国学、明治時代の思想が主要なテーマです。特に江戸時代の思想家は混同しやすいので注意が必要です。

1 古代中国の思想とその系譜

周王朝が弱体化した後の春秋戦国時代（B.C.770〜B.C.221）、**諸子百家**と呼ばれる思想家集団が活躍した（**百家争鳴の時代**）。彼らは高度な思索を展開するだけでなく、自ら理想的政策を実現する国を探して、諸国に働きかける政策集団でもあった。

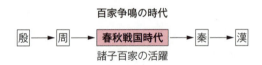

1.1 儒家の成立 ★★★

儒家は孔子に始まる思想家集団であり、彼らが広めた儒教は漢王朝のとき中国の官学となる。儒教は歴代王朝が採用した官吏登用試験である科挙の出題科目となり、士大夫と呼ばれる中国知識人層の教養として重んじられた。儒家の思想家たちは政治家として活躍すると同時に文学・絵画など芸術文化の担い手であった。

儒教は中国三大宗教(儒教・道教・仏教)の一つに数えられ、封建的秩序を重んじる点に特徴がある。

(1) 孔子 (B.C.552頃～B.C.479頃：春秋時代)

孔子は周王朝の封建制を理想とし政治家を志すが挫折し、晩年は教育者として活躍する。儒教の祖であり、その思想は、孔子の死後に編集された『論語』(孔子とその弟子たちの問答、言行録)によって伝えられる。

① 仁・礼

仁とは人と人との間に自然に現れる親愛の情のことで、孔子の思想の中核をなす概念である。具体的には、己のまごころ(忠)と思いやり(恕)によってわがままを抑えることを意味する(「己の欲せざるところは、これを人に施すことなかれ」)。

礼とは仁が外部に現れた社会規範をいう。孔子によれば、仁の実践は身近な親・兄弟に対する尊敬・親愛の情(孝・悌)を出発点として外部に拡大され、仁と礼が一致せねばならない(克己復礼：「己に克ちて礼に復えるを仁となす」)とした。

孔子の思想

● 仁 …内的な親愛の状(忠恕・孝悌)

礼と仁の一致
→ 克己復礼

● 礼 …外的な社会規範

② 君子と徳治主義

君子とは優れた礼を身につけ、徳を備えた理想的な人間を指す。政治は君子の道徳的権威によって行われる(修己治人)べきだとする思想を徳治主義という。

また、古代中国では完全な徳を身につけた人を聖人と呼び、伝説の王である堯、舜などが聖人とされた。

2 東洋思想 319

（2）孟子（B.C.372～ B.C.289：戦国時代）

孟子は孔子の没後100年頃に活躍した儒家の思想家である。孔子の思想を崇拝し、その学説を体系化した。

① 性善説と仁義

孟子は人間の本性を善であるとする性善説の立場を取り、人間には四端と呼ばれる心が備わっているとした。さらに、四端から四つの徳（四徳：仁・義・礼・智）が発現するとした。

四端と四徳

四端		四徳
惻隠の心：人に同情する心	⇒	仁
羞悪の心：不正を恥じ、憎む心	⇒	義
辞譲の心：譲り合う心	⇒	礼
是非の心：善悪を判断する心	⇒	智

孟子は四徳のうち、特に孔子のいう仁と並んで義を重視した（仁義）。義とは正しい道理のことで、仁を実現するための具体的な行動基準である。

また守るべき道徳として五倫を説いた。

五倫

親	親子の親愛の情
義	君臣の礼儀
別	夫婦（男女）の区別
序	兄弟の序列
信	友人の信頼

② 浩然の気と大丈夫

自己の道徳的な人格を信じ、道徳を実践しようとする力強い気持ちを**浩然の気**という。孟子は、義(正義)を繰り返すことで浩然の気が養われるとした。浩然の気を養った人物を**大丈夫**と呼び、理想の人物像とした。

③ 王道と易姓革命

孟子は仁義に従って**政治**を行うことを**王道**と呼び、武力によって統治を実行する**覇道**に対置した。また仁義に反し、民衆の支持を失った君主は天の命によって政権交代せねばならず、この政権交代を**易姓革命**と呼んだ。

民主主義の要素を含んだ王道・易姓革命の思想は、中国政治において支配の正統性を付与するために利用された。

(3) 荀子 (B.C.313頃〜 B.C.238頃：戦国時代末期)

荀子は戦国時代末期、孟子の直後に活躍した思想家である。混乱が深まる戦国末期、孟子の性善説に対して性悪説の立場から現実主義的な政治政策を展開した。

荀子が活躍した戦国末期には、伝統的な徳治主義に基づく統治は不可能であると考えられた。荀子は仁(親愛の情)を重んじ性善説に立つ孟子に対して、人間は生まれながらにして悪であるとする**性悪説**の立場から、礼(社会規範)を重視する**礼治主義**を唱えた。荀子の弟子から**韓非子**や**李斯**が出て、**法家**が形成された。

性善説と性悪説

(4) 朱子学と陽明学

宋・明の時代になると、儒学の流れを汲む朱子学と陽明学が新たに興った。

宋の思想家である朱熹(朱子)によって大成された朱子学では、万物の現象を理(宇宙の原理)と気(万物の元素である運動物質)の二つの要素によって捉えた(理気二元論)。また、事物の理を極め至ろうとする態度として、学問による自己修養である格物致知を唱えた。

これに対して、明代の王陽明によって開かれた陽明学では、主知主義の傾向を強めた朱子学を批判し、心そのものに理が備わっている(心即理)と主張した。心の自然のままの発動がそのまま理であるとし、生まれながらに人間の心に備わっている良知を極める「致良知」を目指した。また、真の知は実践によって得ることができるとして、知行合一の立場で実践を重んじる考えを説いた。

宋明代の儒教

朱子学	宋	朱熹 (1130～1200)	理気二元論 性即理	格物致知
陽明学	明	王陽明 (1472～1528)	心即理	知行合一

儒家思想の発展

●孔子・孟子・荀子　　官学化　科挙　　●朱子学・陽明学

周 —→ 春秋戦国時代 —→ 秦 —→ 漢 —→ 隋 —→ 唐 —→ 宋 —→ 明 —→ 清

1.2 その他の諸子百家 ★★★

（1）道　家

　道家は老子（B.C. 5世紀後半）によって始められ、荘子（B.C. 4世紀後半）に受け継がれた（老荘思想）。儒家の思想が人為的であるとして批判し、無為自然を説いた。政治的には小国寡民を主張する。儒家の思想が知識人層に広まったのに対して、道家の思想はさまざまな民間思想と結びつきながら、道教へと発展していく。中国の三大宗教の一つである。

① 道

　万物生成の根本原理を道という。老子によれば、無限で絶対である道は捉えることができない究極の原理であるから無である。道を無とする思想は、道を人が守るべき道徳原理（礼）とした儒家への批判となっている。

② 無為自然・小国寡民

　何事もなさず自然のままに従うことで、老子の思想の根本原理をなす概念である。老子は「大道廃れて仁義あり（無為自然の道が廃れたために仁義を説く儒教が現れた）」と説き、儒家の思想が人為的であることを批判した。また無為自然の理想を実現するための社会を小国寡民とした。自給自足の原始的な小共同体である。

③ 上善は水のごとし

　老子は「上善は水のごとし（最上の善は水のようなものだ）」という言葉を残した。水はあらゆるものに恵みを与え、他と争わず、容器に合わせて柔軟に姿を変えるが、硬い岩を砕く力も持っている。

　老子は無為自然の道に従い、水のように柔和で謙虚な態度（柔弱謙下）で生きることが理想だとした。

④ 万物斉同

　荘子によれば、すべてのものは等しい価値を持ち差別はない。これを万物斉同という。また、正しい、あるいは誤っているという判断も主観的なものでしかなく、すべては相対的な事柄である。世俗の相対的な是非を超え、真に自由で囚われない生き方をしている人間を真人と呼び、真人こそが理想的な人間像であるとした。

2　東洋思想　323

儒家と道家

家	特　徴	担い手	歴　史
儒家	道徳・規範の重視（礼）	知識人層	官学化
道家	人為秩序の排除（無為自然）	庶民・農民	道教の成立

（2）墨　家

　墨家は**墨子**（B.C.470頃～ B.C.390）が始めた思想である。儒家の説く仁愛は近親の者を愛する狭い愛であるとして批判し、兼愛交利説や非攻説を唱えた。

① 兼愛交利説

　兼愛とは、自他を区別しない無差別な愛のことである。兼愛によって他者を愛することは他者に利をもたらすことであり、またそのことによって自己にも利がもたらされる。このような相互利益の関係を**交利**という。

② 非攻説

　墨子の平和主義思想である**非攻**とは侵略戦争を禁止したもので、自衛戦争までも否定したわけではない。

（3）法　家

　戦国末期になって、儒家の唱える仁の精神に基づく国家経営は不可能であるという風潮が強まった。このような中、**韓非子**や**商鞅**は儒家の学者であった荀子（性悪説）の礼治主義の思想をさらに発展させ、中央集権国家にふさわしい**法治主義**を唱えた。

　法家の思想は、人間を自己の利益を実現する利己的存在とし、法による統治を目指す。このような法家の政治思想を法治主義という。秦の始皇帝は彼の思想を登用しようとした。

❷ 古代インドの宗教思想と仏教

　インダス文明のあとを受けた古代インドでも、高度な宗教思想が開花した。アーリヤ人の宗教であったバラモン教がまず成立し、新興階級の台頭を背景として仏教、ジャイナ教が生まれた。

2.1 古代インドの宗教思想　　　★★☆

（1）バラモン教

　B.C.1500年頃、遊牧民族であったアーリヤ人がパンジャーブ地方に進入し、独自の文化を形成した。バラモン教はアーリヤ人の宗教である。征服民族であるアーリヤ人と先住民族との間には明白な上下関係が存在し、バラモン（司祭）、クシャトリア（武士）、ヴァイシャ（平民）、シュードラ（奴隷）という宗教的・社会的階級秩序が形成されている。バラモン教の身分秩序はのちのカースト制度の母体となった。

（2）ウパニシャッド哲学

　バラモン教の根本思想をウパニシャッド哲学という。宇宙の根本原理である梵（ブラフマン）と人間の内部にある本質である我（アートマン）とが根本的に一体となった梵我一如の境地に至ることによって、輪廻転生から脱却すると説かれた。

（3）ジャイナ教と仏教

　バラモン（司祭）階級の支配に代わってクシャトリア（武士）とヴァイシャ（平民）の勢力が社会的に強大化すると、カースト制度を否定する新しい宗教が興った。

　ヴァルダマーナ（B.C.549頃〜B.C.477頃）によって開かれたジャイナ教は、不殺生と慈悲、断食などの苦行によって解脱することができるとした。

　一方釈迦（B.C.463頃〜B.C.383頃）は仏教を開き、苦行ではなくダルマ（法）に従って正しい生き方を実践することが解脱への道であると説いた。

ジャイナ教と仏教

	ジャイナ教	仏教
開　　　祖	ヴァルダマーナ	釈迦
苦　　　行	苦行の肯定	苦行の否定
カースト制度	カーストの否定	カーストの否定
支　持　基　盤	ヴァイシャ	クシャトリア

2　東洋思想　325

2.2 仏教の成立と伝播 ★★★

（1）仏教の成立

仏教は釈迦[1]によって開かれた宗教で、煩悩を克服し解脱する道を示した。

① 四法印

釈迦が体得した四つの真理を**四法印**という。**法**（ダルマ）とは真理を表し、法印とは「真理のしるし」という意味である。

四法印

一切皆苦	人生は苦に満ち、思うままにならない
諸行無常	すべては、ただ流れ移ろいゆくものである
諸法無我	すべては因縁によって生じ、それ自体で単独に存在するわけではない
涅槃寂静	苦を克服した悟りの境地

② 四諦

悟りに至るために知るべき真理を**四諦**としてまとめた。四諦を体得することで悟りに到達する。

四諦

苦諦	人生は苦しみにほかならない
集諦	苦の原因は、煩悩の集積である
滅諦	煩悩がなくなると、涅槃（悟りの境地）に至る
道諦	涅槃に至る真理の道を実践する→具体的には八正道で示される

---

[1] 釈迦はガウタマ＝シッダールタ、ブッダ、釈尊とも呼ばれる。

③ 八正道

悟りに至るための実践的な方法を八正道という。

八正道

正見	現実を正しく見る	正思	正しく思考する
正語	正しい表現・嘘をつかない	正業	正しい行為
正命	正しく生活する	正精進	正しい努力
正念	自覚	正定	正しい瞑想・集中

(2) 仏教の伝播

　釈迦の死後、仏教は上座部仏教（小乗仏教）と大乗仏教[2]に分裂した。また、本国インドでは衰退していったが、東南アジア諸地域に広く伝播していった。

① 上座部仏教（小乗仏教）

　上座部仏教（小乗仏教）は個人的な悟りの完成を第一の目的とする教派である。東南アジアに伝播したことから南伝仏教ともいう。

② 大乗仏教

　大乗仏教は個人の悟りではなく、すべての衆生の救済を目指す教派である。日本、中国、朝鮮に伝わったので、北伝仏教ともいう。インドの仏教思想家ナーガールジュナ（竜樹）によって確立された。

③ チベット仏教

　いわゆるチベット仏教とは北伝仏教の一つで、チベットに伝わった一派である。ラマ教とも呼ばれている。チベットはダライ・ラマ（現在14世）と呼ばれる宗教指導者によって統括されている。サンスクリット文献をチベット語で保存している。

2　「大乗」とは大きな乗り物、「小乗」とは小さな乗り物であり、保守的で厳格な戒律を重んじる上座部仏教では限られた少数の人しか救えない（小さな乗り物である）と、大乗仏教側から批判的に付けられた名称が「小乗仏教」である。

2.3 ヒンドゥー教 ★☆☆

ヒンドゥー教は、バラモン教を基礎に発展したインドの宗教で、仏教に代わって現在の国民的宗教という位置を占めている。ブラフマン、ヴィシュヌ、シヴァの三位一体の神を崇拝の対象としている。

3 日本の古代・中世思想

封建制度が定着する以前の日本の古代・中世の思想は、仏教がその主流を占めた。聖徳太子によって政治的に導入された仏教文化は、奈良時代に鎮護国家思想として完成する。平安時代になると、鎮護国家の仏教に代わり私的な**現世利益**を呪術的に実現しようとする**密教**が盛んになる。しかし貴族政権の末期、**末法思想**が流行すると現世での生活に絶望し、来世への強い憧れに支えられた浄土信仰が広まった。武士が政権を握る鎌倉時代に入ると、新興階級にふさわしい活気に満ちた**新仏教**が登場する。

中世までの仏教史

仏教受容 ⟶ 鎮護国家 ⟶ 密教 ⟶ 浄土信仰 ⟶ 鎌倉新宗教

3.1 仏教の伝来とその受容 ★☆☆

仏教・儒教が伝来する以前の日本思想は、自然に神的な存在を認めるアニミズム的な側面が強かったが、6世紀に大陸より儒教・仏教が伝えられると、時代とともにさまざまな仏教思想を生み出していった。

（1）仏教以前の日本思想

古墳時代後期に当たる6世紀には、百済の五経博士によって儒教が、聖明王によって仏教が伝えられた。それ以前の神話的世界観については『古事記』、『日本書紀』に見ることができる。

① 八百万神

仏教以前の古代日本の宗教は、自然や自然現象に神秘的な力があり、それを神とあがめる自然宗教としての側面が強かった。**八百万神**とは、多種多様な神が自然に存在している事態（アニミズム）を意味し、古代日本の多神教的性格を表している。

邪馬台国の**卑弥呼**は、神々や死者の霊と交流することによって呪術を駆使する**シャーマニズム**に立脚した祭政一致の指導者であった。

② 清明心

古代日本人が理想とした、神に対して欺き偽るところのない純粋な心を**清明心**という。

（2）仏教の受容と鎮護国家思想

日本の古代の仏教受容は、中央集権国家の構築と密接に関わっている。日本の古代宗教（神道）の司であった物部氏との争いに打ち勝った聖徳太子・蘇我氏は、律令制度と仏教思想に基づいた国家統治を構想した。

① 聖徳太子（574〜622）

推古天皇の摂政であった**聖徳太子**は、蘇我氏と協力しつつ中央集権体制の確立を目指す一方で、外来思想であった仏教に深い理解を示して『**三経義疏**』という三つの経典の注釈書を著し、仏教精神をもって国家の政治を安定させようとした。憲法十七条には「**篤く三宝を敬え**」とあるが、三宝とは仏（仏陀）、法（真理・仏陀の教）、僧（修行者）を指す。

2 東洋思想 329

② 鎮護国家思想

　仏教の力をもって国家の安泰を得ようとする思想を鎮護国家思想という。奈良時代、特に聖武天皇(在位724 〜 749)の時代に全国に国分寺・国分尼寺が、奈良に東大寺大仏が建立された。さらに、唐の鑑真が戒壇(僧としての資格を与える場所)を東大寺に設けたことによって、国家による仏教政策は頂点に達した。

③ 行基（668〜749）

　行基は奈良時代の私度僧(国家の許可なく僧を名乗る者)で、多くの社会事業を手がけた。仏教を国家が独占した時代に民衆の間に入り込み奉仕活動を続け、人々の尊敬を集めた。

（3）密　教

　奈良時代の仏教受容は国家の統治政策(鎮護国家)という側面が強かったのに対し、平安時代には国家の安泰だけでなく、私的個人の現世利益の求めに応じる新しい仏教がもたらされた。これらの仏教は奈良南都六宗を顕教と呼ぶのに対し、山岳での厳しい修行や加持祈祷を頻繁に行うことから密教と呼ばれている。最澄の天台宗、空海の真言宗がその代表である。

① 最澄（767〜822）

　最澄は中国で天台の教えを学び、日本の天台宗(台密)の開祖となった。法華経の精神こそ仏教の中核であるとし、比叡山延暦寺を開いた。その教えは源信の浄土教、法然の浄土宗、日蓮の法華教(日蓮宗)にも大きな影響を与えている。

② 空海（774〜835）

　空海は中国の真言密教を学んで日本の真言宗(東密)の開祖となり、高野山金剛峰寺を建立した。長い間修行して初めて成仏できるという他宗を批判し、三密という神秘的な行を行えば、大日如来と一体化して即身成仏(生きながらにして仏となること)できると説いた。

　我が国最初の民衆の教育機関である綜芸種智院を創設し、諸地方をめぐって、庶民の教化に努めた。また、書道に優れ、橘逸勢、嵯峨天皇と並んで三筆と呼ばれた。

（4）浄土教

末法思想の流行とともに、極楽浄土への救済を求める浄土信仰（浄土教）が広まった。

① 末法思想と浄土信仰

末法思想とは、釈迦の死後、正法・像法という二期を経て、末法の時期に入ると仏の力が弱まり、世が乱れるという仏教の歴史観である。日本では平安末期（11世紀中頃）が末法に当たり、戦乱や天災が相次ぐ中で人々は無常を実感し、末法思想が広がった。

末法では**現世における救済の可能性が否定される**ので、死後の**極楽浄土への生まれ変わり（往生）**を求める風潮が高まった。

浄土信仰では、**阿弥陀仏**に帰依することによって往生が果たされるとされた。

② 空也（903〜972）

空也は諸国を遊行して阿弥陀仏への帰依を説き、社会事業にも従事した。**市聖**と呼ばれる。空也の他に浄土教を説くものとして、**『往生要集』**(985)を著した**源信**（942〜1017）が有名である。

3.2 鎌倉新仏教 ★★★

鎌倉時代には、平安末の浄土信仰の流れを汲む浄土宗、浄土真宗、時宗と、中国の宋・明代に発達した禅宗を基礎にした臨済宗、曹洞宗、さらに独自の戦闘的な教えを生み出した日蓮宗が誕生する。

（1）浄土信仰の系譜

平安末の浄土教の影響を受けた宗派である。阿弥陀仏の本願に頼り、その力によって救済されようとする**他力**を唱える。法然、親鸞、一遍らが有名である。

① 浄土宗

法然（1133〜1212）は**浄土宗**を開いた。他の修行をいっさい放棄し、阿弥陀仏を信じて（**他力本願**）、ひたすら念仏する（**南無阿弥陀仏**と唱える）ことによってのみ極楽浄土に入ることができると教えた（**専修念仏**）。

2　東洋思想　331

② 浄土真宗

法然の弟子親鸞(1173 ～ 1262)は浄土真宗を開いた。他力本願・専修念仏の教えを徹底し、絶対他力の教えを説いた。また、自分が煩悩に支配された悪人であるという自覚を持つ者こそが、阿弥陀仏の救済の対象になるとした悪人正機説を唱えた(「善人なおもて往生をとぐ、いはんや悪人をや」)。

③ 時　宗

一遍(1239 ～ 89)は念仏を唱えながら踊り、極楽へ往生できることの喜びを表現する踊り念仏を始め、時宗の開祖となった。全国を遊行した一遍は、遊行上人、捨聖とも呼ばれる。

(2) 禅　宗

他力の立場に立つ浄土信仰の流れに対し、坐禅によって自力で悟りを得ようとする。また仏法の目的は悟りを開くことであり、浄土信仰が教える来世を否定した。日本の禅宗は栄西と道元によって開かれた。

① 臨済宗

栄西(1141 ～ 1215)は宋で禅(臨済禅)を学び、日本で臨済宗を開いた。公案と呼ばれる問題を弟子に与え、その問題を解くことによって悟りを開くことができるとした。また栄西は茶をもたらした人物でもある。臨済宗は鎌倉の上層武士階級に広く受け入れられた。主著として『興禅護国論』がある。

② 曹洞宗

道元(1200 ～ 53)は宋で曹洞宗を学び、ひたすら坐禅を組む(只管打坐)ことによって、身心の執着を脱し、自力で悟りを開くべきだと教えた(身心脱落)。臨済宗とは異なり、公案を用いつつも坐禅そのものが悟りであるとした(修証一等)。曹洞宗は地方武士に信者を集めた。主著として『正法眼蔵』がある。

(3) 日蓮宗

日蓮宗は日蓮(1222 ～ 82)によって開かれた宗派で、さまざまな仏典の中で、法華経こそが正しい教えであるとし、その題目「南無妙法蓮華経」を唱えること(唱題)で、即身成仏と立正安国が叶うとした。法華宗とも呼ばれる。他宗派に対する激しい攻撃を行ったことから迫害・攻撃の対象となった。

④ 日本の近世思想

古代・中世の思想が仏教の受容と密接に結びついていたのに対して、武家支配が完成した近世になると、幕府の官学となった朱子学を中心に儒教が思想界を支配するようになる。また江戸時代中期以降、**儒学が生み出した合理的思考に媒介され国学・蘭学や在野思想も盛んになった。**

4.1 儒　学　★★★

幕府の公認学問であった儒学は、幕府の保護のもとにあった朱子学を中心として、陽明学・古学などさまざまな学問諸派が盛んに活躍した。

（1）朱子学

家族的・封建的な身分秩序を重んじた朱子学は、藤原惺窩(1561〜1619)によって広められ、弟子の林羅山とその子孫の代になると幕府に仕えるようになった。

元禄時代には、文治主義の流れに乗って林信篤(1644〜1732)が大学頭に任じられ、孔子を祭る**湯島聖堂**が設立された。儒学者の中には、新井白石(1657〜1725)のように幕政の中枢に参与する者も出た。江戸中期の寛政の改革(松平定信)では、**昌平坂学問所**が設立され、同所での朱子学以外の講義が禁じられる(異学の禁)など、朱子学の官学化がいっそう推し進められた。

また朱子学の一派(南学)から出た**山崎闇斎**(1618〜82)は神道を学び、儒教と神道を結合させた**垂加神道**を始め、その思想は幕末の**尊王攘夷運動**に大きな影響を与えた。

① 林羅山（1583〜1657）

林羅山は、自然に天地があるように人間社会にも上下の身分があり、これを守ることが社会秩序を保つことにつながる(**上下定分の理**)と説き、その思想は、封建社会の身分秩序を正当化するものとなった。

また、心の中に常に「**敬**」を持つこと(**存心持敬**)を説いた。「敬」とは「つつしむ」の意であり、自身の心に私利私欲が少しでもあればそれを戒める厳しい心のあり方を表す。主著には『春鑑抄』、『三徳抄』がある。

2　東洋思想　**333**

② 新井白石（1657～1725）

新井白石は江戸時代中期の朱子学者・政治家である。文治政治の推進に努めた人物であり、西洋についての理解が深かったことでも知られる。漂着したイタリア人宣教師シドッチへの尋問を素材に執筆された『西洋紀聞』では儒学者でありながら、西洋文明に対する深い理解が示されている。東洋の精神文化と西洋の技術水準を別に評価する「東洋の道徳、西洋の芸術（＝技術）」（佐久間象山）思想の先駆けとなった。他の著作には『折たく柴の記』などがある。

（2）陽明学

幕府の手厚い保護を受けた朱子学に対し、実践を重んじる陽明学は、幕府政治や現実社会に対する批判を展開し、絶えず幕府の監視と弾圧の的となった。中江藤樹とその弟子熊沢蕃山が有名である。

江戸時代後期、天保の飢饉に苦しむ民衆のために反乱を起こした大塩平八郎も陽明学者の1人であり、陽明学の実践的性格を示す人物として知られる。

① 中江藤樹（1608～48）

中江藤樹は日本の陽明学の祖であり、近江聖人と呼ばれた。儒教が重視する徳である「孝」を人倫の基本原理であり、万物の存在根拠であると説いた。すべての人に善悪を判断する良知が備わっており、それを実践することが知の完成であるとする陽明学の知行合一の考え方に共感し、その教えを広めた。

② 熊沢蕃山（1619～91）

熊沢蕃山は23歳で中江藤樹の門に入り、陽明学者として活躍した。聖人の心を学ぶことを説き、無計画な山林の伐採をやめる山林政策で業績を上げ、自然環境の保護を説いたことでも知られる。

（3）古　学

　宋の朱子学や明の陽明学に対して、孔子や孟子の原典にあたり、その真意を汲み取ろうとする学派を**古学**（古学派）という。山鹿素行（士道）、伊藤仁斎（古義学）、荻生徂徠（古文辞学）が有名である。

① 山鹿素行（1622〜85）

　山鹿素行は、儒教倫理に基づいた武士道（**士道**）を確立し、武士の役割を農工商の三身分に対する統率とした。

② 伊藤仁斎（1627〜1705）

　古義学（堀川学派）の創始者である**伊藤仁斎**は、孔子の仁に注目し、他者に対する愛としての仁（仁愛）と純真な思いやりである**誠**を重んじた。

③ 荻生徂徠（1666〜1728）

　荻生徂徠は中国の古典、聖人・賢人の文章や言葉に直接触れて学ぶ<u>古文辞学</u>を創始し、古代中国語の研究に努めた。その研究態度は、日本人古来の生き方を探求する国学が生まれる契機となった。また、その研究を通じて儒学本来の精神が、世を治め民を救う（政策）**経世済民**にあると主張した。弟子の太宰春台は経世済民の思想を発展させ、武士による商業活動・専売の実施を推奨した。

　経世論には、道徳・倫理と政策を分離した点で近代性の萌芽が認められる。

第4章
思想

2　東洋思想　335

4.2 国学と洋学 ★★★

　江戸時代の中期になると、仏教や儒教などの外来思想に対抗して国文学・国学の研究が盛んになった。幕府の鎖国政策によって江戸時代には積極的な西洋文明との接触はなく、蘭学が唯一の欧米への窓口となった。また奈良・平安文学を対象とする国文学・国学も盛んになった。

(1) 国 学

　江戸時代中期になると、**民族意識の高揚**を背景として**古学の実証精神**に影響されつつ国文学・国学の研究が盛んになった。国学は『**古事記**』、『**日本書紀**』、『**万葉集**』をはじめとする**古代日本の思想精神を実証的に研究**し、儒教や仏教とは異なった**日本独自の精神文化を発掘**することを目指した。契沖(1640 ～ 1701)、荷田春満(1669 ～ 1736)の国文学研究がその先駆となり、賀茂真淵、本居宣長、平田篤胤によって確立された。

① 賀茂真淵 (1697～1769)

　賀茂真淵は『万葉集』の研究に取り組み、男性的でおおらかな気風を「**ますらおぶり**」と呼び、その素朴で純真な精神を高く評価した。平安時代以降は「からくにぶり(外来の儒教・仏教精神)」や「たおやめぶり(『古今集』、『新古今集』に見られる女性的やさしさ)」が広まり、ますらおぶりが失われたとした。

② 本居宣長 (1730～1801)

　本居宣長は『古事記』の研究を通じて、日本文学の本質を対象に接した際に生じる自然的な感情である「**もののあはれ**」に求めた。外来の儒教・仏教精神に見られる**漢意**に対して日本固有の**大和心**を重んじ、惟神の道(日本の古い道)を国学の追求すべき理念とした。

③ 平田篤胤 (1776～1843)

　平田篤胤は国学の研究を通して、儒教・仏教の精神を排し天皇への服従こそが日本固有の精神であるという国粋的な**復古神道**を唱え、幕末・明治維新の思想的原動力となった。

（2）蘭学と洋学

　享保の改革によって漢訳洋書の輸入奨励によって**蘭学**が盛んになった。蘭学は幕末には英・仏・米の学問をも含んだ**洋学**へ展開し、高野長英や渡辺崋山のように幕政批判を行う者も現れた。

① 青木昆陽（1698〜1769）

　青木昆陽は古義学を学んだのち、享保の飢饉のとき**甘藷栽培**を推奨し、徳川吉宗に見出された。蘭学の基礎を築く。

② 前野良沢（1723〜1803）・杉田玄白（1733〜1817）

　前野良沢、**杉田玄白**は蘭語で書かれた解剖学書『ターヘル・アナトミア』を、『**解体新書**』として翻訳した。その過程は杉田玄白の『蘭学事始』(1815)に記されている。杉田玄白は、日本で初めて解剖に立ち会った人物としても知られる。

③ 高野長英（1805〜50）・渡辺崋山（1793〜1841）

　高野長英と**渡辺崋山**は鎖国政策を厳しく批判したため、幕府によって弾圧された（**蛮社の獄**）。蛮社とは、高野と渡辺が設立した洋学研究集団・尚歯会のことである。

4.3 民衆思想　★★★

　江戸時代には、武士や町人、学者の手によって私塾が開かれ、さまざまな民衆思想家が活躍した。彼らの思想の中には、支配的な封建的秩序に対する批判精神が色濃く反映されているものも存在する。

（1）石田梅岩（1685〜1744）

　町人の出身であった**石田梅岩**は、儒学・仏教・神道を総合し、**石門心学**と呼ばれる庶民のための実践哲学を打ち立てた。梅岩は「**商人の買利は士の禄に同じ**」と唱えて、正直と倹約を旨として商業に励むことを推奨した。商業資本を軽視する封建的な儒教道徳に対して、商人の存在意義と理想の生活哲学を積極的に主張した。

（2）安藤昌益（？〜1762）

　安藤昌益は自然主義的・農本主義的な立場から、封建的身分秩序とそれを支える儒教・仏教を厳しく攻撃した。あらゆる人為性・作為性を退け、すべての人間が農耕に従事し（**万人直耕**）、自給自足の生活を送る理想社会を**自然世**と呼び、封建的な

2　東洋思想　337

階級差別や貧富の差が存在する社会、**法世**を批判した。近世の我が国の学問的水準から見て、その唯物論的ユートピア思想は、極めて画期的なものであった。主著に『自然真営道』などがある。

（3）二宮尊徳（1787〜1856）

二宮尊徳は実践的な農業指導家で、幕府や諸藩の農村復興に尽力した。自分の存在を支えている天地・君・親の徳に対して、自らの徳をもって報いなければならないという**報徳思想**を展開した。農業は、自然の営みである**天道**と、人間のはたらきである**人道**の両者によって成り立つものだとし、自らの経済力に応じた合理的な生活計画（分度）と、経済的余力の他者や将来への譲渡（推譲）という、経済と道徳の融和を唱えた。

4.4 幕末思想　★★★

（1）佐久間象山（1811〜64）

佐久間象山は勝海舟、坂本龍馬らを私塾で教えた人物であり、洋学を学んで砲術教授もしていた。彼の「東洋道徳、西洋芸術（＝技術）」という言葉は、日本の伝統的な精神文化を基礎としつつ、西洋の科学技術を利用する態度（**和魂洋才**）を表し、その必要性を説いた。

（2）吉田松陰（1830〜59）

吉田松陰は幕末の志士であり、尊王思想家として知られる。長州藩士で江戸において佐久間象山に学んだ彼は努力の精神を養い、礼儀を重んじ、正義であること（忠節・誠（至誠））を重視し、**尊王攘夷論**を説いたが、**安政の大獄**で刑死した。松陰が講義をした長州の私塾である**松下村塾**からは、高杉晋作、伊藤博文、山県有朋などが輩出された。

⑤ 日本の近現代思想

　近代以前の日本の思想は、儒教・仏教を主流として発展してきたが、明治維新直後は急速な西洋思想の影響を受け、**イギリス流の啓蒙思想・フランス流の民権思想**が流行した。資本主義が高度に発達する日清・日露戦争前後からは、**キリスト教**や**社会主義**のような実践的な思想が展開し始め、さまざまな**社会改革運動**と結びついた。また、これらの輸入学問に対抗しつつ**国粋・国家主義思想**や日本独自の学問も形成される。

5.1 啓蒙思想と民権思想　　★★★

　文明開化期には、イギリスやフランスの市民社会論が紹介された。特にイギリスからは功利主義や社会進化論(明六社・官民調和論)が、フランスからはルソーをはじめとする人民主権論(自由民権運動)が取り入れられた。

（1）啓蒙思想

　明治初期の思想家は、西洋市民社会を生み出したイギリス啓蒙思想に支えられ、日本の伝統的権威や封建的慣習に対する批判を試みたが、ラディカルさに欠け、最終的には上からの近代化を容認する**官民調和論**を唱えるようになる。

① 明六社

　明六社は後に初代文部大臣に就任する**森有礼**(1847〜89)によって設立された日本初の学術団体で、西洋の啓蒙思想の紹介・定着を試みた。機関誌『**明六雑誌**』を刊行した。福沢諭吉、中村正直(1832〜91)、西周、津田真道(1829〜1903)、加藤弘之(1836〜1916)らが活躍した。

② 福沢諭吉（1834〜1901）

　福沢諭吉はイギリス自由主義・功利主義の思想に基づいて、日本の西洋化と封建思想の打破を目指した(**脱亜入欧**)。また人権思想にいちはやく注目し、「**天は人の上に人を造らず、人の下に人を造らずと云へり**」と述べ、**天賦人権論**を唱えた思想家としても知られている。市民的な自主独立の精神(**独立自尊**)を尊び、個人の独立と近代国家の形成とが不可分の関係にあることを主張した(「**一身独立して一国独立す**」)。

　学問の領域でも生活に役に立つ功利主義的な**実学**を重視し、慶應義塾を設立する。主著には『**西洋事情**』、『**学問のすゝめ**』、『**文明論之概略**』がある。

2　東洋思想　339

③ 西周（1829〜97）

西周はオランダ留学後、西洋思想の紹介に貢献した。「フィロソフィー」を「哲学」と訳し、他にも「主観」、「客観」、「帰納」、「演繹」等の哲学用語を生み出した。

（2）自由民権思想とその系譜

明六社のイギリス流啓蒙思想家が最終的には官民調和論を唱えたのに対して、西南戦争以後、藩閥政府に言論をもって対抗した民権思想家は、よりラディカルなフランスの人権思想を吸収し、国民の抵抗権・革命権を擁護した。中江兆民や植木枝盛が有名である。また自由民権運動の沈滞後も、民権思想の系譜は大正デモクラシーや女性解放運動へと受け継がれ、吉野作造、平塚らいてうらが活躍した。

① 中江兆民（1847〜1901）

中江兆民はルソーの『社会契約論』の翻訳『民約訳解』を出版するなど、フランス啓蒙主義、特にルソーの影響を受け、東洋のルソーと呼ばれた。彼は恢復的民権の確立に努めた。恢復的民権とは、天賦人権を回復する革命運動の中で手にすることができた人権で、西洋の人権概念に当たる。それに対して為政者より与えられた日本的な人権は恩賜的民権と呼ばれる。中江は、日本の実状に即して日本的恩賜的民権を発展させ、西洋流の恢復的民権にまで高めていかねばならないとした。

② 植木枝盛（1857〜92）

植木枝盛は急進的な民権思想家として活躍し、自由民権運動にも参加した。彼の起草した私擬憲法「東洋大日本国国憲按」は、主権在民・天賦人権を主張し、抵抗権を認めた当時としては革新的なものであった。

③ 吉野作造（1878〜1933）

第一次世界大戦後の平和的ムードの中で、日本では大正デモクラシー運動が展開した。吉野作造は日本の立憲主義に即した形で西洋民主主義の理念を導入し、それを民本主義と名づけた。

④ 平塚らいてう（1886〜1971）

大正デモクラシー運動は、直接的には憲政擁護・閥族打破をスローガンとして展開されるが、その影響で婦人解放運動、労働運動、農民運動、部落解放運動が活発化した。日本の先駆的なフェミニズム運動家であった平塚らいてうは、青鞜社という文学団体を設立し、機関誌『青鞜』を拠点に女性解放の論陣を張った。『青鞜』発刊の辞である「元始、女性は実に太陽であった」という言葉が有名である。

⑤ 美濃部達吉（1873〜1948）

美濃部達吉は国家の統治権（主権）は法人としての国家にあり、天皇は憲法の定めるところに従い、その執行機関として統治権を行使するとする憲法学説（**天皇機関説**）を展開し、国家主義的な天皇主権説と対決した。軍部・ファシズムの台頭に伴って、天皇機関説は否定された（**国体明徴声明**）。

5.2 キリスト教と社会主義思想　　★★★

日本の近代化が生み出した社会矛盾に取り組んだのは、キリスト教思想家と社会主義思想家であった。**日清・日露戦争以降、資本主義的矛盾が激化する中、キリスト教に立脚した社会改良運動や社会主義的な変革運動が活発化した。**また、日本の社会主義思想家の多くが、**キリスト教的ヒューマニズムを経由していた**という点で、両者の間には深い結びつきがある。

（1）キリスト教的ヒューマニズム

江戸時代に禁止されていたキリスト教は、明治時代以降多くの知識人に影響を与えた。「**少年よ大志を抱け**」と演説した札幌農学校（現・北海道大学）**クラーク博士**のもと、内村鑑三、新渡戸稲造が入信した。また同志社を設立した新島襄や日本の神学の基礎を築いた植村正久らの活躍も有名である。彼らは教育者として、現実の社会問題を、理想主義的な**人格教育**の力によって解決しようとした。

① 内村鑑三（1861〜1930）

内村鑑三は伝統的な武士道とキリスト教の精神を融合しようとし、**二つのJ**の思想を展開した。二つのJとは日本（Japan）とイエス（Jesus）を指し、二つのJに仕えることを自らの使命とした。また**無教会主義**（教会や儀式ではなく聖書を重んじる考え方）を主張し、教会からの影響を排除した自主独立の信仰を全うした。教育勅語に対する敬礼を拒否する不敬事件を起こした。

日露戦争期には平和主義の立場から**非戦論**を唱えた。また**田中正造**とともに日本の公害第一号といわれた**足尾銅山鉱毒事件**にも関わった。

2　東洋思想　341

② 新渡戸稲造（1862〜1933）

新渡戸稲造はプロテスタンティズムの一流派であるクェーカー教の信仰で知られる。キリスト教に基づく人格主義・理想主義の教育に尽力するとともに、青年時代から「太平洋の橋とならん」ことを志し、キリスト教と日本文化の融合や、日本文化の海外への紹介にも努めた。

著書である『**武士道**』は日本人の精神性を世界に知らせるために著したものであり、英文で発表された。

③ 新島襄（1843〜90）

新島襄はアメリカで神学を学び、帰国後キリスト教人格教育に従事した。京都に同志社を設立する。

（2）社会主義思想

日清・日露戦争の頃、日本は産業革命を経て資本主義化に成功したが、それと時期を同じくして、資本主義批判の思想である社会主義思想が広がり始めた。しかし1900年に制定された**治安警察法**によって政府の厳しい弾圧を受けた。1910年の**大逆事件**のあと、日本の社会主義運動はロシア革命の頃、一時期復活するが、まもなく軍部・ファシズムによって再度沈黙が強いられることになる。

① キリスト教的社会主義

片山潜（1859〜1933）、安部磯雄（1865〜1949）、木下尚江（1869〜1937）のように、日本の多くの社会主義者は、**キリスト教的ヒューマニズム**に基づく社会改良運動から社会主義運動に加わった。

② 幸徳秋水（1871〜1911）

幸徳秋水は中江兆民の弟子で、社会主義思想を日本に積極的に紹介した。**平民社**を設立し、機関誌『**平民新聞**』上で、**堺利彦**（1870〜1933）とともに**日露反戦論**と帝国主義批判を展開したが、大逆事件で処刑された。

③ 河上肇（1879〜1946）

河上肇は『**貧乏物語**』を著した後に、マルクス経済学を研究した。京大教授を辞職後は日本共産党に入党し政治の場に身を投じた。

5.3 純粋日本思想の展開 ★★★

明治の文明開化以降、英仏の啓蒙思想、キリスト教、社会主義思想など、さまざまな思潮が独自の発展を遂げたが、それらはすべて外来思想であった。それに対して、鹿鳴館時代をきっかけに、明治中期以降になると日本の伝統的特殊性を重視する国家主義の諸思想が国民の支持を集めた。また明治末期から大正時代には、日本独自の学問・思想も姿を見せ始めた。

（1）国家主義の系譜

極端な欧化主義・西洋崇拝に対する反動として、日本の政治文化・民族的伝統を重んじる思潮が生まれてきた。これらの思想はやがて、帝国主義的侵略や軍部・ファシズム支配を正当化するイデオロギーとしての側面を持ち始める（**超国家主義**）。

① 徳富蘇峰（1863～1957）

民友社を設立し、雑誌『国民之友』を発刊した**徳富蘇峰**は、**鹿鳴館時代**に代表される政府の極端な欧化政策（井上馨外務卿・外務大臣）に反発し、大衆の視点に立った下からの近代化を推し進めるべきだとする**平民主義**を唱えた。しかし**日清戦争後から日露戦争に至る帝国主義的な社会風潮の中で、国家主義へと転向した**。

② 国粋主義

極端な欧化政策（鹿鳴館）に対して、日本独自の政治文化や民族的伝統を重んじる思想を**国粋主義**と呼ぶ。

西村茂樹（1828～1902）は、佐久間象山のもとで洋学を学び、明六社にも参加した思想家で、儒教による国民道徳の回復を説いた。国粋主義の先駆的役割を果たし、主著には『日本道徳論』がある。

三宅雪嶺（1860～1945）は、政教社を設立して雑誌『日本人』を発刊した。政府の極端な欧化政策を批判し、日本人が持つ優れた個別性の保存を主張した。

同じく国粋主義者の**志賀重昂**（1863～1927）は、『日本風景論』で日本の風土の優位性を説き、日本人の景観意識を一変させるきっかけとなった。

陸羯南（1857～1907）は、新聞『日本』を発刊した。日本の国情や伝統の美点を保持しながらの緩やかな改革を主張し、急激な欧化政策や欧米に妥協的な条約改正交渉を批判した（国民主義）。

岡倉天心（1863～1913）は、フェノロサらと古美術調査を行い、東洋の美術や伝統文化の素晴らしさや独自性を主張した。また、日本美術院を創立し、日本美術の復興に尽力した。主著に英文で書かれ欧米人へ日本文化を伝えた『茶の本』がある。

③ 国家神道の成立

　明治維新後、政府は神道を特別な宗教とせず、**国家神道**として積極的に優遇・保護した。**天皇の神聖不可侵性と結びつけ、国家支配の道具**としたのである。宗教として認定される民間の神道を**教派神道**と呼び、国家神道と明確に区別した。国家神道の形成と**教育勅語**の発布は、国家によるイデオロギー支配の典型例と見ることができる。

④ 国家主義の完成と北一輝

　国家としての主権を回復しようとした明治期の国家主義は、日清・日露戦争を経て帝国主義的な植民地政策という形を採った。しかし軍国主義・対外膨張の動きは、国家そのものの枠組みを乗り越えようとする**超国家主義**へと発展していった。**北一輝**(1883～1937)は超国家主義に基づいて、財閥・元老・政党を排除することによって天皇と民衆を直結させる政府を樹立することを主張した。二・二六事件(1936)は彼の『**日本改造法案大綱**』(1919)を理論的根拠としていた。

(2) 民俗学の誕生

　民俗学とは、民間伝承や民間信仰の収集を通して失われた伝統文化を発掘しようとする学問で、柳田国男によって確立された。

① 柳田国男 (1875～1962)

　日本民俗学の創始者である柳田国男は、文献資料に記録されないような無名の人々(**常民**)の生活や信仰を明らかにしようとした。また、従来の文献中心の歴史学を批判し、古い民間伝承や、習俗・信仰を求めて日本全国を巡り、その研究を通じて日本民族の歴史や文化の研究を進めた。主著には『**遠野物語**』がある。

② 折口信夫 (1887～1953)

　折口信夫は国文学・民俗学・芸能史にまたがる研究を行った。**釈超空**という筆名で歌人としても知られる。日本古来の神の原像を、村落の外部からやってくる存在と捉え、「**まれびと(客人)**」と呼んだ。主著『**古代研究**』の他、小説『**死者の書**』などの創作も多い。

③ 柳宗悦 (1889～1961)

　民芸運動の創始者である**柳宗悦**は、それまで美の対象とされなかった日用品の中に「美」が豊かに宿ることを発見した。

④ 南方熊楠（1867〜1941）

南方熊楠は在野の生物学・民俗学者であり、**粘菌の研究**や民俗学の研究で知られる。独学で生物学・人類学の知識を身につけ、アメリカやイギリスに渡り、英文の論文を多数発表した。

また、政府が1町村1社を標準として神社を合祀し、国家による神社統制を強化しようとしたのに対し、彼は神社の周りの聖域として保護されてきた鎮守の森が破壊されることを危惧し、この政策に強く反発した（**神社合祀反対運動**）。

（3）哲学・倫理学

明治末期から大正時代にかけて、夏目漱石、西田幾多郎、和辻哲郎のように西洋思想に学びつつも、禅仏教などの東洋思想との融合を図ろうとする試みが行われるようになった。

① 夏目漱石（1867〜1916）

夏目漱石は小説『三四郎』、『こころ』などで**個人の自我の確立**の問題を追究した。単なるエゴイズムを否定し、倫理的な自我を確立することが重要であるとした。こうした自我の追究を続けた結果、晩年には自己を超える大きなものに身を委ねて生きようとする**則天去私**の考えに至った。

② 森鷗外（1862〜1922）

森鷗外は小説『舞姫』で国家や社会、家族などから期待される役割と近代的自我の対立や葛藤を描いた。それらの作品には、自己を貫くのではなく、自己の置かれた立場を見つめ受け入れることで心の安定を得る諦念（**レジグナチオン**）の哲学があるとされる。

③ 西田幾多郎（1870〜1945）

西田幾多郎は禅体験と西洋思想との融合によって独自の思想を確立した。その思想体系は**西田哲学**と呼ばれている。主観・客観の分裂を前提とする西洋哲学に対して、人間の根源的な体験は（禅体験のように）**主客未分**であるとし、主著『**善の研究**』(1911)で**純粋経験**の概念を確立した。また**あらゆる存在を生み出すものは無である**と考え、存在の根本原理としての**絶対無**に到達した。

2　東洋思想　**345**

④ 和辻哲郎（1889～1960）

　和辻哲郎は、人間とは相互に孤立した存在ではなく、人と人との間柄に成立する**間柄的存在**であるという倫理学（人間の学）を打ち立て、行き過ぎた西洋の利己主義的な個人主義を批判した（『**人間の学としての倫理学**』(1934)）。個人的でもあり、同時に社会的でもある人間は、個人としての自覚と社会の成員であるという自覚を同時に持たねばならないとした。また、奈良の寺々を訪ねてその印象を書き留めた『**古寺巡礼**』(1919)や、自然環境とそこに生活する人々の生活様式の関係を考察した『**風土**』(1935)などの著書もある。

■ 過去問チェック

01　孔子は、人として最も大切なものは仁であるとし、仁とは人を愛することであり、自分が欲しないことを他人に行ってはならないと説き、また、政治の上では、法や刑罰よりも道徳によって統治する「徳治主義」を理想とした。**特別区Ⅰ類2008** `1.1`

◯

02　老子は、人の生まれながらの性質は利己的なものであるとの「性悪説」をとなえ、そのままにしておけば争いがおこるため、規範としての礼によって人々の性質を矯正しなければならないと説いた。**特別区Ⅰ類2008** `1.1` `1.2`

✕　老子ではなく荀子についての説明である。

03　荀子は、人間の本来のあり方は、人為にとらわれず、自然のままにあること、つまり「無為自然」が理想であるとし、天地をはじめとして、宇宙の万物を生み出す根源的なものを「道」と呼ぶ道家思想を説いた。**特別区Ⅰ類2008** `1.1` `1.2`

✕　荀子ではなく老子についての説明である。

04　仏教は、ガウタマ＝シッダールタ（ブッダ）が開いた悟りを元に生まれた宗教であり、人間の本性は善であるとする性善説や、仁義に基づいて民衆の幸福を図る王道政治を説いていることが特徴である。ブッダの入滅後、仏教は分裂し、あらゆるものがブッダとなる可能性を有すると説く上座部仏教が日本にまで広まった。**国家一般職2021** `1.1` `2.2`

✕　性善説や王道政治は仏教ではなく儒家の孟子の思想である。また、日本に伝わったのは上座部仏教ではなく大乗仏教である。

05 浄土真宗の開祖といわれている法然は、中国浄土教を大成した善導の言葉に深い感銘を受け、他力浄土門こそが末法の世に人々を極楽浄土に導く仏教であると考えた。さらに他力の考えを徹底させた悪人正機の思想により、信心も念仏も唱えることもすべて阿弥陀仏のはからいによることを明らかにし、この絶対他力の信仰によって人々は救われなければならないと説いた。**国家一般職2003** 3.2

✕ 浄土真宗の開祖は法然ではなく親鸞であり、説明も親鸞と浄土真宗についてのものである。

06 道元は、中国へ渡って曹洞禅を学び、我が国に伝えた。「仏教の教えの真髄は経文などに頼らず、ただひたすら坐禅すること(只管打坐)である」という教えを「正法眼蔵」に記し、自力信仰の立場を徹底させ、坐禅は悟りにいたるための手段ではなく、それ自体が目的であり、修行と悟りは一体のものであるとし、修行者に対して厳しい修行を求めた。**国家一般職2003** 3.2

○

07 朱子学は、鎌倉時代にわが国に伝えられ、室町時代末期に荻生徂徠によって急速に発展し、後の幕府文教政策の基礎となった。**裁判所2004** 4.1

✕ 荻生徂徠は室町時代ではなく江戸時代の学者である。朱子学は江戸時代に幕府に公認されて盛んになった。

08 陽明学は、江戸時代にわが国に伝えられ、王陽明の教えを奉じる中江藤樹がその普及につとめ、実践、特に孝の実践を説いた。**裁判所2004** 4.1

○

09 本居宣長は、儒教道徳を批判し、「万葉集」の歌風を男性的でおおらかな「ますらをぶり」ととらえ、そこに、素朴で力強い「高く直き心」という理想的精神を見いだした。**特別区Ⅰ類2016** 4.2

✕ 本居宣長が儒教道徳を批判した点は正しいが、『万葉集』を研究して「ますらおぶり」を評価したのは賀茂真淵である。

10 石田梅岩は、「商人の買利は士の禄に同じ」と述べ、商いによる利益の追求を正当な行為として肯定し、町人が守るべき道徳として「正直」と「倹約」を説いた。**特別区Ⅰ類2016** 4.3

○

11 福沢諭吉は、民権を為政者が人民に恵み与える恩賜的民権と人民が自ら獲得する恢復的民権との二つに分け、日本では恩賜的民権を恢復的民権に発展させるべきであると説いた。**特別区Ⅰ類2003** 5.1

✕ 福沢諭吉ではなく中江兆民についての説明である。

12 中江兆民は、自由民権運動の理論的指導者である。彼は、イギリスに留学後、ロックの「統治論二篇」などを翻訳するとともに、ロックの人民主権の原理をよりどころにして、当時の藩閥政治を厳しく批判した。主な著作として「私擬憲法案」がある。**国家専門職2003** 5.1

✕ 中江兆民はフランスに渡ってルソーの影響を受けた人物である。

13 西田幾多郎は、日本が西洋文明諸国と肩を並べるためには、独立を図らなくてはならないが、人々の独立自尊の精神が確立されなければ国家の独立はないと説いた。**特別区Ⅰ類2003** 5.1 5.3

✕ 西田幾多郎ではなく福沢諭吉についての説明である。

14 新渡戸稲造は、キリスト教に基づく人格主義的な教育を実践する中で、イエスと日本という「二つのJ」のために生涯を捧げると誓った。また、『武士道』において、個人の内的信仰を重視し、教会の制度や形式的な儀礼にとらわれない無教会主義を説いた。**国家専門職2020** 5.2

✕ 「二つのJ」や無教会主義は内村鑑三が提起した概念である。

15 柳宗悦は、大正・昭和期の民芸運動の創始者である。彼は、それまで美の対象とされていなかった民衆の日用品や、無名の職人たちの作品に固有のすぐれた美を見出し、その概念を「民芸」と名付けた。**裁判所2017** 5.3

◯

16 和辻哲郎は、西洋近代の個人主義的倫理学を批判し、間柄的存在という人間理解に立ち、個人と社会とを統一する独自の人間の学としての倫理学を唱えた。**特別区Ⅰ類2003** 5.3

◯

第4章

思想

2　東洋思想　349

過去問 Exercise

問題1 中国の思想家に関する記述として最も妥当なのはどれか。

国家一般職2015

---

1 孟子は、人間は生まれつき我欲を満たそうとする自己中心的な悪い性質をもっているが、それを矯正することによって四つの善い心の表れである四徳が実現され、誰でも道徳的な善い人格を完成させることができると説いた。

2 荘子は、天地万物に内在する宇宙の原理（理）と万物の元素である運動物質（気）によって世界の構造をとらえた。そして、理と一体化した理想の人格のことを君子と呼び、君子が彼の理想の生き方であった。

3 荀子は、人間は生まれながらにして善い性質をもっているが、人間の性質を更に善いものへと変えていくためには、教育・礼儀・習慣などの人為的な努力が必要であるとした。そして、このような人為的な努力を大丈夫と呼んだ。

4 朱子は、法律や刑罰によって民衆を治める法治主義の方が、仁と礼を備えた理想的な人間である真人が為政者となって道徳により民衆を治める徳治主義よりも優れたものと考え、政治の理想とした。

5 王陽明は、人間の心がそのまま理であるとし、その心の奥底に生まれながらに備わる良知のままに生きることを目指した。また、「知は行のはじめであり、行は知の完成である」と主張し、知と実践の一致を説く考えである、知行合一の立場をとった。

350 第4章 思 想

解説

正解 **5**

第4章 思想

1 ✕ 「人間は…それを矯正することによって」という部分は孟子ではなく荀子に当てはまる。孟子は人間の本質は善であるという、性善説の立場に立ち、四端と呼ばれる四つの心から四徳が発現するとした。

2 ✕ 選択肢の説明は荘子ではなく朱子の思想である。また、朱子は「理と一体化した理想の人格」のことを「君子」ではなく「聖人」と呼んだ。

3 ✕ 選択肢の説明は荀子ではなく孟子の思想に類似する。ただし、「人為的な努力を大丈夫と呼んだ」のではなく、孟子は道徳を実践しようとする気持ちを「浩然の気」と呼び、それを身につけた「大丈夫」を理想とした。

4 ✕ 選択肢の説明は朱子ではなく韓非子の思想である。また、「真人」とは荘子の主張した理想的な人間像であり、「仁と礼を備えた理想的な人間」は「君子」である。

5 〇 知行合一の説明で判断できる。

2 東洋思想 351

問題2 次のＡ、Ｂ、Ｃは我が国の仏教思想家に関する記述であるが、該当する思想家の組合せとして最も妥当なのはどれか。

国家専門職2021

Ａ 信心の有無を問うことなく、全ての人が救われるという念仏の教えを説き、「南無阿弥陀仏、決定往生六十万人」と記した念仏札を配りながら、諸国を遊行して念仏を勧め、遊行上人と呼ばれた。

Ｂ 修行とは、ひたすら坐禅に打ち込むことであり、それによって身も心も一切の執着から解き放たれて自在の境地に至ることができると説き、その教えは主に地方の土豪や農民の間に広まった。主な著作として『正法眼蔵』がある。

Ｃ 身密・口密・意密の三密の修行を積むことによって、宇宙の真理である大日如来と修行者とが一体化する即身成仏を実現しようとした。また、加持祈禱によって災いを避け、幸福を追求するという現世利益の面から貴族たちの支持を集めた。

	A	B	C
1	日蓮	栄西	行基
2	日蓮	栄西	空海
3	日蓮	道元	行基
4	一遍	栄西	行基
5	一遍	道元	空海

352　第4章　思　想

解説

正解 ⑤

第4章 思想

A：一遍

「遊行上人」で判断できるだろう。一遍は時宗の開祖であり、諸国を回って念仏札を配り、踊念仏を行った。日蓮は法華経が最高の経典であるとし、日蓮宗を開いた人物である。

B：道元

「ひたすら坐禅に打ち込む」、『正法眼蔵』で判断できるだろう。道元は宋で禅を学び、我が国に曹洞宗を伝えた人物である。栄西も禅を学び、臨済宗を伝えた人物である。

C：空海

「三密の修行」、「即身成仏を実現」で判断できるだろう。空海は唐で密教を学び、真言宗を開いた。行基は奈良時代の僧であり、東大寺大仏建立に当たり尽力した人物である。

2 東洋思想 353

| | 問題3 | 鎌倉仏教の宗派の考えが述べられた書物の抜粋A～D に該当する宗派名の組合せとして最も妥当なのはどれか。 |

国家一般職2010

A 　大宋ノ人、多ク得道スルコト、皆坐禅ノカナリ。一文不通ニテ、無才愚鈍ノ人モ、坐禅ヲ専ラニスレバ、多年ノ久学聡明ノ人ニモ勝レテ出来スル。然バ、学人祇管打坐シテ他ヲ管ズルコトナカレ。仏祖ノ道ハ只坐禅也。他事ニ順ズベカラズ。

B 　帝王は国家を基として天下を治め、人臣は田園を領して世上を保つ。而るに他方の賊来つて其の国を侵逼し、自界叛逆して其の地を掠領せば、豈驚かざらんや。豈騒がざらんや。国を失ひ家を滅せば、何れの所にか世を遁れん。汝、須らく、一身の安堵を思はば、先づ四表の静謐を禱るべきものか。……汝、早く信仰の寸心を改めて、速かに実乗*の一善に帰せよ。然れば則ち三界は皆仏国なり、仏国其れ衰へんや。

C 　たゞ往生極楽のためニハ、南無阿弥陀仏と申て、疑なく往生スルゾト思とりテ、申外ニハ別ノ子さい候ハず。但三心四修と申事ノ候ハ、皆決定して南無阿弥陀仏にて往生スルゾト思フ内ニ籠り候也。此外ニをくふかき事を存ぜバ、二尊ノあハれみニハヅレ、本願ニもれ候べし。

D 　善人なをもちて往生をとぐ、いはんや悪人をや。しかるを、世のひとつねにいはく、『悪人なを往生す、いかにいはんや善人をや』と。この条、一旦そのいはれあるにたれども、本願他力の意趣にそむけり。そのゆへは、自力作善の人は、ひとへに他力をたのむこゝろかけたるあひだ、弥陀の本願にあらず。
　（注）＊実乗…真実の仏法

	A	**B**	**C**	**D**
1	日蓮宗	臨済宗	浄土宗	浄土真宗
2	日蓮宗	臨済宗	浄土真宗	浄土宗
3	曹洞宗	臨済宗	浄土真宗	浄土宗
4	曹洞宗	日蓮宗	臨済宗	浄土宗
5	曹洞宗	日蓮宗	浄土宗	浄土真宗

解説

正解 **5**

第4章 思想

A：曹洞宗

　弟子の懐奘が師の道元の言葉を記録した『正法眼蔵随聞記』の一節である。「坐禅ノ力」、「祗管打坐」がヒントとなる。坐禅を重視するのは曹洞宗と臨済宗であるが、大きな違いは臨済宗には公案(師が門弟に対して修行の際に与える問題)があるが、曹洞宗は「無才愚鈍ノ人モ、坐禅ヲ専ラニスレバ、多年ノ久学聡明ノ人ニモ勝レテ出来スル」とあるように、ひたすらに坐禅に打ち込むことを求めたことである。

B：日蓮宗

　日蓮の『立正安国論』の一節である。「而るに他方の賊来つて其の国を侵逼」、「一身の安堵を思はば、先づ四表の静謐を禱るべきものか」、「速かに実乗の一善に帰せよ」がヒントとなる。他宗を非難し、国難の到来を予言し、法華経による正しい仏法の興隆を説いた。

C：浄土宗

　『一枚起請文』の一節である。「往生極楽」、「南無阿弥陀仏と申て、疑なく往生スルゾト思とりテ」がヒントとなる。浄土宗の開祖である法然は、他の修行方法を捨て念仏を唱える「専修念仏」を思想の根本とした。

D：浄土真宗

　弟子の唯円が師の親鸞の教えを記した『歎異抄』の一節である。「善人なをもちて往生をとぐ、いはんや悪人をや」が大きなヒントとなる。自力で功徳を積むことのできる善人より、煩悩という悪に囚われた凡夫という自覚を持つ悪人こそが阿弥陀仏の救済にふさわしい対象であるという「悪人正機説」を説いた。

2　東洋思想

問題4 仏教思想に関する次の説明文とその内容を示す語句の組合せとして最も妥当なのはどれか。

国家専門職2007

［説明文］

A この世のすべてのものは必ず他のものの存在を条件として成立しているのであって、それ自体で孤立して存在しているものは一つとしてないことを意味し、それは人間の生存においても同じであり、自分だけの利益を考えて行動していては、真の幸福を得ることはできないと説いた。

B 生まれることはそれ自体が苦しみであり、さらに愛するものとは別れ、求めるものは得られないように、心身の働きすべてが苦となるので、人生は自分の欲するままにならないものであると説いた。

C 他者に利益と安楽をもたらそうと望み、また、他者の不利益と苦しみを取り除こうと願うことを意味し、その心は人間だけでなく、生きとし生けるものすべてに向けられなければならないと説いた。

［語句］

ア　縁　起　　　イ　一切皆苦　　　ウ　慈　悲　　　エ　諸行無常

	A	B	C
1	ア	イ	ウ
2	ア	エ	イ
3	ウ	ア	エ
4	ウ	エ	イ
5	エ	イ	ウ

356　第4章　思　想

解説

正解 **1**

第4章 思想

A：ア　縁　起
釈迦が説いた縁起の教えについての説明である。

B：イ　一切皆苦
釈迦が体得した四法印の一つである一切皆苦についての説明である。

C：ウ　慈　悲
釈迦が説いた慈悲の教えについての説明である。

　仏教思想についての概念をすべて正確に把握しておくのは難しいかもしれないが、有名な概念である「諸行無常」に当てはまる説明が見当たらないことがわかるだろう。それだけで正解に至ることができる。

2　東洋思想　357

| 問題5 | 江戸時代の思想家に関する記述として、妥当なのはどれか。 |

特別区Ⅰ類2009

1 林羅山は、孝を単なる父母への孝行にとどまらず、すべての人間関係の普遍的真理としてとらえ、陽明学の考え方を取り入れ、すべての人間に生まれつき備わっている道徳能力としての「良知」を発揮させることが大切だと説いた。

2 石田梅岩は「報徳思想」に基づき、自己の経済力に応じて一定限度内で生活する「分度」と、分度によって生じた余裕を将来のために備えたり、窮乏に苦しむ他者に譲ったりする「推譲」をすすめた。

3 安藤昌益は、武士など自分で農耕に従事せず、耕作する農民に寄食しているものを不耕貪食の徒として非難し、すべての人がみな直接田を耕して生活するという平等な「自然世」への復帰を主張した。

4 賀茂真淵は、古今集などにみられる女性的で優美な歌風である「たをやめぶり」を重んじ、「もののあわれ」を知り、「漢意」を捨てて、人間が生まれつき持っている自然の情けである「真心」に立ち戻ることを説いた。

5 中江藤樹は、儒学本来の教えをくみ取るには中国古代の言葉から理解すべきだと主張して「古文辞学」を大成し、儒学における道とは道徳の道ではなく、いかに安定した社会秩序を実現するかという「安天下の道」であると説いた。

358 第4章 思 想

解説

正解 ❸

第4章 思想

❶ ✕　林羅山ではなく、日本の陽明学の祖である中江藤樹についての説明である。

❷ ✕　石田梅岩ではなく、農業指導家の二宮尊徳についての説明である。

❸ ◯　安藤昌益の「万人直耕」、「自然世」についての説明となっている。

❹ ✕　賀茂真淵は古今集ではなく万葉集を研究し、「ますらおぶり」を重んじた。後半部分は本居宣長の主張となっている。

❺ ✕　中江藤樹ではなく、古文辞学を大成した荻生徂徠についての説明である。

| 問題6 | 江戸時代の思想家に関する記述として、妥当なのはどれか。 |

特別区Ⅰ類2006

1 　伊藤仁斎は、戦場での働きを重んじた武士道を批判し、武士は、道徳的指導者としての礼節を重んじ、だれよりも高潔でなければならないという、新たな武士のあり方としての士道を説いた。

2 　安藤昌益は、天地や社会によって与えられた恩に報いる報徳の思想から、各自が財力に応じた生活設計を立てる「分度」と、分度生活で生じる余裕を社会に還元する「推譲」とを説いた。

3 　賀茂真淵は、女性的で優雅な歌風である「たをやめぶり」を古代日本の精神として重んじ、「もののあはれ」を知る人だけが、人の悲しみに共感し同情することができるとした。

4 　林羅山は、論語や孟子を原典に即して研究し、その根本の精神に立ち返るとする古義学を主張し、行為の理想である仁を実現するために、身近な忠信を日常に実践すべきであるとした。

5 　中江藤樹は、人を愛し敬う孝の徳こそ、すべての道徳の根本であるとし、孝は、単に親子の間だけでなく、すべての人間関係において行われるべきであるとした。

解説

正解 ⑤

① ✕ 　伊藤仁斎ではなく、儒教倫理に基づいた武士道として士道を確立した山鹿素行についての説明である。

② ✕ 　安藤昌益ではなく、報徳思想に基づいて経済と道徳の融和を説いた二宮尊徳についての説明である。

③ ✕ 　賀茂真淵は男性的でおおらかな気風である「ますらおぶり」を重んじた。また「もののあはれ」を重んじたのは本居宣長である。

④ ✕ 　林羅山ではなく、古義学を興した伊藤仁斎についての説明である。

⑤ ◯ 　日本における陽明学の祖である中江藤樹についての正しい説明である。

| 問題7 | 内村鑑三に関する記述として、妥当なのはどれか。 |

東京都Ⅰ類2002

1 彼は、信仰の対象であるイエス(Jesus)と日本(Japan)の「二つのJ」に生涯をささげることを誓った。

2 彼は、キリスト教の信仰は教会や儀式にこそあるとし、聖書の言葉を重んじることは、教会そのものの否定になるとして批判した。

3 彼は、武士道を日本のキリスト教の精神的土台であるとし、また、「太平洋の橋とならん」と願って、国境を越えた人間愛を提唱した。

4 彼は、日清戦争及び日露戦争については、神が絶対平和を求めているとして、人間愛と愛国心に基づき、非戦論を展開した。

5 彼は、足尾銅山鉱毒事件に関して明治政府を批判し、また、大逆事件への関与を疑われ、教師を辞職させられた。

解説

正解 **1**

❶ ○ 　正しい記述である。

❷ ✕ 　内村鑑三は無教会主義を提起しており、これは選択肢の説明とは逆に、教会や儀式ではなく聖書を重んじる考え方である。

❸ ✕ 　内村鑑三ではなく、『武士道』を英語で著したことでも知られる新渡戸稲造についての説明である。

❹ ✕ 　内村鑑三が非戦論を展開したのは日露戦争であり、日清戦争については支持する立場を表明していた。

❺ ✕ 　内村鑑三が足尾銅山鉱毒事件での政府批判に加わっていたのは正しいが、教師を辞職するきっかけになったのは教育勅語に対する不敬事件である。

| 問題8 | 近代日本の思想家に関する記述として、妥当なのはどれか。 |

特別区Ⅰ類2014

1 福沢諭吉は、高崎藩の武士の子として生まれ、イエスと日本の「二つのJ」に仕えることを念願し、「われは日本のため、日本は世界のため、世界はキリストのため、すべては神のため」を自らの信条とした。

2 内村鑑三は、中津藩の武士の子として生まれ、国民の一人ひとりが独立自尊の精神を持つべきであると説き、「一身独立して一国独立す」という言葉で、自主独立の精神によって日本の独立が保たれることをあらわした。

3 中江兆民は、自由民権運動の理論的指導者として活躍し、民権には為政者が上から人民に恵みを与える恩賜的民権と人民自らの手で獲得した恢復的民権の2種類があると説き、「社会契約論」を翻訳して東洋のルソーとよばれた。

4 幸徳秋水は、近代西洋哲学に特徴的な主観と客観とを対立的にとらえる考え方を否定し、自己と世界がわかれる前の主客未分の、渾然一体となった根源的な経験を純粋経験とよんだ。

5 西田幾多郎は、近代文明が影にもつ窮乏などの矛盾の解決には社会主義の確立が必要であると論じ、社会民主党を結成したが、大逆事件といわれる明治天皇の暗殺計画に関与したとの理由で逮捕され、処刑された。

解説

正解 ❸

❶ ✕　選択肢の説明は福沢諭吉ではなく内村鑑三の思想である。イエスと日本の「二つのJ」で判断できる。

❷ ✕　選択肢の説明は内村鑑三ではなく福沢諭吉の思想である。「独立自尊の精神」、「一身独立して一国独立す」で判断できる。

❸ ◯　「社会契約論」を翻訳して東洋のルソーと呼ばれたことや、「恢復的民権」などのキーワードで判断できる。

❹ ✕　選択肢の説明は幸徳秋水ではなく西田幾多郎の思想である。「主客未分」、「純粋経験」などで判断できる。

❺ ✕　選択肢の説明は西田幾多郎ではなく幸徳秋水についてである。「社会民主党を結成」、「大逆事件」などで判断できる。

2　東洋思想　365

第5章

文　芸

　文学では、日本の近代文学が頻出です。自然主義とそれに反発する白樺派や高踏派を押さえましょう。外国の文学はフランス文学を中心に整理しましょう。

　美術については、西洋建築と西洋絵画を中心に押さえましょう。特に絵画については印象派以降の流れを押さえましょう。

国家一般職★★★／国家専門職★★★／裁判所★★★／東京都Ⅰ類★★★／特別区Ⅰ類★★★

1 日本の文学・芸術

上代から室町時代までは、時代背景と関連させて建築・美術・文学の有名なものを整理しましょう。江戸時代は特に絵画史が重要です。絵画・作者名・作品名を結びつけて理解しましょう。近代については、「写実主義」、「高踏派」などの文学思潮ごとに作家を整理しておきましょう。

1 上 代

1.1 飛鳥文化（6世紀末〜7世紀前半） ★★★

6世紀末から7世紀前半の飛鳥時代には、南北朝時代（北魏・南宋）の中国、インド、ギリシア文化の影響を受けて、**日本で最初の仏教文化**となる**飛鳥文化**が生まれる。

（1）建 築

法隆寺	・**聖徳太子**によって建立された**世界最古の木造建築**[1]
飛鳥寺	・**蘇我馬子**によって建立された氏寺

（2）美 術

彫刻	法隆寺金堂釈迦三尊像	・**鞍作鳥**（止利仏師）によって作られた銅像
絵画	法隆寺玉虫厨子須弥座絵・扉絵	・厨子の須弥座部、扉部分に施された絵画
工芸	法隆寺玉虫厨子	・「厨子」とは収納具のことで、玉虫の羽が飾られている
	中宮寺天寿国繍帳	・日本最古の刺繍

---

1 『日本書紀』には、670年焼失、7世紀末に再建されたとある。

1.2 白鳳文化（7世紀後半〜8世紀初頭） ★★★

　7世紀後半から8世紀初頭の天武天皇、持統天皇の時代の文化を白鳳文化と呼ぶ。律令国家建設の勢いが文化の面にも表れ、宮廷では漢詩文が盛んに作られる。和歌においては柿本人麻呂、額田王らが活躍し、万葉仮名も使われ始める。

（1）建　築

薬師寺	・天武天皇が皇后の治癒を祈願し、建立された寺
山田寺	・倉山田家の氏寺

（2）美　術

彫刻	興福寺仏頭	・もとは山田寺の薬師本尊の頭部
	薬師寺金堂薬師三尊像	・三尊とは薬師如来、日光菩薩、月光菩薩
絵画	高松塚古墳壁画	・中国や朝鮮半島からの影響が見られる、古墳の石室に描かれた壁画

1.3 天平文化（8世紀） ★★★

　8世紀の聖武天皇の時代になると遣唐使により最盛期の唐文化が伝えられ、天平文化が展開される。この頃には、鎮護国家思想に基づき、各地に国分寺が建立された。
　また、正倉院に納められた宝物にはさまざまな工芸品が含まれており、聖武天皇の遺品を中心に唐や西アジアとの交流を示すものも見られる。

（1）建　築

東大寺	・金堂（大仏殿）や聖武天皇の遺品などを納めた正倉院で知られる
唐招提寺	・唐から招いた高僧鑑真のために建立された寺

（2）美 術

彫刻	東大寺盧舎那仏像	・いわゆる「奈良の大仏」、東大寺大仏殿の本尊
	興福寺阿修羅像	・八部衆の一つで乾漆像[2]
絵画	正倉院鳥毛立女屏風	・唐風の女性を描いた屏風
	薬師寺吉祥天像	・麻布に描かれた吉祥天の絵画

（3）文 学

歴史書	『古事記』	・稗田阿礼が暗誦し、太安万侶が筆録したとされる日本最古の歴史書
	『日本書紀』	・六国史（正史）の最初 ・舎人親王が編纂し編年体でまとめた
地誌	『風土記』	・完本で現存するのは『出雲国風土記』のみ
和歌集	『万葉集』	・万葉仮名で書かれた日本最古の和歌集[3] ・大伴家持の編纂か ・代表的な万葉歌人として、宮廷歌人として活躍した柿本人麻呂、「貧窮問答歌」で知られる社会派歌人である山上憶良、山部赤人などが挙げられる
漢詩集	『懐風藻』	・最古の漢詩集

『古事記』と『日本書紀』

	古事記	日本書紀
対　　象	天地創造から推古天皇の時代まで	天地創造から持統天皇の時代まで
目　　的	国内的に皇室中心の国家統制の正統性を説く	対外的に日本の国威を示す
内　　容	文学的要素が濃厚	歴史書的要素が強い

---

2 乾漆像は彫像制作技法の一つである乾漆造による仏像で、木製の原型の上に麻布などを貼り重ねて漆で固めて作られたものである。ほかに、粘土で塗り固めて作られた塑像も見られる。

3 江戸時代の国学者である賀茂真淵は、日本の和歌の歴史について、平安時代以降「たをやめぶり」や「からくにぶり（中国から伝わった儒教や仏教の思想の影響を受けた風儀）」が加わって古代の純粋さが失われたと批判し、それらの影響を受けていない万葉集に見られるような「ますらをぶり」を評価した。一方、本居宣長は賀茂真淵と対照的に、古今和歌集などに見られる「たをやめぶり」の心情を、日本文化の本質や美意識として評価した。

2 中　古

2.1 弘仁・貞観文化（9世紀前半）　★★★

　平安初期（9世紀前半）の文化は、**弘仁・貞観文化**と呼ばれる。この頃、**最澄**（天台宗・比叡山延暦寺）と**空海**（真言宗・高野山金剛峰寺）により、日本に**密教**がもたらされたことを反映し、密教色の強い文化を形成した。

（1）美　術

彫刻	観心寺如意輪観音像	・一木造、翻波式[4]を特徴とする密教彫刻
絵画	教王護国寺（東寺）両界曼荼羅	・「両界」とは金剛界、胎蔵界を指し、密教の仏教世界を構図化した絵画 ・日本最古の色彩両界曼荼羅
書道	風信帖	・空海[5]が最澄に送った書状

（2）文　学

漢詩集	『凌雲集』	・嵯峨天皇の命による**日本最初の勅撰漢詩集**
	『性霊集』	・**空海の詩文・碑文などを弟子が編集した詩文集**

2.2 国風文化（10世紀〜11世紀）　★☆☆

　平安中期（10世紀〜11世紀）には、**摂関政治、国風文化**の時代となる。894年に**遣唐使が廃止**されて以後、**日本独自の文化**が展開され、特に仮名文字の文化が発展した。一方、仏教では**末法思想[6]**が広がり、「阿弥陀仏を信仰すれば来世で極楽浄土へ往生できる」とする**浄土教**が広まる。

4　一木造とは一つの木材から一体の仏像を彫り出す彫刻技法をいい、翻波式とは木造彫刻において衣服のしわを表現する技法をいう。

5　書道では唐風の力強い筆風が広まり、嵯峨天皇、空海、橘逸勢の3人の書家は三筆と呼ばれた。

6　末法思想とは、1052年に末法に入って仏の力が衰え、世の中が乱れるとする思想をいう。

(1) 建　築

平等院鳳凰堂	・藤原頼通が1053年に建立、極楽浄土を現世に再現させた仏堂
醍醐寺五重塔	・醍醐天皇の冥福を祈るために建立、京都府最古の木造建築物

(2) 美　術

① 彫　刻

　平等院鳳凰堂の本尊である阿弥陀如来像は、従来用いられていた一木造に代わり、**寄木造**という技法を用いて作られた。

　寄木造はいくつかの木材をはぎ合わせて仕上げる技法をいい、小さな木材で巨像を作ることができるうえに多数の仏師で能率的に作成でき、重量が軽くなって木の狂いがないことなどから、仏像の需要増大に対応するため平安時代中期以降に多く採用されるようになった。

② その他

　この頃から邸宅内の障子、屏風などには従来の唐絵とともに、日本の風景や風俗を描いた絵画である**大和絵**が見られるようになる。

　工芸品においては、漆で絵や文様を描き、乾かないうちに金や銀の金属粉を蒔いて定着させる**蒔絵**という手法を用いた調度品が発達した。

　書道においても国風化が進み、弘仁・貞観文化における三筆が唐風であったのに対し、仮名と草書を優美な線で表すことを得意とした**藤原佐理、藤原行成、小野道風**の３人の書家は**三跡**(三蹟)と称された。

彫刻	平等院鳳凰堂 阿弥陀如来像	・定朝によって作られた寄木造の仏像
絵画	高野山聖衆来 迎図	・臨終に際して来迎するとされる阿弥陀如来と聖衆を描いた図

(3) 文 学

和歌集	『古今和歌集』	・醍醐天皇の勅命で、紀貫之らにより編纂された日本最初の勅撰和歌集
物語文学	『竹取物語』	・作者不詳、現存最古の作り物語（伝奇物語）で、**物語文学の元祖**
	『宇津保物語』	・作者不詳、琴の曲にまつわる物語で、貴族社会の人間模様を描く
	『落窪物語』	・作者不詳、継母にいじめられる継子の物語
	『伊勢物語』	・作者不詳、**日本最初の歌物語** ・主人公の「男」は**在原業平**がモデルとされる
	『源氏物語』	・1000年頃成立、作者は**紫式部**、全54帖 ・「もののあはれ」を基調に**光源氏**を中心とする物語 ・光源氏の死後、薫と匂宮をめぐる物語部分は「宇治十帖」と呼ばれる
日記・随筆	『枕草子』	・作者は**清少納言** ・「をかし」を基調に中宮定子（藤原道隆の女）に仕えた宮中生活を記す ・鎌倉期成立の『方丈記』、『徒然草』とともに**日本三大随筆**とされる
	『土佐日記』	・作者は**紀貫之** ・**最初の日記文学** ・貫之自身が国司として赴任した土佐から京都の自宅まで帰る船旅の様子が、歌を交えて綴られている ・そばにいた女性の視点で語られるという設定（女性仮託）が特徴
	『蜻蛉日記』	・作者は**藤原道綱母** ・自照性の高い作品で、**日本初の女流日記**
	『更級日記』	・作者は**菅原孝標女**（藤原道綱母の姪） ・源氏物語に憧れた少女時代の回想録

1　日本の文学・芸術　373

2.3 院政期の文化（11世紀中頃） ★★☆

　11世紀中頃の院政期には、**平氏の文化が一番華やかだった時代**を背景に、**貴族の文化が隆盛**した。

（1）建　築

中尊寺金色堂	・奥州藤原氏が岩手県平泉に建立した仏堂
富貴寺大堂	・大分県に立てられた九州最古の阿弥陀堂

（2）美　術

絵画	「源氏物語絵巻」	・大和絵の手法で描かれた絵巻物
	「鳥獣戯画」	・日本最古の漫画とも称される
	厳島神社平家納経	・平家一門がその繁栄を願い、厳島神社に奉納した経典類 ・経典には絢爛豪華な装飾が施されている ・当時の平家の栄華を伝える史料でもあり、国宝に指定されている

（3）文　学

歌謡	『梁塵秘抄』	・後白河上皇が編纂 ・今様（当時の流行歌）を集めた歌謡集
説話	『今昔物語集』	・作者不詳 ・仏教説話のほか、庶民などの生活を題材とした世俗説話も含む ・近代文学にも影響を与え、大正期に活躍した芥川龍之介の作品にはこれに取材した作品もある
歴史物語	『栄華物語』	・藤原道長の栄華を懐古的に綴った歴史物語 ・出来事の年月順に記述された**編年体**
	『大鏡』	・藤原道長とその周辺を綴った歴史物語だが、摂関政治への批判精神などが見られる ・人物ごとにまとめられた**紀伝体** ・『今鏡』、『水鏡』、『増鏡』と合わせて「四鏡」と呼ぶ

万葉・古今・新古今の比較

作品名	成立	内容	撰者	歌風	句法	修辞	歌人
万葉集	奈良後期	20巻 4500首	大伴家持（?）	素朴 荘重 男性的 雄大	五七調	枕詞 序詞	額田王 柿本人麻呂 山部赤人 山上憶良
古今集	平安初期	20巻 1100首	紀貫之ら（仮名序）	優美 観念的 技巧的 叙情的	七五調	掛詞 縁語	在原業平 小野小町 紀貫之（六歌仙）
新古今集	鎌倉初期	20巻 1980首	藤原定家ら	繊細 耽美的 幻想的 幽玄 有心	七五調	本歌取り 体言止め	西行 慈円 式子内親王 寂蓮

物語の系譜

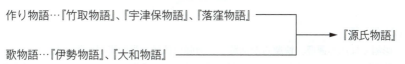

❸ 中 世

3.1 鎌倉文化（12世紀〜13世紀） ★★★

鎌倉時代に入ると、**文化の担い手は貴族から武士へと移る**。栄西・道元により日本に**禅宗**が伝わり、各地に禅寺が建立された。

（1）建 築

大仏様（天竺様）は、1180年平重衡による南都焼き討ちで焼失した東大寺再建のために重源によって導入された宋の建築様式で、当時としては新しいものだった。

また、整然とした美しさを特徴とする**禅宗様**も伝えられ、力強い表現を特徴とする大仏様とともに盛んになった。

東大寺南大門	・大仏様（天竺様）の代表的な建築物
円覚寺舎利殿	・禅宗様（唐様）を特徴とする

（2）美 術

彫刻では仏師**運慶**、**快慶**らが活躍し、力強い仏像や肖像彫刻を作った。

絵画では平安時代末期に興った**絵巻物**が発達し、「蒙古襲来絵巻」、「石山寺縁起絵巻」などが制作された。また、個人の顔を写実的に描く大和絵様式の肖像画（**似絵**）が流行し、「伝源頼朝像」、「平重盛像」などが描かれた。

彫刻	東大寺南大門金剛力士像	・運慶、快慶らによる寄木造の作品
絵画	「蒙古襲来絵巻」	・元寇における武士の活躍を描いた絵巻物
	「石山寺縁起絵巻」	・石山寺の創建などを描いた寺社縁起絵巻
	「平治物語絵巻」	・軍記物語『平治物語』を絵巻物語にした作品

376　第5章　文 芸

（3）文　学

和歌集	『新古今和歌集』	・後鳥羽上皇の勅命で藤原定家ら撰者6人により編纂 ・八代集の最後の勅撰和歌集 ・代表的歌人は西行、源実朝など ・幻想的、繊細、象徴的な歌が多い
	『金槐和歌集』	・源実朝による私家集
軍記物語	『平家物語』	・平家一門の栄枯盛衰が和漢混交文で描かれる ・琵琶法師によって語られた
日記・随筆	『方丈記』	・作者は鴨長明 ・戦乱や災害の多い当時の世相を反映した無常観が表されている
	『徒然草』	・作者は吉田兼好 ・人生論、女性論、趣味論などの随想や挿話が綴られる ・江戸時代に人生の教訓書として読まれたことでも知られる
	『十六夜日記』	・作者は阿仏尼 ・息子の土地相続の訴訟のため京都から鎌倉へ下った紀行文
歴史書	『吾妻鏡』	・鎌倉時代初期の歴史書 ・初代将軍源頼朝から6代将軍宗尊親王までの将軍記
	『愚管抄』	・著者は慈円 ・道理をもって歴史の展開を論述した日本初の史論書

三大随筆

作品名	作者	成立	文学精神	冒　頭
枕草子	清少納言	平安中期	をかし	春はあけぼの。やうやう白くなりゆく山ぎは…
方丈記	鴨長明	鎌倉初期	無常観	ゆく河の流れは絶えずして…
徒然草	吉田兼好	鎌倉末期	無常観	つれづれなるままに日ぐらし…

1　日本の文学・芸術　377

3.2 室町文化（15世紀）

　室町時代には、公家文化、武家文化、禅宗文化、庶民文化を融合した新しい文化が生まれる。15世紀初頭、3代将軍足利義満の時代には**北山文化**が生まれた。また、15世紀後半には、8代将軍足利義政の時代に**東山文化**が生まれた。

（1）建　築

鹿苑寺金閣	・北山文化を代表する建築で、様式は寝殿造
慈照寺銀閣	・東山文化を代表する建築で、様式は書院造
龍安寺庭園	・白砂の波紋で波の重なりを表す枯山水庭園

（2）美　術

　水と墨だけで描く画法である**水墨画**は、北山文化の時代にその基礎が築かれ、東山文化の時代に雪舟が発展させた。

（3）文　学

　南北朝時代に武士や庶民に**連歌**が娯楽として広まった。**二条良基**は『応安新式』で連歌の規則を定め、有心連歌隆盛の基礎を作った。室町時代には、**宗祇**によって純正連歌が完成した。また、庶民を中心に絵と話し言葉で編まれた**御伽草子**という物語が盛んになり、「一寸法師」、「浦島太郎」などが楽しまれた。

連歌	『菟玖波集』	・二条良基撰による最初の連歌集（准勅撰集）
	『筑波問答』	・二条良基による連歌論書
	『新撰菟玖波集』	・応仁年間に正風連歌を確立した**宗祇**による准勅撰連歌集
	『吾妻問答』	・宗祇による連歌の作法書

（4）芸　能

　観阿弥・世阿弥親子によって**能楽**が大成され、北山文化を代表とする芸能となった。能楽は完成された様式美を特徴とし、世阿弥は足利義満の庇護を受け、『源氏物語』、『伊勢物語』、『平家物語』などの古典を題材に能の文学性・芸術性を高めた。世阿弥はまた『**風姿花伝**』を著し、能の歴史、心得、芸の本質などをまとめた。

　東山文化の時代になると、能楽の幕間に**狂言**という喜劇が演じられるようになった。狂言は通俗的・庶民的で、物まねや対話を交えて展開された。

4 近世

4.1 桃山文化(16世紀後半) ★☆☆

16世紀後半の織田信長・豊臣秀吉が全国統一を目指した時代(安土・桃山時代)になると、**雄大・豪華**な**桃山文化**が展開された。

建築では、天守閣を有する**城郭建築**が桃山文化を代表し、安土城、大坂城、伏見城、姫路城などが築かれた。

美術では、襖、壁、障子に**障壁画**が描かれ、**狩野永徳**の「**唐獅子図屏風**」などが知られる。

4.2 寛永期の文化・元禄文化(16世紀前半～18世紀初頭) ★★★

江戸時代には、文学・芸能・絵画・工芸などさまざまなジャンルの文化が発展する。寛永期(16世紀前半)には桃山文化と江戸中期以降の文化を架橋する新しい傾向の文化が見られるようになった。また、17世紀後半から18世紀初頭の5代将軍徳川綱吉の時代には、**上方**(京都・大坂)を中心に**元禄文化**が生まれた。

(1) 建 築

日光東照宮	・様式は権現造、徳川家康を神格化した東照大権現を祀る
桂離宮	・様式は数寄屋造

(2) 美 術

絵画	「風神雷神図屏風」	・俵屋宗達の作品
	「紅白梅図屏風」	・尾形光琳の作品
	「舟橋蒔絵硯箱」	・本阿弥光悦の作品
	「八橋蒔絵螺鈿硯箱」	・尾形光琳の作品
	「見返り美人図」	・庶民の文化としての浮世絵を始めた**菱川師宣**の代表作

菱川師宣「見返り美人図」

（3）文　学

　室町時代に作られた御伽草子や仮名草子などの流れと異なる**浮世草子**と呼ばれる
小説が流行し、元禄時代の人々の生活・社会を題材とした文学性の高い作品が出さ
れた。好色物、町人物、武家物などに分かれ、代表的な作家は**井原西鶴**である。
　また、**松尾芭蕉**は蕉風俳諧を確立して俳諧を芸術的な文芸ジャンルに高めた。

井原西鶴	・浮世草子の創始者 ・代表作は『好色一代男』、『日本永代蔵』、『世間胸算用』
松尾芭蕉	・「わび」、「さび」で表現される蕉風俳諧を確立した俳人 ・代表作は『野ざらし紀行』、『奥の細道』

（4）芸　能

　人形、語り、三味線の３要素からなる**浄瑠璃**と呼ばれる演劇が盛んになり、代表
作には近松門左衛門の「曽根崎心中」、「国性爺合戦」がある。浄瑠璃は、**竹本義太夫**
の音曲、**近松門左衛門**の詞章によって大成された。浄瑠璃は江戸末期にもっぱら文
楽座で上演されたことから、現在では「文楽」と呼ばれる。
　また、台詞や筋書きを重視した舞台劇である**歌舞伎**も民衆の演劇として流行し、
代表作には鶴屋南北の「東海道四谷怪談」がある。歌舞伎は桃山文化の頃、出雲の阿
国が京都で始めた歌舞伎踊り（阿国歌舞伎）に始まり、それを真似た遊女の踊りであ
る女歌舞伎が流行した。寛永年間に入り、風紀を乱すとの理由から取締りを受けた
が、その後若衆歌舞伎、野郎歌舞伎と発展して現在に至る。役者では和事を得意と
する上方の**坂田藤十郎**、荒事を得意とする江戸の**市川団十郎**が活躍した。

4.3 化政文化(19世紀初頭) ★★★

19世紀初頭の11代将軍徳川家斉の時代には、江戸を中心に化政文化が生まれた。

(1) 美術

画家を職業としない文人が余技的に描いた絵画である文人画が明や清の影響で興り、与謝蕪村、渡辺崋山などが作品を残した。

また、元禄期に菱川師宣が創始した浮世絵が庶民のための安価な絵画として流行し、美人画や風景画などさまざまなジャンルが発展した。

文人画	池大雅・与謝蕪村	・合作で文人画「十便十宜図」を描く
	渡辺崋山	・文人画「鷹見泉石像」、「一掃百態」など
浮世絵	鈴木晴信	・挿絵などとして描かれていた浮世絵を「錦絵」という一枚刷りの多色刷版画に発展させる ・作品に「雨中夜詣」など
	喜多川歌麿	・美人画を得意とした浮世絵師 ・「ポッピンを吹く女」など
	東洲斎写楽	・大首絵という手法による役者絵を得意とした浮世絵師 ・「三代目大谷鬼次の奴江戸兵衛」、「市川鰕蔵の竹村定之進」など
	葛飾北斎	・庶民の旅の文化を背景に風景画の連作で人気を得た ・「富嶽三十六景」など
	歌川広重	・葛飾北斎と並び、風景画の連作で知られる ・「東海道五十三次」など

喜多川歌麿「ポッピンを吹く女」

東洲斎写楽「三代目大谷鬼次の奴江戸兵衛」

葛飾北斎「富嶽三十六景」

（2）文学

合巻 （ごうかん）	柳亭種彦 （りゅうていたねひこ）	・合巻の代表作である『偐紫田舎源氏（にせむらさきいなかげんじ）』など ・**合巻**とは絵入りの通俗小説であり、『偐紫田舎源氏』は室町時代を舞台とした源氏物語のパロディだったが、江戸幕府を批判しているとされ発禁処分となった
読本 （よみほん）	上田秋成 （うえだあきなり）	・日本の古典や中国の小説に題材をとった怪談・奇談である『雨月物語（うげつものがたり）』など
	曲亭馬琴 （きょくていばきん） （滝沢馬琴） （たきざわばきん）	・勧善懲悪の大長編伝奇小説である『南総里見八犬伝（なんそうさとみはっけんでん）』など
人情本 （にんじょうぼん）	為永春水 （ためながしゅんすい）	・享楽的な男女の世界を会話体で綴った**人情本**の代表作である『春色梅児誉美（しゅんしょくうめごよみ）』など
滑稽本 （こっけいぼん）	式亭三馬 （しきていさんば）	・庶民の社交場である風呂屋を中心として町人を描く『浮世風呂（うきよぶろ）』など
	十返舎一九 （じっぺんしゃいっく）	・弥次郎兵衛と喜多八の旅の道中を描いた『東海道中膝栗毛（とうかいどうちゅうひざくりげ）』など
俳句 （はいく）	与謝蕪村 （よさぶそん）	・天明期に活躍し、蕉風俳諧の復古を唱えた ・俳句・俳論をまとめた『新花摘（しんはなつみ）』など
	小林一茶 （こばやしいっさ）	・自由に方言や俗語を用い、庶民的で人間味ある句を詠んだ ・俳句・随想『おらが春』など

5 近現代

　近代に入ると、外国文化の影響を受けながら、文学や絵画の分野において多くの作家が活躍する。

　文学では、明治期に写実主義、擬古典主義、浪漫主義、大正期に自然主義、反自然主義の作家たちが登場する。昭和初期にはプロレタリア文学とモダニズム文学が台頭した。戦中・戦後は、それまでのモラルや既成概念が崩壊する中、新しい文学を模索する作家たちが現れる。

　絵画では、日本画の近代化を図る日本画家たちが活躍する一方で、美術学校を中心に多くの西洋画家たちも輩出された。

5.1 文 学 ★★★

(1) 小 説
① 写実主義

外国の写実主義を範として、現実をありのままに描き出す文学を目指した。

坪内逍遥 （つぼうちしょうよう）	英文学を専攻し、卒業後東京専門学校（のちの早稲田大学）の講師となる。「人情」と「世態風俗」を描くことが小説の本質であるとし、江戸文学の「勧善懲悪」の思想を文学から排除することを主張した。現在のいわゆる写実主義とは程遠く、その実践は失敗したが、近代文学の出発点として価値を持つ。演劇革新にも貢献し、島村抱月らと文芸協会を設立した。晩年には、『シェークスピア全集』を完訳した。
	・文学の近代化を目指し評論『小説神髄』（しんずい）（1885）で写実主義を主張 ・その実践として小説『当世書生気質』（とうせいしょせいかたぎ）を発表した
二葉亭四迷 （ふたばていしめい）	東京外国語学校露語部に入学し、ロシア文学の魅力に触れる。露語部退学後、ツルゲーネフの『あひびき』、『めぐりあひ』の口語訳などでも知られる。
	・坪内逍遥に師事し、評論『小説総論』を発表 ・その実践として小説『浮雲』（うきぐも）を執筆した

坪内逍遥と二葉亭四迷

	坪内逍遥（1859～1935）	二葉亭四迷（1864～1909）
文 学 論	『小説神髄』（1885～86）	『小説総論』（1886）
小 説	『当世書生気質』	『浮雲』
外国文学の翻訳	シェークスピアの翻訳	ツルゲーネフの翻訳
キ ー ワ ー ド	写実主義提唱 勧善懲悪思想の否定文学論	言文一致体 性格の写実描写

1　日本の文学・芸術　383

② 擬古典主義

欧化主義に反発し、元禄時代の戯作文学である井原西鶴などを範とした。

尾崎紅葉 （おざきこうよう）	日本近代初の文学結社である硯友社を結成し、日本近代初の機関誌『我楽多文庫』を創刊した。24歳で大家と仰がれ、泉鏡花、田山花袋、徳田秋声など多くの門下生がいた。「である」体を案出するなど、文体革新に取り組んだことでも知られる。
	・女性描写に優れ、代表作には『多情多恨』、『金色夜叉』などがある
幸田露伴 （こうだろはん）	北海道余市に電信技手として赴任したが、そこで逍遥の『小説神髄』や『当世書生気質』に触れ、文学を志す。
	・代表作『五重塔』には、芸道に精通する男性の理想像が描かれる

③ 浪漫主義

雑誌『文学界』の若者を中心に、「愛」や「自由」を重視し、人間的感情の解放を主張するロマン主義的な文学を目指す運動が展開された。

北村透谷 （とうこく）	・雑誌『文学界』同人の中心的人物 ・評論『内部生命論』などで知られる
島崎藤村 （しまざきとうそん）	・浪漫主義の詩人として文学活動を始める ・代表作は『若菜集』（わかなしゅう）など
森鷗外 （もりおうがい）	・ドイツ留学の体験をもとに『舞姫』（まいひめ）、『うたかたの記』、『文づかひ』（ふみ）（ドイツ三部作）などの浪漫主義的な作品を発表 ・これら初期の作品群は浪漫主義に分類される
樋口一葉 （ひぐちいちよう）	・半井桃水（なからいとうすい）に入門し小説家を志す ・西鶴調の文体で、封建的社会の中の女性の姿と心理を描いた ・『たけくらべ』、『にごりえ』、『十三夜』などの作品を発表した

④ 自然主義

写実主義から発展した西洋の自然主義の影響を受け、現実に忠実である態度を特徴する文学である。

西欧の自然主義は実証精神に立ち、空想や美化を捨てて観察分析によって現実と人間をあるがままに描くという文学態度・主義を指す。フランスの小説家ゾラは自然科学の影響を受け、『実験小説論』で自然主義の方法論を提唱し、人間を遺伝と環境による因果律で決定される存在と考えた。

一方、日本の自然主義は社会の暗黒部分ではなく、作家個人の実生活でこれまで陽の当たらなかった部分、特に現実の醜悪な部分を取り上げるという方向へ変化し、私小説、心境小説というスタイルに傾いていった。

島崎藤村	『破戒』は日本の自然主義の代表的な作品とされるが、社会的矛盾を認識する科学性が不十分だという評価もある。また、島崎藤村自身はロマン主義的傾向のある作家であり、『破戒』以後の作品では、自伝的作品が多く書かれる。 ・『破戒』(1906)を発表して詩人から小説家へ転身 ・その他の代表作は『春』、『夜明け前』など
田山花袋	・『蒲団』(1907)を発表したことで自然主義作家として位置づけられる ・自己を告白するような作品が多く、他の作品には『田舎教師』などがある
徳田秋声	・『新世帯』、『黴』など、作者自身の生活を描いた
永井荷風	・日本に自然主義の理論家ゾラ、およびゾライズムを紹介した ・その実践として『地獄の花』を発表するが、やがて耽美派作家として活躍

⑤ 高踏派

自然主義を批判し、独自の視点で近代という時代や、近代知識人の苦悩などを描いた。

森鷗外	・軍医として活動する時期を経て再び文壇に戻り、『青年』、『雁』などの現代小説、『阿部一族』、『高瀬舟』などの歴史小説、『渋江抽斎』などの史伝小説を発表した
夏目漱石	・英文学を学び、英語教師として働くが、『吾輩は猫である』で小説家となる ・『坊ちゃん』、『草枕』のほか、『三四郎』、『それから』、『門』(初期三部作)、『彼岸過迄』、『行人』、『こころ』(後期三部作)、遺作となった『明暗』などがある

⑥ 耽美派

自然主義の醜悪な現実ではなく、享楽や美を至高とする文学である。

永井荷風	ゾラを日本に紹介した人物だが、自然主義作家としてではなく、耽美派作家として有名である。谷崎潤一郎の才能を認め、文壇にデビューさせたことでも知られる。
	・代表作は『あめりか物語』、『ふらんす物語』、江戸の伝統美を描いた『すみだ川』など
谷崎潤一郎 （たにざきじゅんいちろう）	晩年には日本の古典美などに関心を抱き、『源氏物語』の現代語訳なども手がけた。
	・初期の作品は女性の悪魔性や、官能美を崇拝するフェミニズムが特徴的で、「悪魔主義」と呼ばれた ・代表作は『刺青』、『痴人の愛』、『春琴抄』、『細雪』など

⑦ 白樺派

学習院大学の文学青年たちの雑誌『白樺』を拠点とする文学グループである。自然主義の暴露的・否定的な人生観ではなく、理想主義的な人道主義を掲げ、個の尊厳を主張した。

武者小路実篤 （むしゃのこうじさねあつ）	武者小路実篤は、宮崎県に共同生活を営む「新しき村」建設を起こし反響を呼んだ。
	・トルストイやメーテルリンクの影響を受け、雑誌『白樺』を発刊 ・楽天的自己肯定に立つ作品が多く、代表作には『お目出たき人』、『友情』などがある
志賀直哉 （しがなおや）	・短編小説に優れ、「小説の神様」と評される ・代表作には『城の崎にて』、『和解』、『暗夜行路』などがある ・初期の作品では父との葛藤が創作のモチーフとなっている
有島武郎 （ありしまたけお）	若い頃にはキリスト教の影響を受け、後には無政府主義的社会主義の立場に近づき、晩年には『宣言一つ』でプロレタリア文学を提唱するなど、独自の思想と視野を持った作家である。
	・代表作には『生まれ出づる悩み』、『カインの末裔』、『或る女』などがある

⑧ 新思潮派

東大系の文学青年たちが集まる雑誌『新思潮』を拠点とする文芸グループである。現実を理知的に捉え、技巧的表現に優れた作品が多く、大正期を代表する作家たちを生み出した。

芥川龍之介（あくたがわりゅうのすけ）	・代表作には『羅生門（らしょうもん）』、『鼻』など ・『今昔物語集』に取材したものや、『地獄変（じごくへん）』、『蜘蛛の糸（くも）』、『河童（かっぱ）』などがある
菊池寛（きくちかん）	・代表作には『恩讐の彼方に（おんしゅう）』や戯曲『父帰る（ちちかえる）』などがある
山本有三（やまもとゆうぞう）	・代表作には『路傍の石（ろぼう）』、『真実一路』、『女の一生』などがある

⑨ 三田派

耽美派の影響を受けた文芸グループで、代表的作家には佐藤春夫（はるお）、室生犀星（むろうさいせい）などがいる。

⑩ 奇蹟派

日常生活の考察に徹し、自然主義につながる伝統的な側面を持つ。代表的作家には広津和郎（ひろつかずお）、葛西善蔵（かさいぜんぞう）、宇野浩二（うのこうじ）らがいる。

⑪ プロレタリア文学

ロシア革命（1917）の影響を受けて生まれたマルクス主義世界観に根ざし、文学を階級闘争の手段として用いようとするものである。その基本姿勢は、芸術を社会改革に役立てる、あるいは、社会革命そのものを芸術とするものであった。

徳永直（とくながすなお）	・代表作は、印刷業の共同労働争議をめぐる小説『太陽のない街』
小林多喜二（たきじ）	・代表作は、オホーツク海で操業する蟹工船の労働者が起こしたストライキをめぐる小説『蟹工船（かにこうせん）』
葉山嘉樹（はやまよしき）	・代表作は、石炭船で働く労働者が主人公の小説『海に生くる人』

1　日本の文学・芸術　387

⑫ 転向文学

　昭和10年代、社会主義への弾圧強化に伴いプロレタリア文学から転向した作家たちの文学である。転向の苦悩などをテーマとする作品が多い。

中野重治 （なかの しげはる）	・『村の家』、『歌のわかれ』
島木健作 （しまき けんさく）	・『生活の探究』
高見順 （たかみ じゅん）	・『故旧忘れ得べき』、『如何なる星の下に』

⑬ モダニズム文学

　大正末期から昭和初期にかけてプロレタリア文学と対立して展開した文学である。

新感覚派		・現実の断片を感覚的に捉え、それを知的に再構成することによって生命感を表現しようとした ・『文芸時代』創刊
	横光利一 （よこみつ りいち）	・新感覚派のリーダー的存在で、代表作には『頭ならびに腹』、『蝿』、『日輪』など
	川端康成 （かわばた やすなり）	・代表作は『伊豆の踊子』、『雪国』、『山の音』など ・ノーベル文学賞受賞者としても知られる
新興芸術派		・新感覚派のあとを受け、反マルクス主義と芸術の自律を主張
	井伏鱒二 （いぶせ ますじ）	・代表作は『山椒魚』、『黒い雨』など
	梶井基次郎 （かじい もとじろう）	・代表作は『檸檬』など
新心理主義		・新興芸術派の一傾向から大きな流れとなった心理的リアリズムを主張した文学
	堀辰雄 （ほり たつお）	・代表作は『美しい村』、『風立ちぬ』、『聖家族』、『菜穂子』など

⑭ 戦後の文学

無頼派 （新戯作派）		・戦後のモラルや既成概念に反発し、退廃的姿勢をとった作家集団
	太宰治	・『人間失格』、『斜陽』、『富岳百景』、『走れメロス』
	坂口安吾	・『堕落論』、『白痴』
新日本文学派		・戦争中沈黙を強いられたプロレタリア系の作家が中心となって戦後結成された文学会派
	宮本百合子	・『播州平野』、『道標』
戦後派（アプレ・ゲール）		・同人誌「近代文学」を中心に、政治よりも人間重視の立場で文学創造に挑んだ文学潮流
	野間宏	・『真空地帯』、『暗い絵』
	梅崎春生	・『桜島』
	三島由紀夫	・『金閣寺』、『仮面の告白』、『潮騒』
	大岡昇平	・『俘虜記』、『野火』、『武蔵野夫人』
	安部公房	・『砂の女』、『壁―S・カルマ氏の犯罪』
第三の新人		・1952～55年頃に芥川賞を受賞、またはその候補者となった新人作家たち
	安岡正太郎	・『悪い仲間』、『海辺の光景』
	吉行淳之介	・『驟雨』、『砂の上の植物群』
	遠藤周作	・『海と毒薬』、『沈黙』、『白い人』
その他の作家		
	中島敦	・『山月記』、『李陵』
	井上靖	・『氷壁』、『天平の甍』、『敦煌』、『あすなろ物語』
	林芙美子	・『放浪記』、『浮雲』
	石原慎太郎	・『太陽の季節』
	大江健三郎	・ノーベル文学賞受賞者、『飼育』、『死者の奢り』
	司馬遼太郎	・『竜馬がゆく』、『国盗り物語』

1 日本の文学・芸術　389

（2）短歌・俳句・近代詩

① 近代短歌

根岸派	・正岡子規を中心とするグループ
正岡子規	・評論『歌よみに与ふる書』で『古今和歌集』を旧派として攻撃し、『万葉集』と源実朝を賞賛し、写生を主張した
自然派	・自然主義を踏まえた歌人のグループ ・現実に直面した歌を目指し、近代人の苦悩、倦怠、不安を直視した歌作を展開した
若山牧水	・『離別』など
石川啄木	・『一握の砂』、『悲しき玩具』など
明星派	・与謝野鉄幹が創刊した雑誌『明星』による歌人たち ・浪漫的作風で「自我」の叫びを歌った
与謝野晶子	・『みだれ髪』など
耽美派	・雑誌『スバル』により、明星派を受け継ぐ ・退廃的な歌風で、官能や人生の哀感を歌った
北原白秋	・『桐の花』など
アララギ派	・雑誌『アララギ』による歌人たち ・正岡子規の唱えた万葉調の「写生」の歌風を完成させた
斎藤茂吉	・『赤光』など
反アララギ派	・アララギ派が主流を占める中で、芭蕉俳諧に発する象徴歌を提唱するなど、自由で清新な風を送った

390 第5章 文芸

② 近代俳句

日本派	・雑誌『ホトトギス』の顧問である**正岡子規**を中心とするグループ ・正岡子規は、短歌同様、俳句においても「写生」の重要性を力説した
新傾向俳句	・個性を重視し新しい技巧や素材を求めて、俳句の近代化を目指した ・中心となった**河東碧梧桐**は正岡子規の没後、『日本』の俳句欄を担当 し、実感による写生を重んじながら、新傾向俳句の運動を興した
自由律俳句	・「五・七・五」の定型や季語を否定し、新しい韻律の新傾向俳句を展開 した
荻原井泉水	・『源泉』など
種田山頭火	・『草木塔』など
ホトトギス派	・雑誌『ホトトギス』を主宰した**高浜虚子**らを中心として、定型を守る立場 をとり、正岡子規の「写生」を発展させた客観写生の伝統を守った ・また、俳句の本質を「花鳥諷詠」とした
新興俳句運動	・形式よりも内容の近代化を重視し、客観写生に偏った「花鳥諷詠」から 離れ、生活に直結した人間感情の清新な表現を求めた ・**水原秋桜子**は花鳥諷詠を不満としてホトトギス派を離れ、雑誌『馬酔木』 を創刊した

③ 近代詩

新体詩	・和歌・漢詩などの伝統的な詩を離れて西洋風の詩が創作された ・西洋の詩の翻訳と創作詩からなる『**新体詩抄**』のほか、森鷗外らが編纂した訳詩集『**於母影**』など
浪漫詩	・雑誌『文学界』を拠点として、芸術至上主義的な傾向を示した
島崎藤村	・『**若菜集**』、『**落梅集**』を発表し、青春の感傷や自我の目覚めを歌い、新体詩の完成者となった
象徴詩	・フランスの象徴主義に影響された新しい傾向 ・言葉による説明ではなく、暗示によって情緒を生み、内面を伝える手法をとった
上田敏	・『**海潮音**』など
蒲原有明	・『**春鳥集**』など
耽美派	・雑誌『スバル』を拠点に、反自然主義的に官能美を謳った
北原白秋	・『**邪宗門**』、『**思ひで**』など
木下杢太郎	・『**食後の唄**』など
理想主義派 （白樺派）	・白樺派の影響で、ヒューマニズムにあふれた理想主義・人道主義の立場をとる
高村光太郎	・『**道程**』、『**智恵子抄**』など
室生犀星	・『**叙情小曲集**』など
反民衆詩派	・口語自由詩と象徴詩を結合させた萩原朔太郎により、口語自由詩が完成された ・感情の表出を唱え、芸術の深化を目指した
萩原朔太郎	・『**月に吠える**』、『**青猫**』など
プロレタリア詩	・マルクス主義の影響を受け、労働者の生活を歌い、労働運動を進めた
中野重治	・『**中野重治詩集**』など
伊藤信吉	・『**故郷**』など
四季派	・雑誌『四季』を中心に、抒情詩の伝統に立ち、理性と感性との調和を目指した
三好達治	・『四季』を創刊、『**測量船**』など
中原中也	・『**山羊の歌**』、『**在りし日の歌**』など

5.2 > 美術 ★★★

（1）日本画家

横山大観 （たいかん）	・岡倉天心[7]とともに日本美術院の創設に力を尽くした ・「没線画法[8]」によって新しい日本画を確立した ・代表作は「生々流転（せいせいるてん）」、「屈原（くつげん）」など
竹内栖鳳 （せいほう）	・水墨画と西洋画の技法を織り交ぜ、新たな日本画の技法を生み出した ・代表作は「アレタ立に」、「河口（かこう）」、「斑猫（はんびょう）」など

（2）西洋画家

高橋由一 （ゆいち）	・江戸期洋風画家の最後の人であり、近代洋画の最初の人 ・優れた写実画で知られ、代表作は「鮭」などがある
浅井忠 （ちゅう）	・1876年に設置された工部省付属美術学校で絵画を学んだ ・代表作には「春畝（しゅんぽ）」などがある
黒田清輝[9] （せいき）	・日本洋画の父と呼ばれ、印象派の明るい色調と自由清新な感覚を援用 ・代表作には、「読書」、「湖畔（こはん）」などがある
安井曾太郎 （そうたろう）	・浅井忠に師事したのち渡仏した ・ピサロやセザンヌの影響を受け、代表作には「金蓉（きんよう）」などがある
梅原龍三郎 （りゅうざぶろう）	・ルノワールに師事 ・絢爛な色彩や、豪放な筆遣いの装飾的な絵画を特徴とする
萬鉄五郎 （よろずてつごろう）	・フォービズムやキュビズムの影響を受け、日本のゴーギャンと評される
青木繁 （あおきしげる）	・東京美術学校出身 ・『古事記』や『日本書紀』を題材とした文学的なロマン主義的絵画 ・代表作は「わだつみのいろこの宮」、「海の幸」などがある
岸田劉生 （きしだりゅうせい）	・『白樺』と関わりが深く、写実性を重んじ静物画を得意とする ・代表作には「道路と土手と塀」、「麗子像（れいこぞう）」などがある

7 　岡倉天心はフェノロサに学び、日本美術の保存と研究に尽力した。『茶の本』などの英語の著作により、日本美術の価値を世界に広めたことでも知られる。

8 　線を明確に描かずに輪郭をぼかして空気や光を表そうとする技法で、伝統的な東洋の技法を否定するものだとして当初は批判されることもあったが、後に新しい技法として評価されるようになった。

9 　ラファエル・コランの温和な外光主義を学び、1893年にフランスから帰国後、天真道場を開設して後に官展の主流になる画家たちを輩出する。1896年に東京美術学校に西洋画科が設立され、主任教授となる。白馬会を結成し、官展から独立して展覧会を開く。

1　日本の文学・芸術　393

竹久夢二	・明治末から大正期にかけて大正ロマンを漂わせる叙情的詩画で一世を風靡した ・代表作には「黒船屋」などがある
藤田嗣治	・エコール・ド・パリの画家としても知られる

竹内栖鳳「斑猫」

黒田清輝「湖畔」

高橋由一「鮭」

竹下夢二「黒船屋」

青木繁「わだつみのいろこの宮」

過去問チェック

01 奈良時代に建てられた正倉院には、聖武天皇の遺品をはじめとする宝物が納められており、西アジアの影響を受けた工芸品も残されている。東京都Ⅰ類2010 1.3

○

02 『万葉集』は、奈良時代後期に成立したと推定され、現存する我が国最古の歌集で、短歌・長歌・旋頭歌など約4500の歌が収められており、内容的には相聞・挽歌・雑歌に大別され、編者は不明だが、大伴家持が有力視されている。裁判所2004 1.3

○

03 平安時代には寄木造による仏像がつくられるようになり、興福寺阿修羅像が寄木造の仏像の代表的作品とされている。東京都Ⅰ類2010 1.3 2.2

✕ 興福寺阿修羅像は寄木造ではなく奈良時代に作られた乾漆像である。

04 紫式部の『源氏物語』では「をかし」が基調となっており、清少納言の『枕草子』では「もののあはれ」が基調となっている。裁判所2002 2.2

✕ 一般的には『源氏物語』が人間や自然の情感を表した「もののあはれ」、『枕草子』が対象を知的に観照した「をかし」だとされている。

05 『大鏡』は、奈良時代に成立した歴史物語である。大宅世継と夏山繁樹という2人の老人が若侍らを前に回想談をするという構成をとり、特に菅原道真の栄華に焦点が当てられている。裁判所2005改題 2.3

✕ 『大鏡』の成立時期には諸説あるが、一般的には白河院の院政期(11世紀後半〜12世紀前半)に成立したと考えられている。また、「特に菅原道真の栄華に焦点が当てられている」という部分も誤りで、主に藤原道長の権勢について述べられている。

06 歌川広重は、「富嶽三十六景」にみられるような大胆で奇抜な構図や題材の新鮮さによって風景版画に新境地を開いた。特別区Ⅰ類2003 4.3

✕ 「富嶽三十六景」の作者は歌川広重ではなく葛飾北斎である。

07 東洲斎写楽は、大首絵の手法を駆使して、個性豊かに役者絵・相撲絵を描き、「市川鰕蔵」をはじめとする作品を生んだ。特別区Ⅰ類2003 4.3

1 日本の文学・芸術 395

◯

08 夏目漱石は、初期では『彼岸過迄』や『こころ』といった人間のエゴイズムを追求した暗く重い作風であった。それが後期では、ユーモアあふれる『吾輩は猫である』や反俗精神にみちた『坊つちやん』など明るい作風に変化していった。**国家専門職2007** [5.1]

✕ 夏目漱石は初期に『吾輩は猫である』や『坊つちゃん』を発表し、後期になって人間のエゴイズムを追求した『彼岸過迄』、『こころ』を発表した。

09 永井荷風や谷崎潤一郎ら「新思潮」の同人が中心となって、人間性の解放を求めるロマン主義の文学を展開した。**特別区Ⅰ類2007** [5.1]

✕ 永井荷風や谷崎潤一郎はロマン主義ではなく耽美派として知られる。

10 芥川龍之介は、すぐれた心理描写や理知的な視点で構成された数多くの短編小説を発表した。その作品の種類は幅広く、『鼻』や『六の宮の姫君』といった王朝物、『杜子春』や『蜘蛛の糸』といった童話のほか、切支丹物や江戸物などといわれる作品を発表した。**国家専門職2007** [5.1]

◯ 芥川龍之介は夏目漱石の弟子で、古典を素材に機知に富んだ着想で近代的に解釈した作品を多く発表した。

第5章

文芸

1　日本の文学・芸術　397

過去問 Exercise

問題1 日本の古典文学における文芸理念に関する記述として最も妥当なのはどれか。

国家一般職2007

❶ 上代の歌集では、『万葉集』に代表されるような、優しく可憐な歌風である「たをやめぶり」が表現されている。対照的に、中古では『古今和歌集』に代表されるような、素朴で雄大な歌風である「ますらをぶり」が特徴とされている。

❷ 中古の日記・随筆文学では、明るい知的感覚に基づいた情趣である「をかし」が表現されるようになった。この「をかし」という言葉は、紀貫之の『土佐日記』の文章「よのなかにをかしきこと」に由来している。

❸ 中古の物語文学では、紫式部の『源氏物語』に代表される、対象への共感や賞賛に基づいた深い感動に根ざす情趣が描かれている。これを、近世の国文学者である本居宣長は「もののあはれ」と表現した。

❹ 中世では、和歌や能楽をはじめとするさまざまな分野で、奥深く深遠で、複合的な品位のある余情美である「幽玄」が表現されるようになった。例えば、藤原定家の『風姿花伝』は能楽論を通じて「幽玄」の理念が表現された代表的な作品である。

❺ 近世では、松尾芭蕉やその弟子による蕉風俳諧において、数々の美的理念が生まれた。例えば、閑寂で枯淡な味わいのある趣きである「粋」は、松尾芭蕉の紀行文『野ざらし紀行』で表現されている。

解説

正解 ❸

❶ ✕　「たをやめぶり」と「ますらをぶり」の意味説明は正しいが、『万葉集』の特徴が「ますらをぶり」であり『古今和歌集』の特徴が「たをやめぶり」である。近世の国学者、賀茂真淵が最初に用いたことはよく知られる。

❷ ✕　「をかし」という意味は正しいが、「よのなかにをかしきこと」という文章は『枕草子』最終段の一文である。また❸の「もののあはれ」と表現される『源氏物語』と比較して『枕草子』が「をかし」の文学だと表現されるので、中古の日記・随筆文学を総じて表現することは、誤りではないもののそれほど多くない。

❸ ◯　本居宣長は一般に国学者と称されるので、「国文学者」という部分はやや引っかかるが、『源氏物語』の説明は正しい。よってこの選択肢が最も妥当である。

❹ ✕　「幽玄」の美は確かに中世で確立されたとされるが、『風姿花伝』は世阿弥による能楽論である。

❺ ✕　松尾芭蕉が提唱したのは閑寂の洗練された情調である「わび」と「さび」である。「粋」とは人情の表裏に通じ、中でも遊里、遊興に関して精通していることをいう。

1　日本の文学・芸術　399

問題2 次は我が国の近世小説に関する記述であるが、ア〜エに入る語句の組合せとして最も妥当なのはどれか。

国家専門職2003

　　ア　は、井原西鶴の「好色一代男」刊行以後、約100年近く上方を中心に出版された小説類である。西鶴の　ア　には好色物の他に、「日本永代蔵」などの町人を中心とした当時の経済生活をリアルに描いた町人物や「西鶴諸国はなし」などの雑話物がある。

　西鶴没後は、彼の雑話物に代表されるような伝奇性を備えた小説の系統に属する　イ　が成立した。これは成立の時代によって前期と後期に分けられるが、前期の代表作として上田秋成の「雨月物語」があり、後期の代表作に滝沢馬琴の「南総里見八犬伝」がある。

　一方、　ア　の写実的な面を引き継いだのが、　ウ　である。これは中国の花街小説の影響の下に成立したもので、第一人者に山東京伝がいるが、寛政の改革で描写が風俗を乱すとして処罰されることになり、以後急速に衰えることになった。末期には、遊里における男女の真情を描くことが流行し、　エ　が成立するきっかけとなった。　エ　の代表的な作品に為永春水の「春色梅児誉美」がある。これも天保の改革で弾圧を受け中絶することになった。その後、再興したもののふるわなかったが、明治時代の恋愛小説に与えた影響は大きいものであった。

	ア	イ	ウ	エ
1	浮世草子	読 本	人情本	黄表紙
2	浮世草子	読 本	洒落本	人情本
3	浮世草子	黄表紙	滑稽本	洒落本
4	仮名草子	読 本	洒落本	黄表紙
5	仮名草子	黄表紙	滑稽本	人情本

解説

正解 **2**

ア：浮世草子

　江戸時代初期に上方で流行した小説形式で、当代の世態・人情・風俗を描写した小説を指す。内容から、好色物、町人物、武家物などに分類される。井原西鶴の「好色一代男」が浮世草子の始まりとされている。なお、仮名草子は、室町時代の物語・草子の後を受け、浮世草子の先駆となった江戸時代初期の小説形式である。

イ：読本

　江戸時代中〜後期の小説形式で、中国の白話小説の影響を受けて生まれ、日本の史伝・伝説・実録などを雅俗折衷の文体で描いた伝奇的な小説をいう。上田秋成の『雨月物語』、曲亭馬琴（滝沢馬琴）の『南総里見八犬伝』などがある。なお、黄表紙は江戸時代中期に流行した大人向けの読み物で、恋川春町の『金々先生栄花夢』から始まったとされている。

ウ：洒落本

　江戸時代中期に流行した小説形式で、遊里を舞台にし、そこに出入りする人々を、「通」という理念や「うがち」の手法で、対話を中心に描いたものである。寛政の改革で洒落本禁止令が出されて衰退し、やがて人情本などに吸収された。滑稽本は江戸時代後期に流行した小説形式で、十返舎一九の『東海道中膝栗毛』や式亭三馬の『浮世風呂』などが代表作とされている。

エ：人情本

　江戸時代後期に流行した小説形式で、洒落本の流れを受けているが、遊里だけではなく町人社会の恋愛や人情を描いたものである。天保の改革で禁止令が出てから衰退した。為永春水の『春色梅児誉美』が代表作とされている。

> **問題3** 次は浮世絵に関する記述であるが、A～Eに入る人名の組合せとして、最も妥当なのはどれか。
>
> 国家一般職2007

　浮世絵は、17世紀に、江戸の町絵師　A　が木版による大量印刷の技法を確立し、18世紀中頃に、鈴木春信が多色刷りの技法である錦絵を始めて以降、急速に広まり、ヨーロッパの印象派、後期印象派の画家たちにも影響を与えた。

　寛政期には、美人画の喜多川歌麿や、役者絵・相撲絵の　B　は、女性や歌舞伎役者、相撲力士などの上半身を大きく描く大首絵の様式を開拓して人気を集めた。大首絵はその大胆なデフォルメによって役柄はもちろんその性格までも表現しており、単純化と強調が効果的に用いられているとされる。マネの作品「ゾラの肖像」は、その背景に相撲力士の浮世絵があることでも知られており、モネの作品「ラ・ジャポネーズ」からは、着物を羽織った婦人の立ち姿の構図が、美人画から引用されたことがうかがえる。

　天保期には、風景版画に優れた作品が残された。　C　の作品「富嶽三十六景」のうち、赤富士として知られる「凱風快晴」や、大波の向こうに小さく見える富士が印象的な「神奈川沖浪裏」などは、現代でも日本の美しい風景としてよく取り上げられる。　D　の作品には「東海道五十三次」、「名所江戸百景」などがある。　E　は「名所江戸百景」のいくつかを模写しているだけでなく、パリの画材屋の主人を描いた作品「タンギー爺さん」で　D　などの作品数点を背景一面に描くなど、浮世絵に触発されて独自の絵画様式を形成していったと考えられている。

	A	B	C	D	E
1	東洲斎写楽	菱川師宣	歌川広重	葛飾北斎	ゴッホ
2	東洲斎写楽	菱川師宣	葛飾北斎	歌川広重	ルノワール
3	葛飾北斎	東洲斎写楽	菱川師宣	歌川広重	ルノワール
4	菱川師宣	東洲斎写楽	歌川広重	葛飾北斎	ルノワール
5	菱川師宣	東洲斎写楽	葛飾北斎	歌川広重	ゴッホ

402　第5章　文芸

解説

正解 **5**

A：菱川師宣

　狩野派や土佐派に学び、それを基礎として肉筆画や版画をよくし、吉原の遊女や歌舞伎役者を描いた。元禄期に活躍した人物で、浮世絵の祖といわれた。

B：東洲斎写楽

　「大首絵」がヒントとなる。判明している作画期間がわずか10か月間であり、伝記的資料を欠くため、謎の画家として知られる。豪華な雲母摺の役者大首絵を発表し、評判となった。

C：葛飾北斎

　「富嶽三十六景」がヒントとなる。美人画や役者絵が退廃的になってくると、大胆な構図で風景画のジャンルに新たな境地を開拓した。他に「北斎漫画」等の絵本類もよく知られる。

D：歌川広重

　「東海道五十三次」がヒントとなる。もと狩野派や南画を学んでいたが、葛飾北斎の影響を受け風景画家に転向した。ゴッホなどの印象派・後期印象派の画家にも影響を与え、花鳥画にも名作を残している。

E：ゴッホ

　ゴッホの有名な絵画の一つである「タンギー爺さん」がヒントとなる。19世紀後半のフランスでジャポニズムが流行し、浮世絵などの影響を受けた画家が独自の絵画様式を形成していった。そのうちの一人であるゴッホは、浮世絵や印象派の影響から明るい色彩に転じ、「タンギー爺さん」のように背景に組み入れるだけでなく、浮世絵を模写したものも多く残した。

1　日本の文学・芸術　403

問題4 次のA、B、Cは、近代以降に活躍した日本の作家についての記述であるが、人名の組合せとして最も妥当なのはどれか。

国家専門職2009

A 明治後期の日本において主流であった自然主義に対抗し、豊かな想像力によって女性の官能美を描き出すなど、耽美的な傾向をもつ作品を発表し、悪魔主義ともいわれた。関東大震災の後、関西に移り住んで、日本の伝統文化に接するなかで日本的古典美に傾倒するようになり、『春琴抄』など古典的情緒のある作品を残した。

B 白樺派の志賀直哉に傾倒したが、次第に社会主義に進み、プロレタリア文学の作家としての地位を確立した。代表作には、オホーツク海で操業する蟹工船の中で過酷な労働を強いられる労働者たちが、階級的自覚をもち、団結して雇い主との闘争に立ち上がっていく過程を描いたものがある。

C プロレタリア文学に同調することを好まず、個性的な芸術表現を重んじる、いわゆる「新興芸術派」の一員に連なった。渓流の岩屋から出られなくなった山椒魚の狼狽ぶりや悲哀をユーモアあふれる文体で語った『山椒魚』など、「生きていく」ことを様々な題材によって表現しようとし、戦後には、戦争への怒りと悲しみを込めた作品を発表した。

	A	B	C
1	川端康成	小林多喜二	永井荷風
2	川端康成	徳永直	井伏鱒二
3	谷崎潤一郎	小林多喜二	井伏鱒二
4	谷崎潤一郎	小林多喜二	永井荷風
5	谷崎潤一郎	徳永直	永井荷風

解説

正解 **3**

A：谷崎潤一郎

　「女性の官能美」、「悪魔主義」などの語句や『春琴抄』などがヒントとなる。耽美派の中でも女性の官能美を描き出し、悪魔主義的作品と評される『痴人の愛』などの作品がよく知られる。川端康成はノーベル文学賞を受賞したことでも知られる昭和を代表する作家で、『雪国』、『伊豆の踊子』などの作品がある。プロレタリア文学に対抗したモダニズム文学として知られる新感覚派の作家である。

B：小林多喜二

　「プロレタリア文学」という語句や小林多喜二の作品名にもなっている説明文中の「蟹工船」という語がヒントとなる。徳永直は小林多喜二と同様にプロレタリア文学の作家であるが、代表作には印刷工として労働運動に参加したときの体験をもとに描いた『太陽のない街』などがある。

C：井伏鱒二

　「新興芸術派」という語や『山椒魚』という作品がヒントとなる。「戦争への怒りと悲しみを込めた作品」が『黒い雨』だということも予想できる。永井荷風は明治から大正期にかけて活躍した作家で、谷崎潤一郎とともに耽美派の作家である。初期には自然主義のゾラを日本に紹介するが、のちに耽美的な作風に転じ、日本の花柳界などを作品の題材として描いた。『あめりか物語』、『すみだ川』、『腕くらべ』などの代表作がある。

問題5

次の文章中のA〜Dの空欄に入る語句の組合せとして適当なもののみを挙げているのはどれか。

裁判所2009

　芥川龍之介は、当初、平安・鎌倉時代の（　**A**　）の中から題材を設定し、「羅生門」「鼻」「芋粥」などを著し、さらに江戸物といわれる「戯作三昧」や「枯野抄」といった作品を意欲的に発表した。それらの作品に求めたものは、理知的な感性によって現実を鋭く捉え、そこに登場する人間の微妙な心理の追及・分析であり、その構成や文章においては極めて無駄のない緊密な作風となっている。晩年の「河童」「歯車」「或阿呆の一生」などは、現実生活に取材し、（　**B**　）な境地を求めながらも行き詰っていく内面的苦悩を赤裸々に示している。いずれにしても芥川の文学は、（　**C**　）あるいは理知派とよばれ、同派の作家の一人に（　**D**　）が挙げられる。

1　A―歴史物語　　　B―芸術至上主義的　　　C―新思潮派

2　A―歴史物語　　　B―理想主義的　　　　　C―新感覚派

3　A―説話集　　　　B―芸術至上主義的　　　D―菊池寛

4　A―説話集　　　　C―新感覚派　　　　　　D―横光利一

5　B―理想主義的　　C―新思潮派　　　　　　D―横光利一

解説

正解 **3**

A：説話集

芥川龍之介は『今昔物語集』などの説話集を題材に「羅生門」などの作品を生み出した。「歴史物語」は「栄華物語」、「大鏡」などのある時期の歴史を記した物語のことである。

B：芸術至上主義的

芥川龍之介の作品の特徴として当てはまるのが「理知的・意識的な小説作法」ということと、「芸術至上主義」である。芸術至上主義とは、政治や宗教などから自立し、純粋に芸術の価値を目的として扱う立場のことをいう。「理想主義的」は明治20年代、擬古典主義の頃に活躍した幸田露伴の作品に対してや、白樺派の作風に対してよく用いられる表現である。

C：新思潮派

芥川は菊池寛、久米正雄らと文芸雑誌である第3・4次「新思潮」を刊行した。この第3・4次（1914〜1917年頃）に出た作家を「新思潮派」と呼ぶ。「新感覚派」は大正末期〜昭和初期に「文芸時代」で活躍した川端康成、横光利一や稲垣足穂らをいい、分裂した自我を新しい感覚と技法で表現した。

D：菊池寛

Cで説明したように新思潮派としてともに活躍した人物である。小説家・劇作家である菊池寛は、「恩讐の彼方に」、「真珠夫人」で一躍流行作家となり、後に「文芸春秋」を創刊し、芥川賞・直木賞を創設した人物である。横光利一は川端康成らと同様、「文芸時代」で活躍した新感覚派の作家である。後に新心理主義文学に移行した。

1 日本の文学・芸術 **407**

国家一般職★★☆／国家専門職★★★／裁判所★★★／東京都Ⅰ類★★★／特別区Ⅰ類★★★

2 西洋の文学・芸術

古典古代から18世紀までは、時代を代表する美術様式の特徴と建築や芸術作品を整理しましょう。19世紀以降は絵画・文学・音楽について、芸術家と作品名を結びつけて覚えておきましょう。

1 古典古代の文化

1.1 ギリシア文化 ★★★

　紀元前8世紀頃から、ポリスという共同体を基盤として**ギリシア文化**が誕生する。人間中心主義的で、合理的精神や、調和と均整のとれた創造力、写実性などを特徴とするギリシア文化はのちの時代にも大きな影響を与え、クラシック（古典）として受け継がれていく。

（1）建築

パルテノン神殿	・前5世紀後半に建造されたドーリア式の代表的なギリシア建築
ニケ神殿	・前5世紀に建てられたイオニア式の神殿
ゼウス神殿	・ヘレニズム時代に建てられたコリント式の神殿

（2）美術

　彫刻家として、パルテノン神殿のアテナ女神像を作ったフェイディアスが有名であるほか、次のような作品が知られる。

	円盤を投げる人	・ミュロン作、原作は現存せず
彫刻	槍を持つ男	・ポリュクレイトス作、青銅で作られた原作は現存せず
	ミロのヴィーナス	・作者不詳のヘレニズム彫刻

408　第5章　文芸

（3）文　学

叙事詩	「イリアス」	・ホメロスによる紀元前8世紀の二大叙事詩
	「オデュッセイア」	・ホメロスによる紀元前8世紀の二大叙事詩
戯曲	「オイディプス」	・ソフォクレスによる悲劇

1.2 ローマ文化 ★★★

　ギリシア文化を継承しながら、実用性と政治性を兼ね備えた独自の文化として**ローマ文化**が発展した。軍道、水道橋、劇場、公共広場、公共浴場（カラカラ浴場）、凱旋門などアーチを用いた巨大な公共建造物が作られる。

（1）建　築

コロッセウム	・約5万人を収容する円形闘技場
ガール水道橋	・前1世紀末頃に建設された全長270mの水道橋

（2）美　術

彫刻	アグリッパ像	・古代ローマの政治家アグリッパの像
	カラカラ帝像	・ローマの皇帝カラカラの像

ギリシア文化

	アルカイック時代	クラシック時代	ヘレニズム時代
特　色	若さと明朗さ	模範的な美	優美、動的、感情の表現 世界市民主義
建築様式	ドーリア式	イオニア式	コリント式
代表建築	パルテノン神殿	ニケ神殿	ゼウス神殿
彫　刻	・テネアのアポロン	・円盤を投げる人 ・槍を持つ男	・ミロのヴィーナス ・ラオコーン

2　西洋の文学・芸術　409

② 中世キリスト教時代の文化

2.1 ビザンツ文化　★★★

　ビザンツ文化は5世紀頃に始まり、東方の初期キリスト教美術を母体として、ヘレニズム美術の伝統と、アジアやペルシア美術の影響を受けて発展した。保存された古典文化は後に北イタリアに伝えられ、ルネサンスを生み出す土壌となった。

（1）建　築
　ビザンツ様式の建築では、バシリカ様式の方形に雄大な円屋根（ドーム）を備え、内部には豪華なモザイク装飾が施されている。

ハギア＝ソフィア聖堂 （聖ソフィア聖堂）	・現在のイスタンブールに建造された、ビザンツ様式を代表する大聖堂建築
サン＝マルコ寺院	・イタリアのヴェネツィアで最も有名な大聖堂

（2）美　術
　教会建築に用いられた美術として、モザイク画とイコン美術がある。
　モザイク画は色ガラスや色大理石を組み合わせて模様や絵を構成したもので、教会の壁面や円蓋に描かれた。**イコン**は鮮やかな色彩で、キリスト、聖母、聖者を描いた礼拝用の絵画である。

2.2 ロマネスク文化・ゴシック文化　★★★

　ロマネスク文化は10世紀から12世紀にかけて、修道院を母体として発展した。当時の教会の権威は絶対的なものであり、生活や文化はキリスト教を基調としたものとなった。「ロマネスク」は、「ローマ風の」という意味を表す。
　ゴシック文化は12世紀半ばから14世紀にかけて、聖職者や王侯貴族に加えて、経済力と政治力のある市民階級が文化の担い手となり発展した。「ゴシック」とは、「（ローマ人から見ると野蛮な）ゴート人の」という意味を表す。

(1) ロマネスク様式の建築

　ロマネスク様式は半円状アーチを多用した重厚な石造りの建築様式で、窓が小さく、内部が暗いのが特徴である。

ピサ大聖堂	・12世紀の半ばに完成したイタリアの教会建築
ヴォルムス大聖堂	・ドイツのヴォルムスに建てられたロマネスク様式の教会建築

(2) ゴシック様式の建築

　ゴシック様式では上へ伸びる垂直的な形が強調され、天にそびえ立つ尖塔を特徴とする。建築技術の向上により大きな窓を作ることが可能になり、透明感溢れる色彩豊かなステンドグラスが発達した。

ノートルダム大聖堂	・13世紀にフランスのパリに建てられたゴシック様式を代表する教会建築
シャルトル大聖堂	・フランスのシャルトルに建てられた教会建築で、ステンドグラスが有名
ケルン大聖堂	・ドイツのケルンに建てられた教会建築、19世紀にようやく完成

ピサ大聖堂

ケルン大聖堂

3 ルネサンス期の文化

　15世紀前半を初期ルネサンス、15世紀後半〜16世紀中頃を盛期ルネサンスとすることもある。「ルネサンス」とは「再生・復興」を表す。ギリシア、ローマの古典文化の復興でもあり、中世のローマ＝カトリック教会から解放された人間中心の自由な文化の革命運動となった。

3.1 初期ルネサンス ★★★

（1）建　築

　初期ルネサンスの建築としてはフィレンツェの**サンタ＝マリア大聖堂**が持つドームが有名で、建築家**ブルネレスキ**により設計された。

（2）美　術

　絵画ではジョットやマサッチオにより新しい動きがもたらされた。それまでの絵画では、ビザンツ様式の宗教画が主流であり、写実性より精神性を重んじるため描かれる人物は似たような顔立ちで、ポーズも型にはまったものだった。一方、**ジョット**の絵画は三次元的な奥行きがあり人々の表情がいきいきと描かれていたため、その卓越した技術が賞賛され、ルネサンス絵画の先駆者とされた。ジョットは同時代に活躍したダンテの肖像画を残していることでも知られる。また、**マサッチオ**は**遠近法**（透視図法）を確立し、近代絵画の創始者とされる。

　ボッティチェリはメディチ家の庇護を受けたことで知られる。ルネサンス以前の芸術は、教会などの一部の権威ある人間だけのものだったが、ルネサンスでは財力のある富豪がパトロン（支援者）となり、その庇護のもとで多くの芸術が開花した。また、それまで画家、建築家、彫刻家などは「職人」として扱われていたが、ルネサンスの時代では、「芸術家」という地位が確立されていった。

彫刻	ギベルティ	・「天国の扉」、「イサクの犠牲」など
	ドナテルロ	・「ダヴィデ像」、「聖マルコ像」など
絵画	ジョット	・ルネサンス絵画の先駆者
	フラ＝アンジェリコ	・「受胎告知」（サン＝マルコ修道院の壁画）
	マサッチオ	・「楽園追放」、「貢の銭」、「三位一体」など
	ボッティチェリ	・「ヴィーナスの誕生」、「春」など

(3) 文　学

　14世紀初頭に書かれた**ダンテ**の『**神曲**』は、カトリック教会の世界観から抜け出せてはいないものの、ラテン語ではなく民衆の日常語（方言）であるトスカナ語で書かれ、豊かな人間の感情がいきいきと表現されており、イタリア・ルネサンスの嚆矢とされる。

叙事詩	ダンテ	・『神曲』（長編叙事詩）
物語	ボッカチオ	・『デカメロン』

3.2 盛期ルネサンス ★★★

（1）建　築

　盛期ルネサンスの建築としては**サン＝ピエトロ大聖堂**が有名で、ブラマンテが最初の設計者であった。

（2）美　術

　レオナルド＝ダ＝ヴィンチは「万能の天才」と呼ばれ、天文学や医学などにも通じていたほか、絵画ではスフマートと呼ばれる「ぼかし」の技術やそれを応用した空気遠近法なども確立した。**ミケランジェロ**はシスティナ礼拝堂の祭壇壁画で知られ、優れた絵画や彫刻を残したほか、建築にも多く携わった。**ラファエロ**はダ＝ヴィンチとミケランジェロの様式を理想的に統合し、盛期ルネサンスを完成させた。

　ダ＝ヴィンチたちが活躍するイタリア・ルネサンスとは別に、北方ルネサンスは独自な発展を遂げた。宮廷画家ファン＝アイクや、デューラーなどのフランドル絵画により発達し、**ブリューゲル**によって完成された。ブリューゲルは農民生活の描写や、俯瞰構図などを特徴とする。

彫刻	ミケランジェロ	・「ダヴィデ像」、「ピエタ」
絵画	レオナルド＝ダ＝ヴィンチ	・「最後の晩餐」、「モナリザ」
	ミケランジェロ	・「天地創造」、「最後の審判」
	ラファエロ	・「アテネの学堂」、「小椅子の聖母」
	ブリューゲル	・「冬景色」、「農民の踊り」、「バベルの塔」

（3）文　学

　シェークスピアは16世紀後半に活躍したイギリスの劇作家であり、イタリア・ルネサンスに遅れて16世紀に興ったイギリス・ルネサンス演劇を代表する。

戯曲	シェークスピア	・『ハムレット』、『リア王』、『マクベス』、『オセロ』（四大悲劇）
小説	セルバンテス	・『ドン＝キホーテ』
随筆	モンテーニュ	・『エセー』（随想録） ・フランスのモラリスト文学の基礎を築く

ボッティチェリ「ヴィーナスの誕生」

ボッティチェリ「春」

レオナルド＝ダ＝ヴィンチ「最後の晩餐」

ラファエロ「小椅子の聖母」

ブリューゲル「農民の踊り」

4 17世紀・18世紀の文化

4.1 バロック文化 ★★★

17世紀、カトリック勢力の巻き返しや国王の絶対的な権力を背景に**バロック文化**が展開した。バロックとは「歪んだ真珠」を表し、均整や調和を重んじる古代ギリシア文化やその伝統を受け継ぐルネサンスと対照的に、バロック文化では複雑な曲線から生み出される躍動感、装飾性、強烈なコントラストで強く感覚に訴える美術様式が流行した[1]。音楽の分野では、教会音楽の他、オペラ、ソナタ、協奏曲など、多くの新しい形式が誕生した。それまでの音楽は声楽中心だったが、この時代から声楽と楽器が対等の地位を占めるようになった。

(1) 建築

バロック建築としてはフランス絶対王制のシンボルである**ヴェルサイユ宮殿**が知られる。

(2) 美術・音楽

彫刻	ベルニーニ	・「アポロンとダフネ」など
絵画	ルーベンス	・フランドル（現在のベルギーを中心とした地域）で活躍した画家で、バロック最大の巨匠とされる ・「キリスト昇架」、「パリスの審判」、「三美神」
	ベラスケス	・スペインの宮廷画家として活躍し、若くして王家の肖像を描くことが許された ・「ラス＝メニーナス（女官たち）」、「王女マルガレーテ」
	レンブラント	・市民階級の人々を描いたオランダの画家で、光と影の描写に優れ「光の魔術師」と呼ばれる ・「夜警」、「34歳の自画像」、「エオマの巡礼」
	フェルメール	・オランダの画家で、日常の中に静けさと永遠性を表現した ・「牛乳を注ぐ女」、「真珠の耳飾りの少女」
音楽	ヴィヴァルディ	・イタリアの作曲家 ・「調和と幻想」、「四季」

---

[1] バロックの一般的なイメージは「ダイナミックな表現」や「強烈な明暗表現」だが、これは主にイタリア、スペイン、フランドル等のカトリックの地域の美術の特徴である。一方、オランダなどのプロテスタントの地域では、対照的に風俗画、風景画、静物画などのジャンルが発達し、日常の親しみやすいテーマなどを描く美術が見られる。

音楽	ヘンデル	・「音楽の母」と呼ばれ、ドイツ出身だがのちにイギリスで活躍した国際派の音楽家 ・「メサイア」、「ハレルヤ」、「水上の音楽」など
	バッハ	・「音楽の父」と呼ばれるドイツの音楽家で、バロック時代の音楽を総合した ・「G線上のアリア」、「主よ人の望みの喜びよ」

ルーベンス「三美神」

ベラスケス「ラス＝メニーナス」

レンブラント「夜警」

フェルメール「真珠の耳飾りの少女」

4.2 ロココ文化 ★★★

　18世紀に入ると、フランスを中心に繊細なものへの志向が高まり、貴族や経済力ある市民により、繊細、軽快、優美な**ロココ文化**が流行する。室内装飾では、渦巻、花飾り、唐草などの曲線模様が多用された。絵画では、パステルと版画が流行し、風俗画・風景画・静物画など、親しみやすい日常がテーマとなった。

(1) 建　築

　ロココ調の建築としては、フリードリヒ2世がドイツのポツダムに建設した離宮**サン＝スーシ宮殿**が有名である。

(2) 美　術

絵画	ワトー	・貴族たちの優雅な趣味を反映したフェート＝ギャラント（雅宴画）というジャンルを確立したフランスの画家 ・「シテール島の巡礼」、「フランスの喜劇」、「シャンゼリゼ」
	シャルダン	・日常のスナップのような静物画や風俗画を描いたフランスの画家 ・「買い物帰りの女中」、「食前に祈り」
	ゴヤ	・スペインの宮廷画家として活躍し、ナポレオンが率いるフランス軍がスペインに侵攻、激動する時代の中を生きた ・後には、ロマン主義的作風に変わっていく ・「着衣のマハ」、「裸のマハ」、「マドリード、1808年5月3日」

ゴヤ「裸のマハ」

ゴヤ「マドリード、1808年5月3日」

5 19世紀の文化

5.1 新古典主義 ★★★

　新古典主義は古代ギリシア・ローマ美術における「理想美」を復活させた。ギリシア・ローマ的神話画や歴史画・革命派の英雄的寓意画などが描かれた。音楽の分野では、**古典派**の音楽が生まれる。この頃から音楽家は、教会や宮廷の専属ではなく、裕福な市民たちに支援されて活躍するようになる。音楽は広く市民に開かれたものとなり、音楽家は自己表現としての音楽を追求できるようになった。

絵画	ダヴィド	・ナポレオンの専属画家として活躍し、ギリシア神話を題材とした絵画のほか、ナポレオンの姿を描いた作品も多い ・「ホラティウス兄弟の誓い」、「サン＝ベルナール峠を越えるボナパルト」
	アングル	・「グランド＝オダリスク」、「泉」
文学	シラー	・『ヴィルヘルム＝テル（ウィリアム＝テル）』、『群盗』、『オルレアンの少女』
	ゲーテ	・ドイツの作家で、シラーとともにドイツ古典主義を完成 ・恵まれた家庭に育ち、語学に優れる ・日本近代文学の森鷗外との関わりも深い ・『若きウェルテルの悩み』、戯曲『ファウスト』
音楽	ハイドン	・交響曲の形式を確立して「交響曲の父」と呼ばれ、モーツァルトやベートーヴェンにも多大な影響を与えた ・オラトリオ「天地創造」、管弦四重奏曲「皇帝」、交響曲「軍隊」、「時計」
	モーツァルト	・古典派の音楽を大成させた ・幼い頃から音楽の才能を示し、夭折の神童として知られる ・歌劇「フィガロの結婚」、「魔笛」、交響曲「レクイエム」
	ベートーヴェン	・古典派の音楽を集大成し、ロマン派への道を拓いたとされている ・難聴に苦しみ聴力を失ったことでも有名 ・ハイドン、モーツァルトと並んで古典派三大巨匠と呼ばれる ・交響曲第5番「運命」、第6番「田園」、第9番「合唱」、ピアノ・ソナタ「月光」

2　西洋の文学・芸術　419

ダヴィド「サン=ベルナール峠を越えるボナパルト」　　アングル「泉」

5.2 ロマン主義　★★★

　形式を重んじる新古典主義への反動として、新しい感受性で個性的な表現を目指す**ロマン主義**が興る。新古典主義が神話画や英雄的寓意画を描くのに対して、ロマン主義では中世の歴史画や同時代の事件を絵画の主題とした。文学においては、内的な衝動を重視し、感情・感性の解放を目指す文学が展開された。音楽の分野では、19世紀〜20世紀初頭にロマン派の音楽が生まれる。祖国の歴史や民族固有の伝統文化が反映された作品を残した国民学派の音楽家も活躍した。

絵画	ジェリコー	・フランスの画家 ・「メデューズ号の筏」など
	ドラクロワ	・フランスの画家 ・「キオス島の虐殺」、「民衆を率いる自由の女神」など
文学	ユゴー	・フランスの作家 ・『レ=ミゼラブル』など
	デュマ	・フランスの作家 ・『三銃士』、『モンテ=クリスト伯』など
	グリム兄弟	・民族神話や伝承を集成したドイツの国語学者 ・『グリム童話集』

音楽	ワーグナー	・音楽・詩歌・演劇を組み合わせた総合芸術として「楽劇」を創始したドイツの音楽家 ・「タンホイザー」
	ブラームス	・バッハ、ベートーヴェンとともに「3大B」とされるドイツの音楽家 ・「交響曲第1番」
	シューベルト	・詩に歌をつけた歌曲を数多く作り「歌曲の王」と呼ばれるオーストリアの音楽家 ・「魔王」、「野ばら」
	ヴェルディ	・イタリアの音楽家で、オペラの巨匠 ・「椿姫」、「アイーダ」、「運命の力」
	プッチーニ	・イタリアの音楽家 ・「蝶々夫人」[2]、「トスカ」、「トゥーランドット」
	ショパン	・ポーランドの音楽家で「ピアノの詩人」と呼ばれる ・「子犬のワルツ」、「雨だれ」
	リスト	・ハンガリーの音楽家で「ピアノの魔術師」と呼ばれる ・「ハンガリー狂詩曲」、「愛の夢」
	チャイコフスキー	・ロシアの音楽家 ・バレエ音楽「くるみ割り人形」、「白鳥の湖」
	スメタナ	・チェコ(ボヘミア)の民族意識を高める曲を作った ・「わが祖国」、「モルダウ」

ジェリコー「メデューズ号の筏」

ドラクロワ「民衆を率いる自由の女神」

---

[2] 19世紀後半、ヨーロッパでは異国情緒のある「日本趣味(ジャポニズム)」が流行し、絵画や音楽に影響を与えた。プッチーニもその影響を受けており、オペラ「蝶々夫人」は日本の長崎を舞台としている。

5.3 写実主義・自然主義 ★★★

19世紀後半には、現実をありのまま描こうとする**写実主義**の画家が登場する。また写実主義の精神を受け継いだ**自然主義**の画家も活躍し、主にフランスのバルビゾン村で創作活動をしたことからバルビゾン派とも呼ばれる。写実主義・自然主義の潮流は文学にも及び、フランスやロシアの小説家たちが活躍した。

絵画	クールベ	・写実主義の画家で、庶民や労働者などの日常的な仕事情景などを描く ・当時はこれ見よがしに描いたような現実性などが批判された ・「画家のアトリエ」、「オルナンの埋葬」
	ドーミエ	・写実主義の画家で、都会の生活を通してリアリズムを描く ・都市で暮らす貧しい人々の姿が深い愛情とともに力強く描かれている ・「三等客車」、「洗濯女」
	ミレー	・自然主義（バルビゾン派）の画家で、生活のためにロココ風の作品を描いていたが、貧乏生活を覚悟でバルビゾンへ向かう ・生活に根ざし、労働に汗する農民の崇高で敬虔な姿を描いた ・「落穂拾い」、「種を蒔く人」、「晩鐘」
文学	スタンダール	・フランスの作家 ・『赤と黒』[3]、『パルムの僧院』
	バルザック	・フランスの作家で写実主義の祖とされ、『人間喜劇』と呼ばれる膨大な作品群によって、19世紀フランス社会の一大パノラマを展開した ・『ゴリオ爺さん』
	フロベール	・フランスの作家で文学における科学的方法を確立し、写実主義・自然主義の手本と仰がれた ・『ボヴァリー夫人』
	ゾラ	・フランスの作家で自然主義文学の代表的作家、理論家 ・自然主義小説理論『実験小説論』は医学書に学んだものとされる ・日本の自然主義にも大きな影響を与えた ・『居酒屋』、『ナナ』

3 『赤と黒』は王政復古後のフランスを舞台にした野心的な青年ジュリアンの物語で、実際にあった事件を題材とし、当時の社会を風刺しながら描いた。

422 第5章 文芸

文学	モーパッサン	・フランスの作家でありのままの人生の断片を「現実そのものよりも、より完全な、より切実な、より真実らしい映像」として読者に伝えることを目指す ・写実的な短編小説形式の完成者 ・『脂肪の塊』、『女の一生』
	ドストエフスキー	・ロシアの世界的文豪で、シベリア流刑を経た後、人間存在の奥深くに迫る作品を発表した ・封建的秩序が資本主義にとって代わられようとする過渡期に、その時代の矛盾に引き裂かれようとしている自分自身を作品に投入した ・『罪と罰』、『カラマーゾフの兄弟』
	トルストイ	・ロシア貴族の出身で、領地生活の中で農民と接し、ロシアの大地に愛情を寄せた ・文学と農業に力を注ぎ、愛と無抵抗主義の求道者の生活を実践した ・『戦争と平和』、『アンナ=カレーニナ』
	チェーホフ	・ロシアの作家 ・戯曲『桜の園』[4]
	ディケンズ	・イギリスの作家で近代歴史小説の祖とされる ・『二都物語』、『クリスマス=キャロル』

5.4 印象派 ★★★

19世紀後半には**印象派**の画家たちが登場する[5]。19世紀に入り実用化された写真技術の影響を受け、画家たちは写真の技法を取り入れるとともに、絵画でしかできない表現を追求することとなった。また、万国博覧会の開催で西欧に日本の浮世絵が紹介されると、その鮮やかな色彩に感化される画家も現れた。

一方、チューブ入り絵の具が発売されたことも印象派の登場に大きく関わる。それまでの絵画はアトリエなどの屋内で製作されていたが、チューブ入り絵の具の登場により、戸外で絵を描くことが可能となった。これらを背景として、印象派の画家たちは、外界の光や大気の変化を描写する新しい手法を追究した。

音楽の世界でも主観的な「印象」を音楽で表現する印象派の音楽家たちが活躍した。

---

[4] 急変していく現実を理解できないまま、華やかな昔の夢に溺れながら没落していく貴族の一家の物語である。

[5] 印象派の画面は、それまでの絵画に比べて明るくなった。印象派の一人ドガは、「クールベ以前の絵が〈コーヒー〉ならば、マネの絵は〈ミルク入りコーヒー〉で、印象派によって〈ミルク〉になった」と表現している。

2 西洋の文学・芸術

絵画	マネ	・「印象派の父」と呼ばれ、彼の明るく新鮮な色調はモネをはじめとする若い画家たちに影響を与えた ・「草の上の昼食」、「笛を吹く少年」、「オリンピア」
	ドガ	・室内の人工的な光で作られる時間と空間を描くことに優れ、ステージやカフェなどの明かりに照らされた同時代の人々の肖像を描いた ・「オペラ座のオーケストラ」、「バレエ教室」、「舞台の踊子」
	モネ	・印象派の理想を追い続けた画家で、刻々と変わる光を色に置き換えていこうとした ・印象派という名はモネの「印象・日の出」という絵に由来している ・「印象・日の出」、「睡蓮」、「ルーアン大聖堂」、「積み藁」、「ラ＝ジャポネーズ」
	ルノワール	・柔らかい色彩で裸婦や少女たちを描き、生命や愛情、美しいものを求め続けた ・「ムーラン＝ド＝ラ＝ギャラット」、「ぶらんこ」、「ピアノに寄る少女たち」
	スーラ	・印象派の画家たちと区別して「新印象主義」と呼ばれることも多い ・印象派の手法を科学的・理論的に追究し、点描画の作品を残した ・「グランド＝ジャット島の日曜日の午後」
音楽	ドビュッシー	・フランスの音楽家 ・「亜麻色の髪の乙女」
	ラヴェル	・フランスの音楽家 ・管弦楽曲「スペイン狂詩曲」、バレエ音楽「ボレロ」、「水の戯れ」

モネ「印象・日の出」　　モネ「ラ＝ジャポネーズ」

ルノワール「ムーラン＝ド＝ラ＝ギャレット」　スーラ「グランド＝ジャット島の日曜日の午後」

6 20世紀以降の文化

6.1 絵　画　★★★

（1）後期印象派

　1910年の「マネと後期印象派展」にセザンヌ、ゴッホ、ゴーギャンの作品が多く出品されたことに由来して、この3人を**後期印象派**と呼ぶ。印象派の試みを乗り越えて、独自の作風を確立していった。

セザンヌ	・印象派の影響を受けつつ独自の作風を確立 ・「自然を円筒、球、円錐によって処理する」（書簡）という言葉が示すように、印象派が排除しようとした説明的な線を復活させた ・その試みは、ピカソやブラックのキュビスムなどに影響を与えた ・「リンゴとオレンジ」、「サント＝ヴィクトワール山」、「水浴」
ゴッホ	・浮世絵の影響を受けた画家の代表で、日本でも人気のある画家の一人 ・精神に破綻を来し、自分の耳を切ったというエピソードは有名 ・「ひまわり」、「タンギー爺さん」、「アルルの跳ね橋」
ゴーギャン	・ゴッホと交流があったことでも知られる画家で、晩年にはタヒチで活躍し、異国情緒を盛り込んだ作品を残す ・「我々はどこから来たのか、我々は何者か、我々はどこへ行くのか」、「タヒチの女」

セザンヌ「サント=ヴィクトワール山」

ゴッホ「ひまわり」

ゴッホ「タンギー爺さん」

ゴーギャン「タヒチの女」

(2) フォービスム

　フォービスムは「野獣派」とも呼ばれる。ゴッホやゴーギャンの影響を受け、自然の色にこだわらず、チューブからしぼり出したそのままの色の持つ強さ、純粋さ、表現力を愛した。短命に終わったが、日本の近代洋画にも大きな影響を与えた。

マティス	・「ダンス」、「赤い部屋」、「アネモネと婦人」
ルオー	・「郊外のキリスト」、「ジャンヌ=ダルク」

（3）キュビスム

　キュビスムは、「立体派」とも呼ばれる。セザンヌの影響を受け、対象を単純な幾何学的形態によって表現する手法や、同一画面に複数の視点を導入するなどの試みを行った。

ピカソ	・「アヴィニヨンの娘たち」、「ゲルニカ」
ブラック	・「クラリネット」、「静物」、「緑の敷物」

（4）形而上派

　形而上派は、イタリアの芸術運動で、幻影的側面と構築性を持った絵画運動に発展した。

キリコ	・「街の神秘と憂鬱」、「不安な女神たち」
モランディ	・「マネキンのある静物」

（5）シュールレアリスム

　19世紀末のムンクらが推進した表現主義運動や、20世紀初めにキリコなどが推進した形而上絵画、従来の芸術表現の見直しを求めるダダ運動などの影響を受け、**シュールレアリスム**が誕生した。合理的な常識を捨て、夢の中や、偶然の出会いを自動記述することで新たな表現を拓くことを特徴とする。画家自身が抱える不安感などのために心に生じた非現実的な光景を描いたことで知られる。

エルンスト	・「セレベスの象」、「博物誌」、「ポーランドの騎士」
ダリ	・「大自慰者」、「内乱の予感」、「記憶の固執」
マグリット	・「大家族」、「旅の思い出」

(6) エコール＝ド＝パリ

　エコール＝ド＝パリとは、1913年から第一次世界大戦以後にかけて、各国からパリへ集まって活躍した画家たちを指す。

ユトリロ	・フランスの画家 ・「コタン小路」、「パリ郊外」
モディリアーニ	・イタリアの画家 ・「横たわる裸婦」、「おさげ髪の少女」
シャガール	・ロシアの画家 ・「誕生日」、「青いサーカス」
藤田嗣治	・日本の画家 ・「カフェにて」、「エレーヌ＝フランクの肖像」

(7) 素朴派

　素朴派とは、独学・非職業画家のことで、税官吏、サーカス芸人、郵便配達夫などさまざまな職業を持ちながら絵を描いた。

ルソー	・フランスの画家 ・ジャングルや砂漠をモチーフにした空想的画風 ・「眠るジプシー女」、「自画像」
ヴィヴィアン	・「冬の運河」

ルソー「眠るジプシー女」　　　ルソー「自画像」

6.2 文 学 ★★☆

サルトル	・フランスの実存主義哲学者 ・無神論的実存主義を展開し、文学を通じて世界に伝えた ・『嘔吐』
カミュ	・存在の不条理を描き出し、当時のノーベル賞最年少受賞を果たしたフランスの作家 ・『異邦人』は「太陽のせい」だという理由でアラブ人を射殺した主人公の物語 ・『異邦人』、『ペスト』
ロマン＝ロラン	・音楽史研究にも力を注いだことで知られるフランスの作家 ・『ジャン＝クリストフ』（ベートーヴェンをモデルとした小説）
ヘルマン＝ヘッセ	・ドイツの作家 ・『車輪の下』
カフカ	・チェコ出身のドイツ語作家で、実存主義の先駆的役割を果たす ・『変身』
マーク＝トウェイン	・アメリカの作家 ・『トムソーヤの冒険』、『ハックルベリー・フィンの冒険』
ヘミングウェイ	・アメリカの作家 ・簡潔で吐き捨てるような文体はハードボイルド・スタイルと呼ばれる ・『武器よさらば』、『老人と海』
スタインベック	・アメリカの作家 ・『怒りの葡萄』
マーガレット＝ミッチェル	・アメリカの作家 ・『風と共に去りぬ』
サリンジャー	・アメリカの作家 ・『ライ麦畑で捕まえて』

2 西洋の文学・芸術 429

過去問チェック

01 イタリアのルネサンス最盛期の画家ミケランジェロは、人物表現の自然さと画面構成の形式美をともに追求し、かつ、無理を感じさせない、調和的な作品を描いたことで知られ、代表作は『小椅子の聖母』である。**国家専門職2009改題** [3.2]

✕ 「小椅子の聖母」はミケランジェロではなくラファエロの作品である。

02 ルーベンスはオランダの画家で、絵画、素描、エッチングの作品を多く残し、光をうまく取り入れた画法で市民生活を描いた。作品には、「フランス・バニング・コック隊長の射撃隊」(通称「夜警」)や多くの自画像がある。**特別区Ⅰ類2004改題** [4.1]

✕ ルーベンスではなくレンブラントについての説明である。

03 ベラスケスはスペインの画家で、宮廷画家として活躍し、フランドル絵画とヴェネツィア絵画の画法を部分的に取り入れた。作品には、「ラス・メニーナス(女官たち)」、「ラス・イランデラス(織女たち)」がある。**特別区Ⅰ類2004改題** [4.1]

◯

04 古典派音楽の時代には、ソナタ形式が生まれ、管弦楽編成が整えられ、ソナタ、室内楽曲、グレゴリオ聖歌などが完成した。古典派音楽を代表する音楽家として、バッハ、ヘンデルが挙げられる。**国家一般職2001** [4.1] [5.1]

✕ 古典派は18世紀後半から19世紀前半のハイドン、モーツァルト、ベートーヴェンらを中心とするウィーン古典派音楽を指す。一方、ソナタは17世紀頃に成立し、バロック時代から存在していた。また室内楽曲は16世紀半ばの理論書に見られる。グレゴリオ聖歌は、キリスト教の西方教会における伝統的な聖歌がグレゴリウスⅠ世にちなんで8世紀頃に「グレゴリオ聖歌」と名づけられたものである。さらにバッハはバロック音楽の代表的作曲家である。

05 ドストエフスキーは、農奴解放をはじめとする近代化のための改革が行われていた過渡期のロシアで、人間の内面における心理的相克をリアリズムの手法で描いた。『罪と罰』では、老婆殺しの青年を通して人間存在の根本問題を提起した。**国家専門職2010** [5.3]

◯ ドストエフスキーは『罪と罰』、『白痴』、『カラマーゾフの兄弟』などの作品でよく知られる。

06 カミュは、フランスの自然主義文学を代表する作家であり、『女の一生』『居酒屋』など、日常生活を通した人間の愚かさや惨めさを描いた多くの作品を残した。彼の作品は、日本の作家にも影響を与え、明治後期における自然主義文学の興隆をもたらした。**国家専門職2010** [5.3] [6.2]

✕ 『女の一生』はモーパッサン、『居酒屋』はゾラの作品であり、この２人が自然主義の代表作家である。カミュは20世紀の作家で、『異邦人』などの作品を通じて、人間の苦悩、存在の不条理の問題を追求した。

07 フランスの印象派の画家ルノワールは、風景画と並んで、家族や仲間の画家、子どもや女性などを題材とした、親しみやすく温かみがある人物画を多く描いたことで知られ、代表作は『ピアノに寄る少女たち』である。国家専門職2009改題 5.4

◯ ルノワールはモネを代表とする印象派の画家の１人として知られる。

08 19世紀後半の西洋には光と色彩を重んじた明るい絵を描く印象派があらわれ、その中には、「印象─日の出」を描いたルノワールや「ムーラン・ド・ラ・ギャレット」を描いたモネなどのフランスの画家がいる。特別区Ⅰ類2013改題 5.4

✕ 「印象・日の出」を描いたのはモネ、「ムーラン＝ド＝ラ＝ギャレット」を描いたのはルノワールである。

09 エコール・ド・パリ（パリ派）とは、第一次世界大戦後、繁栄と安定を回復したパリに来住した外国の美術家群を指し、代表的な画家としては、シャガール、スーラ、セザンヌなどが挙げられ、パリで生活を送りながら、それぞれ個性的な作風を形成した。国家専門職2007改題 5.4 6.1

✕ スーラは印象派、セザンヌは後期印象派の画家である。

10 フィッツジェラルドは、第二次世界大戦に志願して従軍した後、長編「ライ麦畑でつかまえて」で、成績不良の高校生の言動を通して人間社会のいやらしさを描き、さわやかで歯切れのよい語り口と相まって圧倒的な人気を呼び、この小説はベストセラーになった。国家専門職2003改題 6.2

✕ フィッツジェラルドではなくサリンジャーについての説明である。

11 ヘミングウェイは、第一次世界大戦で負傷後、長編「陽はまた昇る」の中で戦後の青年たちの虚無とデカダンスに満ちた生活を描いて一躍 "失われた世代" の代表的作家となる。簡潔平明、単音節の日常語を駆使する革新的なスタイルで、人生の不合理、死の暴力と闘う雄々しい人間の姿を非情な叙情性をもってとらえた。国家専門職2003改題 6.2

◯

2 西洋の文学・芸術 431

過去問 Exercise

問題1　次は西欧の建築に関する記述であるが、A〜Dに当てはまる語句の組合せとして妥当なのはどれか。

国家一般職2000

　西欧における中世初期の教会堂はビザンツ様式の模倣であったが、10世紀末ころからフランス中・南部で　 A 　様式が生まれて普及した。その代表は　 B 　で、この様式は、地方産の粗末な石材を用いた重厚な石壁とドーム型のアーチを用い、壁画には民衆の生活や労働も主題に入れ、それまでばらばらに存在していたローマ・ケルト・ゲルマン・東方の諸伝統を統一した、最初のキリスト教美術の総合であった。

　これに対して　 C 　やパリのノートルダムを代表とする　 D 　様式の教会堂は、尖塔アーチを特色として高い塔を備え、柱間にはめられたステンドグラスの多彩な光で内部は明るく照らされ、天と神への憧れを象徴するかのようである。

	A	B	C	D
1	ロマネスク	ピサ大聖堂	ケルン大聖堂	ゴシック
2	ロマネスク	サン・ピエトロ大聖堂	ケルン大聖堂	バロック
3	ゴシック	聖ソフィア聖堂	サン・ピエトロ大聖堂	バロック
4	バロック	ケルン大聖堂	シャルトル大聖堂	ロココ
5	バロック	聖ソフィア聖堂	ピサ大聖堂	ゴシック

432　第5章　文芸

解説

正解 **1**

A：ロマネスク

　10世紀末にフランス中・南部で生まれ、重厚な石壁とドーム型のアーチを用いた様式はロマネスク様式である。ゴシック様式は12世紀頃に興り、その建築は天井を肋骨で補強し、壁を尖塔アーチと組み合わせた柱で支える、建物が高く窓が大きいという特色を持った様式である。バロックは「barroco（歪んだ真珠）」に由来する言葉で、17世紀初頭から18世紀半ばに全ヨーロッパを風靡した芸術上の様式である。建築はドラマチックな表現、壮大なビスタ、軸線の強調、豊かな装飾などが特徴である。

B：ピサ大聖堂

　ロマネスク様式の代表的な建築物であり、有名なピサの斜塔はピサ大聖堂の鐘楼である。サン＝ピエトロ大聖堂はヴァチカン市国にあるローマ＝カトリック教会の主聖堂で、盛期ルネサンスの代表的な建築物である。また聖ソフィア聖堂はトルコのイスタンブールにある聖堂で、ビザンツ様式の代表的建築物である。ケルン大聖堂はドイツのケルンにあるゴシック様式の建築物である。

C：ケルン大聖堂

　「尖塔アーチを特色として高い塔を備え」という様式はゴシック様式の特徴である。選択肢にある聖堂のうちゴシック様式のものはケルン大聖堂である。ちなみにノートルダム大聖堂やシャルトル大聖堂もゴシック様式の建築物である。

D：ゴシック

　選択肢にあるロココは18世紀にフランスで興った装飾様式で、曲線・曲面を用いた軽快で優雅な様式である。

2　西洋の文学・芸術　433

問題2

ヨーロッパにおけるルネサンスの時期の作品と作者の組合せとして、妥当なのはどれか。

東京都Ⅰ類2017

	作品	作者
1	考える人	オーギュスト・ロダン
2	最後の晩餐	レオナルド・ダ・ヴィンチ
3	真珠の耳飾りの少女	ヨハネス・フェルメール
4	ダヴィデ像	ピーテル・パウル・ルーベンス
5	タンギー爺さん	フィンセント・ファン・ゴッホ

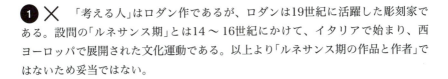

正解 ❷

❶ ✗ 「考える人」はロダン作であるが、ロダンは19世紀に活躍した彫刻家である。設問の「ルネサンス期」とは14～16世紀にかけて、イタリアで始まり、西ヨーロッパで展開された文化運動である。以上より「ルネサンス期の作品と作者」ではないため妥当ではない。

❷ ◯ レオナルド＝ダ＝ヴィンチはイタリア盛期ルネサンスを代表する芸術家であり、「最後の晩餐」はレオナルド＝ダ＝ヴィンチの代表作である。

❸ ✗ 「真珠の耳飾りの少女」はオランダの画家フェルメール作であるが、彼は17世紀のバロック期に活躍した画家である。そのため「ルネサンス期の作品と作者」ではないため妥当ではない。

❹ ✗ 「ダヴィデ像」の作者はルーベンスではなくミケランジェロである。ミケランジェロはルネサンス期に活躍した人物で、絵画ではシスティーナ礼拝堂の「天地創造」や「最後の審判」が著名である。ルーベンスはバロック期に活躍したフランドル派の画家であり、代表作は「キリスト昇架」、「三美神」等である。

❺ ✗ 「タンギー爺さん」はゴッホ作であるが、彼は19～20世紀に活躍した後期印象派の画家である。そのため「ルネサンス期の作品と作者」ではないため妥当ではない。なお、「ひまわり」、「種まく人」などもゴッホの作品として著名である。

問題3 次の文は、西洋の音楽史に関する記述であるが、文中の空所A～Dに該当する語の組合せとして、妥当なのはどれか。

特別区Ⅰ類2006

18世紀中ごろから19世紀初めの音楽を A と呼んでいる。この時代の作曲家に、ハイドン、 B 、 C がいる。主な作品として、ハイドンの弦楽四重奏曲「皇帝」、 B の歌劇「フィガロの結婚」、 C の交響曲「 D 」がある。

	A	B	C	D
1	バロック	シューベルト	ヴィヴァルディ	田園
2	バロック	モーツァルト	ベートーヴェン	田園
3	ロマン派	シューベルト	ヴィヴァルディ	四季
4	古典派	モーツァルト	ベートーヴェン	田園
5	古典派	シューベルト	ヴィヴァルディ	四季

解説

正解 **4**

A：古典派

18世紀半ばから19世紀初頭にヨーロッパで興った音楽である。和声法が確立され、以降の音楽の基礎となった。古典派の代表的な音楽家は、ハイドン、モーツァルト、初期のベートーヴェンなどである。バロックは17世紀初頭〜18世紀半ばのバロック期にヨーロッパで発展した音楽で対位法を特色とし、代表的な音楽家は、J.S. バッハやヴィヴァルディなどである。また、ロマン派は19世紀のヨーロッパで興った音楽である。従来の音楽に、主観的な感情や民族的な要素を取り入れているのが特色であり、代表的な音楽家は、中期以降のベートーヴェンやショパンなどである。

B：モーツァルト

モーツァルトはオーストリアの作曲家であり、ベートーヴェン、ハイドンと並んで古典派三大巨匠の一人とされている。若くして亡くなったが、交響曲、協奏曲、室内楽、歌劇など、600曲以上を作曲した。代表作は交響曲第41番「ジュピター」、「フィガロの結婚」などである。シューベルトはオーストリアの音楽家で、古典派からロマン派にまたがって活躍し、交響曲、ピアノ曲、室内楽、歌曲などを作曲した。旋律の美しさで広く知られている。代表作はピアノ五重奏曲イ短調「鱒」などである。

C：ベートーヴェン

ベートーヴェンはドイツの作曲家で古典派三大巨匠の一人であり、またロマン派音楽の先駆でもある。聴力を失いながらも作曲活動を続けたことは有名である。代表作は交響曲第5番（「運命」）、ピアノソナタ第14番（「月光」）などである。ヴィヴァルディはバロック期のイタリアの作曲家で、協奏曲の形式を大成させてバッハに影響を与えた。代表作は、ヴァイオリン協奏曲集「和声と創意の試み」中の「四季」などである。

D：田園

ベートーヴェン作曲の交響曲である。「四季」はヴィヴァルディ作のヴァイオリン協奏曲集である。

2 西洋の文学・芸術　437

問題4 フランスの作家に関する記述として、妥当なのはどれか。

特別区Ⅰ類2002

1 ユゴーは、人間社会を描いた写実作家と言われ、「人間喜劇」に総括される作品群で、あらゆる社会階層の人間劇を分類、描写した。

2 バルザックは、ロマン主義者として、作品の主人公ジャン・ヴァルジャンという人物をかりて、不当な社会の圧迫化におかれた民衆に対する愛情を表現した。

3 スタンダールは、宗教動乱の渦中に生き、人間同士が利害と狂信のために殺し合う様をつぶさに眺め、洞察の果てに自然に生きるヒューマニズムを説き、モラリスト文学の基礎を築いた。

4 フロベールは、近代小説における写実主義を確立し、自分を実際と違った人間に考える傾向を指すボヴァリズムという言葉を生んだ「ボヴァリー夫人」を著した。

5 モンテーニュは、啓蒙思想の影響を強く受け、享楽や感動を自ら分析することによって倍加し増大させる精神で、エゴティスムと呼ばれる意識を確立した。

解説

正解 **4**

① ✕　「人間喜劇」はユゴーではなくバルザックの作品群である。ユゴーは、戯曲「エルナニ」によってロマン主義の巨頭となり、以後「レ＝ミゼラブル」、「ノートルダム＝ド＝パリ」などの作品を発表した。また、バルザックはフランスの小説家で、近代リアリズム文学最大の作家とされている。「人間喜劇」はバルザックが自らの小説90余編に与えた総称で、風俗研究、哲学的研究、分析的研究の３部門に大別できる。

② ✕　バルザックはロマン主義ではなく写実主義の祖とされる作家である。また、ジャン＝ヴァルジャンはユゴーの小説「レ＝ミゼラブル」の主人公である。「レ＝ミゼラブル」はユゴー作の長編小説で、一片のパンを盗んで入獄したジャン＝ヴァルジャンが更生して成功し、一時は市長にまでなり、人間愛に生きる波瀾の多い生涯を描いた。

③ ✕　フランスでモラリストとして知られているのはモンテーニュである。スタンダールは心理分析や社会批判を主題にした小説を書いたフランスの作家で、代表作に「赤と黒」、「パルムの僧院」などがある。

④ ◯　正しい記述である。

⑤ ✕　エゴティスムはモンテーニュではなくスタンダールが用いた言葉である。

2　西洋の文学・芸術　439

問題5 次の文は、19世紀後半から20世紀初めのヨーロッパ美術に関する記述であるが、文中の空所A ～ Cに該当する語又は人物名の組合せとして、妥当なのはどれか。

特別区Ⅰ類2008

A は、主に19世紀後半のフランスで展開された絵画上の運動をいい、事物の固有色を否定し、外光の中での色彩の輝きや移ろいを効果的に描こうとした。

代表的な画家には、「睡蓮」や「積み藁」などを描いた B や、動きの瞬間的な表現に優れ、踊り子や競馬などを描いた C 、子供や女性などの人物画を得意として、「ムーラン・ド・ラ・ギャレット」を描いたオーギュスト・ルノワールなどがいる。

	A	B	C
1	野獣派	アンリ・マティス	エドガー・ドガ
2	野獣派	ポール・セザンヌ	パウル・クレー
3	印象派	クロード・モネ	エドガー・ドガ
4	印象派	アンリ・マティス	エドヴァルト・ムンク
5	立体派	クロード・モネ	パウル・クレー

解説

正解 ③

A：印象派

　印象派は外光の中での色彩の輝きや移ろいを描こうとしたところから、「外光派」ともいう。野獣派（フォービスム）は19世紀後半から20世紀にかけての芸術運動のことをいい、強烈な色彩で人間の内面を表現し、事物を描こうとした。立体派（キュビスム）19世紀後半から20世紀にかけての芸術運動のことをいい、従来の遠近法を否定し、立体的なものを平面に表現しようと画面を再構成した視覚的な取組みである。

B：クロード・モネ

　モネはフランス印象派の中心的画家であり、印象派の呼称の由来となった「印象・日の出」を描いた人物である。マティスは野獣派（フォービスム）の画家であり、印象派の説明をしている問題文とは合致しない。マティスは原色を生かして対象を大胆に単純化した明快な画風を確立し、「ダンス」、「赤い部屋」、「アネモネと婦人」などが知られる。セザンヌは後期印象派の画家であり、問題文の説明と合致しない。セザンヌは画面上の形や色の造形的価値を追究し、立体派など20世紀絵画に大きな影響を与えた。「サント＝ヴィクトワール山」、「水浴」などが知られる。

C：エドガー・ドガ

　「踊り子」がヒントとなる。ドガは裸婦や踊り子、サーカスの芸人などをリアルに描き、視点・構図の工夫、色彩の美しさに独特の才能を示した。「バレエ教室」、「舞台の踊り子」などが知られる。クレーは表現主義の時代の画家であるが、どの主義にも当てはまると言いがたい独特の世界観を持った画家である。色彩の繊細な組み合わせによる造形性と詩的な幻想性・抒情性に富んだ作品を発表し、自らの作品を「ポリフォニー絵画」と呼んだ。ムンクは表現主義の画家であり、人間の生と死を見つめた作品でよく知られる。「叫び」は有名である。

2　西洋の文学・芸術

索引

■英数

95か条の論題	262
AIIB	151
APEC	66
ASEAN	66
AU	66
BRICS	200
BRICS銀行	174
CBD	62
CIS	189
EEZ	63
EU	66
FAO	65
GIS	242
GMT	233
GPS	242
ILO	65
IMF	65
J・S・ミル	278
NATO	66
OECD	66
OPEC	66
PLO	165
UN	65
UNCTAD	65
UNESCO	65
UNICEF	65
USMCA	66,192,194
U字谷	13,14
V字谷	11,13
WASP	193
WHO	65
WTO	65

■あ

アートマン	325
間柄的存在	346
アウグスティヌス	259
アウフヘーベン	276
青木昆陽	337
青木繁	393
アカデメイア	253
アガペー	258
亜寒帯低圧帯	17
亜寒帯	26
芥川龍之介	387
悪人正機説	332
アグリビジネス	101
浅井忠	393
アジアNIES	151
アジアインフラ投資銀行	151
アジア式稲作農業	89
アジア式畑作農業	89
アジア太平洋経済協力	66
アシエンダ	102
足尾銅山鉱毒事件	36,341
飛鳥文化	368
アスピーテ	9
アセノスフェア	4
アタラクシア	255
アッラー	260
アトム	251
アドルノ	291
アニミズム	329
アネクメーネ	56
亜熱帯高圧帯	17
アパテイア	255
アパルトヘイト	174
アフリカ大陸	3
アフリカ連合	66
アプレ・ゲール	389
安部公房	389
阿弥陀仏	331
アメリカ・メキシコ・カナダ協定	66,192,194
新井白石	333,334
アララギ派	390
有島武郎	386
アリストテレス	254
アルケー	250
アルプス＝ヒマラヤ造山帯	7
アンガージュマン	289
アングル	419
アンチ・テーゼ	276
安定陸塊	7
アンデス共同体	199

安藤昌益	337

■い

イギリス経験論	263
池大雅	381
イコン	410
石川啄木	390
石田梅岩	337
石原慎太郎	389
イスラム教	70,71,260
緯線	232
イタイイタイ病	36
市川団十郎	380
一次エネルギー	124
一木造	371
一神教	70
一帯一路	151
一般意志	272
一遍	332
イデア界	253
イデア論	253
糸魚川・静岡構造線	203
伊藤信吉	392
伊藤仁斎	335
移動性高気圧	204
イドラ	264
井上靖	389
井原西鶴	380
井伏鱒二	388
移牧	90
印象派	423
院政期の文化	374
インド洋	4
インナーシティ問題	62

■う

ヴァルダマーナ	325
ヴィヴァルディ	416
ヴィヴィアン	428
ウイグル問題	72,150
ウィトゲンシュタイン	293
ウェーバー	127
植木枝盛	340

442

ウェゲナー	4
上田秋成	382
上田敏	392
ウエッブ夫妻	283
ヴェルサイユ宮殿	416
ヴェルディ	421
ヴォルテール	271
浮世草子	380
歌川広重	381
内村鑑三	341
宇野浩二	387
ウバーレ	15
ウパニシャッド哲学	325
梅崎春生	389
梅原龍三郎	393
運慶	376
運命愛	286

■え

永劫の回帰	286
栄西	332
エイドス	254
営力	6
易姓革命	321
エクメーネ	56
エケルト図法	238
エコール＝ド＝パリ	428
エスタンシア	102,200
エスチュアリー	13
エピクロス	255
エピステーメー	290
エフェソス公会議	259
エポケー	293
絵巻物	376
エルグ	16
エルニーニョ現象	108,198
エルンスト	427
演繹法	267
縁海	4
沿海	4
遠隔探査	242
沿岸漁業	107
遠近法	412
園芸農業	91
エンゲルス	283

遠郊農業	91
円弧状三角州	12
円村	60
遠藤周作	389
遠洋漁業	107

■お

オアシス農業	89
王道	321
近江聖人	334
王陽明	322
大江健三郎	389
オーエン	282
大岡昇平	389
オーストラリア大陸	3
オーストラロイド	67
岡倉天心	343
小笠原気団	204
沖合漁業	107
荻生徂徠	335
荻原井泉水	391
尾崎紅葉	384
オゾン層	35
御伽草子	378
踊り念仏	332
小野道風	372
オホーツク海気団	204
折口信夫	344
恩賜的民権	340
温帯	24
温帯林	106
温暖湿潤気候	25
温暖冬季少雨気候	24

■か

我	325
カースト制度	160,325
カール	14
海岸段丘	13
海岸平野	13
回帰線	233
階級闘争	283
懐疑論	266
快慶	376
海溝	31

海跡湖	34
塊村	60
街村	60
外帯	203
外的営力	6
外的制裁	278
恢復的民権	340
海面養殖業	107
外来河川	16
快楽計算	277
快楽主義	255
海流	32
海嶺	31
科学的社会主義	283
河岸段丘	12
柿本人麻呂	369
河況係数	32
学園都市	61
学術都市	61
格物致知	322
革命権	265,266
格率	275
仮言命法	275
火口原湖	34
火口湖	34
葛西善蔵	387
火山岩尖	9
火山砕屑丘	9
梶井基次郎	388
加持祈祷	330
カシミール紛争	72,161
化政文化	381
河跡湖	12,34
カタルーニャ独立問題	184
葛飾北斎	381
褐色森林土	29
カッパーベルト	169,174
カトリック	70
カナート	89,165
狩野永徳	379
可能態	254
カフカ	429
歌舞伎	380
下部構造	283
カプス状三角州	12

索引 443

鎌倉文化	376	岸田劉生	393	グラスノスチ	189
神の見えざる手	279	気象	16	グランチャコ	197
神への知的愛	269	奇蹟派	387	栗色土	29
カミュ	429	季節風	19	グリーンベルト	62
賀茂真淵	336,370	北アメリカ大陸	3	グリニッジ標準時	233
からくにぶり	336,370	北一輝	344	クリミア併合	190
漢意	336	北回帰線	233	グリム兄弟	420
カルヴァン	262	喜多川歌麿	381	クルド問題	72
カルヴァン派	70	北大西洋条約機構	66	グレートプレーンズ	101,193
カルスト地形	15	北原白秋	390,392	黒田清輝	393
カルデラ	9	北村透谷	384	君子	319
カルデラ湖	34	北山文化	378		
カレーズ	89	帰納法	264	**■け**	
涸川	16	木下杢太郎	392	敬	333
河上肇	342	キプロス紛争	185	計画都市	61
川端康成	388	ギベルティ	412	経済協力開発機構	66
観阿弥	378	キューバ革命	195	形而上派	427
寛永期の文化	379	キュビスム	427	経世済民	335
乾漆像	370	行基	330	経線	232
環礁	15	狂言	378	形相	254
鑑真	330	共同富裕政策	151	傾動地塊	8
感性	274	教派神道	344	系譜学	290
岩石砂漠	16	教父哲学	259	啓蒙思想	339
乾燥帯	23	極高圧帯	17	ゲーテ	419
観想的生活	254	局地風	18	劇場のイドラ	264
寒帯	27	曲亭馬琴	382	ケスタ	10
間帯土壌	29,30	裾礁	15	ケッペン	20
環太平洋造山帯	7	漁船漁業	107	ケベック問題	72
カント	273	巨帯都市	62	兼愛	324
蒲原有明	392	キリコ	427	権威主義的パーソナリティ	291
韓非子	324	ギリシア文化	408	限界状況	288
カンポ	196,197	キリスト教	70,257	言語哲学	293
寒流	32	キルケゴール	284	原罪	257
		近郊農業	91	現実態	254
■き		禁欲主義	255	現象学	293
気温	16			現象学的判断中止	293
気温の逓減率	16	**■く**		原子論	251
企業的穀物農業	91	空海	330,371	現世利益	328,330
企業的農業	91	空想的社会主義	282	現存在	287
企業的牧畜	92	グード図法	239	原油	125
菊池寛	387	空也	331	原料指向型	127
気候	16	クールベ	422	権力への意志	286
気候因子	16	陸羯南	343	元禄文化	379
気候要素	16	熊沢蕃山	334		
擬古典主義	384	クラーク博士	341		

こ

孝	334
合	276
公案	332
高緯度低圧帯	17
後期印象派	425
合計特殊出生率	58
高山気候	28
孔子	319
向斜部	8
恒常風	18
洪積台地	10
浩然の気	321
構造主義	290
構造平野	10
幸田露伴	384
高踏派	385
幸徳秋水	342
弘仁・貞観文化	371
後背湿地	12
公用語	69
交利	324
功利主義	266,277
高齢化社会	58
高齢社会	58
コーカソイド	67
ゴーギャン	425
コーラン	260
コーンベルト	90
古学	335
古義学	335
古期造山帯	7
コギト・エルゴ・スム	267
国学	336
国際通貨基金	65
国際連合	65
国際労働機関	65
黒色土	29
国粋主義	343
国体明徴声明	341
谷底平野	11
国分寺	330,369
国分尼寺	330
国民	63
穀物メジャー	101,193

国連教育科学文化機関	65
国連児童基金	65
国連食糧農業機関	65
国連貿易開発会議	65
ゴシック文化	410
ゴシック様式	411
弧状列島	203
コスモポリタニズム	255
悟性	274
国家	265
国家神道	344
国家の三要素	63
国境	64
ゴッホ	425
コナベーション	62
コニーデ	9
小林一茶	382
小林多喜二	387
古文辞学	335
コペルニクス的転回	274
コモンウェルス	265
ゴヤ	418
五倫	320
コルホーズ	100,189
混血人種	67
混合農業	90
根菜農耕文化	87
コンスタンティヌス帝	258

さ

サイクロン	19
財産権	265
最大多数の最大幸福	277
最澄	330,371
斎藤茂吉	390
堺利彦	342
坂口安吾	389
坂田藤十郎	380
佐久間象山	338
砂嘴	14
砂州	14
佐藤春夫	387
砂漠化	34
砂漠気候	23
砂漠土	29

サバナ気候	22
サバナ農耕文化	87
サマータイム	235
サリンジャー	429
サルトル	289,429
サンアンドレアス断層	31
三角江	13
三角州	12
サンクション	278
三元徳	259
三権分立	272
サンゴ礁	15
サン＝シモン	282
サン＝スーシ宮殿	418
酸性雨	35
三蹟	372
三跡	372
散村	60
サンソン図法	236
三大洋	4
サンタ＝マリア大聖堂	412
産婆法	252
サン＝ピエトロ大聖堂	414
三筆	330
サンベルト	128,193
サンボ	67,197
三位一体説	259
三密	330

し

シーア派	71
シェークスピア	414
ジェームズ	280
ジェット気流	18
ジェリコー	420
シオニズム運動	165
潮目	32
志賀重昂	343
志賀直哉	386
只管打坐	332
式亭三馬	382
四季派	392
自給的混合農業	90
自給農業	88
子午線	232

索引　445

時差	233
時宗	332
市場指向型	127
市場のイドラ	264
沈み込み型境界	5
自然権	265
自然主義	385,422
自然条件	86
自然世	337
自然増加	56
自然堤防	12
自然的国境	64
自然哲学	250
自然に帰れ	272
自然派	390
四諦	326
士大夫	319
四端	320
湿潤パンパ	91
実践理性	275
実存	284
実存主義	284
実存的交わり	288
実存の三段階	285
実存は本質に先立つ	289
質的功利主義	278
十返舎一九	382
実用主義	279
質料	254
史的唯物論	283
士道	335
四徳	320
司馬遼太郎	389
シベリア気団	204
四法印	326
島木健作	388
島崎藤村	384,385,392
シャーマニズム	329
ジャイナ教	325
釈迦	325
シャガール	428
社会革命	283
社会条件	86
社会増加	56
写実主義	383,422

シャルダン	418
首位都市	62
宗教改革	262
宗教的実存	285
宗教都市	61
褶曲	8
褶曲山地	8
衆愚政治	252
集合的無意識	292
柔弱謙下	323
集村	60
シューベルト	421
自由放任主義	279
集約的稲作農業	89
集約的畑作農業	89
集落	59
自由律俳句	391
シュールレアリスム	427
儒家	319
儒学	333
主客未分	345
朱熹	322
主権	63
朱子学	322,333
種族のイドラ	264
主体的真理	284
樹林気候	20
荀子	321
純粋経験	345
準平原	10
止揚	276
商鞅	324
松果腺	267
商業的農業	90
上下定分の理	333
小国寡民	323
上座部仏教	71,327
少産少死型	57
小乗仏教	327
上善は水のごとし	323
唱題	332
小地形	6,10
象徴詩	392
浄土教	331
聖徳太子	329

浄土宗	331
浄土信仰	328
浄土真宗	332
衝突型境界	5
鍾乳洞	15
蕉風俳諧	380
昌平坂学問所	333
障壁画	379
常民	344
聖武天皇	330
浄瑠璃	380
初期ルネサンス	412
職業召命説	263
諸子百家	318
ジョット	412
ショパン	421
所有権	265
シラー	419
白樺派	386,392
シリコンバレー	193
シリコンプレーン	193
白い革命	97,160
シロッコ	18,170
人為的国境	64
人格	275
新感覚派	388
新期造山帯	7
新傾向俳句	391
新興芸術派	388
人口転換	57
新興俳句運動	391
人口ピラミッド	57
仁（古義学）	335
新古典主義	419
真言宗	330
新思潮派	387
人種	67
仁（儒家）	319
侵食平野	10
真人	323
身心脱落	332
新心理主義	388
神即自然	268
心即理	322
新体詩	392

新大陸農耕文化	87	
ジン・テーゼ	276	
人道	338	
新日本文学派	389	
人文主義	261	
人民公社	93	
新約聖書	258	
親鸞	332	
真理の有用性	280	
人倫	276	

■す

垂加神道	333
推譲	338
水墨画	378
スーラ	424
杉田玄白	337
スコール	21
スコラ哲学	260
鈴木晴信	381
スタインベック	429
スタンダール	422
ステップ気候	23
ストア学派	255
砂砂漠	16
スノーベルト	128
スピノザ	268
スプロール現象	62
スミス	279
スメタナ	421
スリランカ民族紛争	72
ずれる境界	5,31
スンナ派	71

■せ

世阿弥	378
正	276
性悪説	321
正角図法	235
西岸海洋性気候	25
正距図法	235
正距方位図法	241
盛期ルネサンス	414
西経	233
生産請負制	93

生産責任制	93
聖書中心主義	262
聖人	319
正積図法	235
聖遷	260
性善説	320
成層火山	9
成帯土壌	29
青鞜社	340
西南日本	203
性の衝動	292
正方位図法	235
清明心	329
世界市民主義	255
世界宗教	70
世界－内－存在	287
世界貿易機関	65
世界保健機関	65
潟湖	14,34
石炭	125
赤道低圧帯	17
堰止湖	34
石門心学	337
石油輸出国機構	66
セグリゲーション	62
セザンヌ	425
雪舟	378
絶対精神	276
絶対他力	332
絶対無	345
ゼノン	255
せばまる境界	5,31
セマウル運動	94,152
セラード	197
セルバ	197
セルバンテス	414
扇央	11
尖閣諸島	203
戦後派	389
禅宗	332,376
禅宗様	376
専修念仏	331
扇状地	11
センターピボット方式	97
浅堆	31

全体意志	272
扇端	11
全地球測位システム	242
扇頂	11
善のイデア	253
選民思想	257

■そ

宗祇	378
荘子	323
相対主義	251
曹洞宗	332
即身成仏	330,332
則天去私	345
ソクラテス	252
塑像	370
ソフィスト	251
ソフホーズ	100,189
素朴派	428
ソマリア内戦	73
ゾラ	422
存心持敬	333
村落	59

■た

ダーザイン	287
ダールフール紛争	73,172
タイガ	106
大圏航路	236
第三の新人	389
大丈夫	321
大乗仏教	71,327
大西洋	4
堆積平野	10
大地形	6,7
大土地所有制	102
第二水俣病	36
台風	19
大仏様	376
太平洋	4
太平洋プレート	203
大躍進政策	93
大洋	4
大洋底	31
大陸移動説	4

索引 447

大陸合理論	267
大陸棚	31
大ロンドン計画	62
対話的理性	291
ダヴィド	419
タウンシップ制	60
道	323
たおやめぶり	336,370
高野長英	337
高橋由一	393
高見順	388
高村光太郎	392
滝沢馬琴	382
滝線	61
滝線都市	61
卓状地	7
竹内栖鳳	393
竹島	203
竹久夢二	393
竹本義太夫	380
太宰治	389
多産少死型	57
多産多死型	57
多神教	70,71
ダス・マン	287
脱亜入欧	339
楯状火山	9
楯状地	7
田中正造	341
谷崎潤一郎	386
種田山頭火	391
タブラ・ラサ	265
魂への配慮	252
多民族国家	67
為永春水	382
ダモダル川総合開発	160
田山花袋	385
ダランベール	272
ダリ	427
他力本願	331
タレス	250
タワーカルスト	15
単一民族国家	67
断層湖	34
断層山地	8

ダンテ	413
単独者	284
耽美派	386,390,392
暖流	32

■ち

小さな政府	279
チェーホフ	423
チェチェン問題	72,189
チェルノーゼム	29
近松門左衛門	380
力への意志	286
地球温暖化	35
知行合一	322,334
知性的徳	254
地中海	4
地中海式農業	91
地中海性気候	24
地中海農耕文化	87
地動説	263
知徳合一	252
チベット仏教	71,327
チベット問題	72,150
地方風	18
チャイコフスキー	421
中緯度高圧帯	17
中印国境紛争	73,161
中央構造線	203
中間者	262
中心業務地区	62
沖積平野	10
中東戦争	165
チューネン	87
中庸	255
重源	376
超国家主義	344
鳥趾状三角州	12
超人	286
地理情報システム	242
致良知	322
地塁山地	8
鎮護国家思想	328,330,369
沈水海岸	13
チンリン＝ホワイ線	93

■つ

ツチ族	175
坪内逍遥	383
つぼ型	57
釣鐘型	57
ツンドラ気候	27
ツンドラ土	29

■て

ディケンズ	423
定言命法	275
抵抗権	265,266
ディドロ	272
テーゼ	276
テオドシウス帝	258
テオリア的生活	254
デカルト	267
適地適作	101,193
鉄鉱石	125
哲人政治	253
デモクリトス	251
デューイ	281
デュマ	420
テラローシャ	30
テラロッサ	30
テラロッシャ	30
デルタ	12
転向文学	388
天竺様	376
天台宗	330
天道	338
天然ガス	125
天皇機関説	341
天平文化	369
天賦人権論	339
電力指向型	127

■と

ドイツ観念論	275
ドイモイ政策	134,156
道家	323
等角航路	236
投企	289
道教	323
道具主義	281

448

洞窟のイドラ	264	
東経	233	
道元	332	
銅鉱	125	
東洲斎写楽	381	
東南アジア諸国連合	66	
東方正教	70	
東北日本	203	
ドーナツ化現象	62	
ドーミエ	422	
ドガ	424	
特殊意志	272	
徳田秋声	385	
徳治主義	319	
徳富蘇峰	343	
徳永直	387	
独立国家共同体	189	
独立自尊	339	
ドストエフスキー	423	
土台	283	
土地生産性	89	
ドナテルロ	412	
ドビュッシー	424	
トマス・アクィナス	260	
ドラクロワ	420	
トランスミグラシ政策	154	
ドリーネ	15	
トルストイ	423	
トロイデ	9	
屯田兵村	60	
トンボロ	14	

■な

内帯	203
内的営力	6
内面養殖業	107
永井荷風	385,386
中江兆民	340
中江藤樹	334
中島敦	389
中野重治	388,392
中原中也	392
ナゴルノ・カラバフ紛争	191
夏目漱石	345,385
南緯	233

南海トラフ	203
南極大陸	3
南米南部共同市場	200

■に

新潟水俣病	36
新島襄	342
ニーチェ	285
ニケーア公会議	259
西周	340
二次エネルギー	125
西田幾多郎	345
西村茂樹	343
二条良基	378
似絵	376
日較差	21
日蓮	332
日蓮宗	332
新渡戸稲造	342
二宮尊徳	338
ニヒリズム	285
日本海溝	203
日本派	391
ニュートン	263

■ぬ

額田王	369

■ね

根岸派	390
ネグロイド	67
熱帯	21
熱帯雨林気候	21
熱帯収束帯	17
熱帯低気圧	19
熱帯モンスーン気候	22
熱帯林	105
年較差	21

■の

能楽	378
野間宏	389

■は

パース	280

ハーバーマス	291
背斜部	8
排他的経済水域	63
ハイデガー	287
ハイドン	419
ハイベルト	174
萩原朔太郎	392
白鳳文化	369
パスカル	262
バスク問題	72,184
ハック	88
バックマーシュ	12
八正道	327
バッハ	417
覇道	321
パナマ運河	195
パノプティコン	291
バビロン捕囚	256
ハマダ	16
林信篤	333
林芙美子	389
林羅山	333
葉山嘉樹	387
バラモン教	325
ハリケーン	19
バルザック	422
パレスチナ解放機構	165
パレスチナ暫定自治協定	165
パレスチナ難民	165
バロック文化	416
反	276
反アララギ派	390
漢江の奇跡	151
バンク	31
蛮社の獄	337
汎神論	268
万人司祭主義	262
万人直耕	337
万人の万人に対する戦い	265
パンパ	196,197
パンパ土	29
万物斉同	323
反民衆詩派	392
氾濫原	12

索引 449

ひ

東山文化	378
ピカソ	427
樋口一葉	384
非攻	324
ピコ゠デラ゠ミランドラ	261
ビザンツ文化	410
ビザンツ様式	410
ヒジュラ	260
微積分	270
ピタゴラス	251
日付変更線	233
美的実存	285
ひと	287
一人っ子政策	150
批判哲学	274
卑弥呼	329
百科全書派	271
百家争鳴の時代	318
ヒューマニズム	261
ヒューム	266
ヒュレー	254
氷河湖	14,34
標準時	233
標準時子午線	233
氷雪気候	27
ひょうたん型	57
平田篤胤	336
平塚らいてう	340
ピラミッド型	57
広がる境界	5,31
広津和郎	387
ピンク革命	97
ヒンドゥー教	70,71,328

ふ

ファゼンダ	102,199
フィードロット	92
フィヨルド	13
フィリア	255
フィリピン海プレート	203
フィンカ	102
フーコー	290
フーリエ	282
フェーン	18

フェビアン協会	283
フェミニズム	292
フェルメール	416
フォークランド紛争	200
フォービスム	426
フォガラ	89
フォッサマグナ	203
福沢諭吉	339
富士山型	57
藤田嗣治	393,428
藤原惺窩	333
藤原佐理	372
藤原行成	372
付属海	4
二つのJ	341
二葉亭四迷	383
仏教	70,71,325
復古神道	336
フッサール	293
物心一元論	269
物心二元論	267
フツ族	175
プッチーニ	421
ブミプトラ政策	154
ブラームス	421
フラ゠アンジェリコ	412
無頼派	389
プライメートシティ	62
プラグマティズム	266,280
ブラック	427
ブラックアフリカ	169
プラトン	253
ブラフマン	325
ブラマンテ	414
フランクフルト学派	291
プランテーション農業	92
ブリザード	18
ブリューゲル	414
ブルーバナナ	130
ブルネレスキ	412
プレートテクトニクス	4
プレーリー	101,193
プレーリー土	29
フロイト	292
フロストベルト	128

プロタゴラス … 251

プロタゴラス	251
プロテスタンティズム	263
プロテスタント	70
フロベール	422
プロレタリア詩	392
プロレタリア文学	387
分度	338

へ

ヘーゲル	275
ベーコン	264
ベートーヴェン	419
ペジオニーテ	9
ヘミングウェイ	429
ヘラクレイトス	251
ベラスケス	416
ベルニーニ	416
ヘルマン゠ヘッセ	429
ペレストロイカ	189
ヘレニズム文化	255
ベロニーテ	9
便宜置籍船国	172,195
ベンサム	277
弁証法	276
弁証法的唯物論	283
偏西風	18
ヘンデル	417

ほ

ホイットルセー	88
貿易風	18
法家	324
法世	338
法治主義	324
報徳思想	338
法然	331
方法的懐疑	267
ボーヴォワール	292
ボーキサイト	125
ホーン	14
北緯	232
墨家	324
墨子	324
北米プレート	203
星型	57

堡礁 15
ボッカチオ 413
ボッティチェリ 412
ホッブズ 264
北方領土 189,203
ポドゾル 29
ホトトギス派 391
ホマーテ 9
ホモロサイン図法 238
保養都市 61
ボラ 18
ポリエ 15
ポリス 255
堀辰雄 388
ホルクハイマー 291
ホルン 14
ホワイトアフリカ 169
ホワイトハイランド 173
梵 325
梵我一如 325
ボン＝サンス 267
本初子午線 232
ボンヌ図法 240
翻波式 371

■ま

マーガレット＝ミッチェル 429
マーク＝トウェイン 429
前野良沢 337
蒔絵 372
マグリット 427
誠 335
正岡子規 390
マサッチオ 412
ますらおぶり 336,370
マズロー 292
松尾芭蕉 380
マックス・ウェーバー 263
末法思想 328,331,371
マティス 426
マネ 424
マホメット 260
マルクス 283
まれびと 344

客人 344
万葉仮名 369

■み

三日月湖 12,34
ミケランジェロ 414
三島由紀夫 389
ミストラル 18
水無川 11
三田派 387
密教 328,330,371
緑の革命 97,160
南方熊楠 345
水俣病 36
南アメリカ大陸 3
南回帰線 233
美濃部達吉 341
三宅雪嶺 343
宮本百合子 389
明星派 390
三好達治 392
ミラノ勅令 258
ミレー 422
民芸運動 344
民族 67
民俗学 344
民族宗教 70
民本主義 340

■む

無意識 292
無為自然 323
無教会主義 341
武者小路実篤 386
無樹林気候 20
無神論的実存主義 284
無知の知 252
ムハンマド 260
ムラート 67,197
室生犀星 387,392

■め

明六社 339
メガロポリス 62
メシア 257

メスティソ 67,197
メトロポリス 62
メルカトル図法 236
メルコスール 200

■も

孟子 320
モーツァルト 419
モーパッサン 423
目的の王国 275
モザイク画 410
モダニズム文学 388
モディリアーニ 428
本居宣長 336
モナド 270
モネ 424
モノカルチャー経済 102
物自体 274
もののあはれ 336
桃山文化 379
モラリスト 261
モランディ 427
森有礼 339
森鷗外 345,384,385
モルワイデ図法 237
モレーン 14
モンゴロイド 67
モンスーン 19
モンテーニュ 261,414
モンテスキュー 272
問答法 252

■や

八百万神 329
焼畑農業 88
安井曾太郎 393
安岡正太郎 389
ヤスパース 288
柳田国男 344
柳宗悦 344
ヤハウェ 256
山鹿素行 335
山崎闇斎 333
やませ 18
大和絵 372

索引 451

山本有三 ……… 387

■ゆ

唯物史観 ……… 283
友愛 ……… 255
ユーゴスラヴィア問題 ……… 73
有神論的実存主義 ……… 284
遊牧 ……… 88
ユーラシア大陸 ……… 3
ユーラシアプレート ……… 203
ユゴー ……… 420
湯島聖堂 ……… 333
ユダヤ教 ……… 70,256
ユトリロ ……… 428
ユング ……… 292

■よ

洋学 ……… 337
溶岩円頂丘 ……… 9
溶岩台地 ……… 9
養殖 ……… 107
陽明学 ……… 322,334
ヨーロッパ連合 ……… 66
横光利一 ……… 388
横山大観 ……… 393
与謝野晶子 ……… 390
与謝蕪村 ……… 381,382
吉田松陰 ……… 338
吉野作造 ……… 340
吉行淳之介 ……… 389
寄木造 ……… 372
四日市ぜんそく ……… 36
予定説 ……… 262
予定調和 ……… 270
萬鉄五郎 ……… 393
四大公害病 ……… 36

■ら

ライプニッツ ……… 270
ラヴェル ……… 424
ラグーン ……… 34
酪農 ……… 90
ラテライト ……… 29
ラトソル ……… 29
ラファエロ ……… 414

ラマ教 ……… 71
蘭学 ……… 337

■り

リアス海岸 ……… 13
陸繋島 ……… 14
離水海岸 ……… 13
リスト ……… 421
理想主義派 ……… 392
リソスフェア ……… 4
立正安国 ……… 332
リモートセンシング ……… 242
リャノ ……… 196,197
柳亭種彦 ……… 382
領域 ……… 63
領海 ……… 63
領空 ……… 63
良識 ……… 267
良知 ……… 334
量的功利主義 ……… 277
領土 ……… 63
理論理性 ……… 274
臨海志向型 ……… 127
臨空港指向型 ……… 127
臨済宗 ……… 332
輪廻転生 ……… 325
倫理的実存 ……… 285
倫理的徳 ……… 254

■る

ルーベンス ……… 416
ルオー ……… 426
ルサンチマン ……… 286
ルソー（画家） ……… 428
ルソー（思想家） ……… 272
ルター ……… 262
ルター派 ……… 70
ルック・イースト政策 … 134,154
ルネサンス ……… 261
ルノワール ……… 424
ルワンダ民族紛争 ……… 73

■れ

レアメタル ……… 126
礼 ……… 319

冷帯 ……… 26
冷帯湿潤気候 ……… 26
冷帯冬季少雨気候 ……… 26
冷帯林 ……… 106
礼治主義 ……… 321
レヴィ＝ストロース ……… 290
レオナルド＝ダ＝ヴィンチ
……… 414
礫砂漠 ……… 16
レグ ……… 16
レグール ……… 30
レジグナチオン ……… 345
レス ……… 30
レッセ・フェール ……… 279
列村 ……… 60
連歌 ……… 378
連接都市 ……… 62
レンブラント ……… 416

■ろ

老子 ……… 323
老荘思想 ……… 323
労働生産性 ……… 89
労働力指向型 ……… 127
浪漫詩 ……… 392
浪漫主義 ……… 384
ローマ文化 ……… 409
ロールズ ……… 293
六大陸 ……… 3
ロココ文化 ……… 418
ロシア革命 ……… 283
路村 ……… 60
ロック ……… 265
ロヒンギャ難民問題 ……… 72
ロマネスク文化 ……… 410
ロマネスク様式 ……… 411
ロマン主義 ……… 420
ロマン＝ロラン ……… 429

■わ

ワーグナー ……… 421
若山牧水 ……… 390
和魂洋才 ……… 338
ワジ ……… 16
私は何を知っているか ……… 261

渡辺崋山 ················· 337,381
和辻哲郎 ················· 346
ワトー ····················· 418
我思う、ゆえに我あり ·········· 267

出典一覧

pp.86-108, 148-231　農林水産業生産関連データ　FAOSTAT（2022/2/14 アクセス）
https://www.fao.org/faostat/en/#data

pp.86-108, 148-231　農林水産業生産関連データ　FAO Fisheries & Aquaculture（2022/2/14 アクセス）
https://www.fao.org/fishery/statistics/home

pp.86-108, 148-231　農林水産業生産関連データ　農林水産省 作物統計（2022/2/15 アクセス）
https://www.maff.go.jp/j/tokei/kouhyou/sakumotu/

pp.86-108, 148-231　農林水産業生産関連データ　農林水産業 畜産統計（2022/2/15 アクセス）
https://www.maff.go.jp/j/tokei/kouhyou/tikusan/index.html

pp.86-108, 148-231　農林水産業生産関連データ　水産物流通調査（2021 年）
https://www.market.jafic.or.jp/file/sanchi/2021/05_gyokouhinmoku_2021.htm

pp.86-108, 148-231　農林水産業生産関連データ　水産庁 令和３年度 水産白書
https://www.jfa.maff.go.jp/j/kikaku/wpaper/R3/220603.html

pp.86-108, 148-231　農林水産業生産関連データ　財務省貿易統計
https://www.customs.go.jp/toukei/info/index.htm

pp.86-108, 148-231　農林水産業生産関連データ　経済産業省 工業統計調査 2020 年
https://www.meti.go.jp/statistics/tyo/kougyo/result-2.html

pp.124-147, 148-231　鉱工業生産関連データ　IEA（2022/2/15 アクセス）
https://www.iea.org/data-and-statistics

pp.124-147, 148-231　鉱工業生産関連データ　UNSD Energy Statistics Yearbook
https://unstats.un.org/unsd/energystats/pubs/yearbook/

pp.124-147, 148-231　鉱工業生産関連データ　USGS Minerals Yearbook
https://www.usgs.gov/centers/national-minerals-information-center/minerals-yearbook-metals-and-minerals

pp.124-147, 148-231　鉱工業生産関連データ　bp Statistical Review of World Energy 2022 71st edition
https://www.bp.com/content/dam/bp/business-sites/en/global/corporate/pdfs/energy-economics/statistical-review/
bp-stats-review-2022-full-report.pdf

pp.148-231　人口データ　World Population Prospects（2022/2/15 アクセス）
https://population.un.org/wpp/

pp.148-231　面積データ　UNSD Demographic Yearbook
https://unstats.un.org/unsd/demographic-social/products/dyb/

pp.148-231　面積データ　外務省
https://www.mofa.go.jp/mofaj/area/index.html

pp.86-231　その他参考資料　『世界国勢図会 2022/23』矢野恒太記念会

pp.86-231　その他参考資料　『日本国勢図会 2022/23』矢野恒太記念会

pp.86-231　その他参考資料　『データブック オブ・ザ・ワールド 2023』二宮書店

p.379　見返り美人図　菱川師宣
https://upload.wikimedia.org/wikipedia/commons/7/7f/Beauty_looking_back.jpg

p.379　ポッピンを吹く女　喜多川歌麿
https://upload.wikimedia.org/wikipedia/commons/f/f9/Flickr_-_%E2%80%A6trialsanderrors_-_Utamaro%2C_Young_
lady_blowing_on_a_poppin%2C_1790.jpg

p.379　三代目大谷鬼次の奴江戸兵衛　東洲斎写楽
https://upload.wikimedia.org/wikipedia/commons/0/0e/Toshusai_Sharaku-_Otani_Oniji%2C_1794.jpg

p.379　富嶽三十六景　葛飾北斎
https://upload.wikimedia.org/wikipedia/commons/0/0a/The_Great_Wave_off_Kanagawa.jpg

p.394　斑猫　竹内栖鳳
https://upload.wikimedia.org/wikipedia/commons/3/35/Madaraneko_by_Takeuchi_Seiho.jpg

p.394　湖畔　黒田清輝
https://upload.wikimedia.org/wikipedia/commons/1/18/Kuroda-seiki-kohan00-6-1b.jpeg

p.394　鮭　高橋由一
https://upload.wikimedia.org/wikipedia/commons/c/ca/Salmon_by_Takahashi_Yuichi_%28Geidai_Museum%29.jpg

p.394　黒船屋　竹久夢二
https://upload.wikimedia.org/wikipedia/commons/a/a8/Kurofuneya.JPG

p.394　青木繁　わだつみのいろこの宮
https://upload.wikimedia.org/wikipedia/commons/a/af/AOKI_Shigeru_-_Paradise_under_the_Sea.jpg

p.411　ピサ大聖堂　Massimo Catarinella
https://upload.wikimedia.org/wikipedia/commons/5/5d/CampodeiMiracoliPisa_edit.jpg
p.411　ケルン大聖堂　Velvet
https://upload.wikimedia.org/wikipedia/commons/0/03/Cologne_cathedrale_vue_sud.jpg
p.415　ヴィーナスの誕生　ボッティチェリ
https://upload.wikimedia.org/wikipedia/commons/0/0b/Sandro_Botticelli_-_La_nascita_di_Venere_-_Google_Art_
Project_-_edited.jpg
p.415　春　ボッティチェリ
https://upload.wikimedia.org/wikipedia/commons/3/3c/Botticelli-primavera.jpg
p.415　最後の晩餐　レオナルド＝ダ＝ヴィンチ
https://upload.wikimedia.org/wikipedia/commons/0/08/Leonardo_da_Vinci_%281452-1519%29_-_The_Last_
Supper_%281495-1498%29.jpg
p.415　小椅子の聖母　ラファエロ
https://upload.wikimedia.org/wikipedia/commons/0/09/Raphael_Madonna_della_seggiola.jpg
p.415　農民の踊り　ブリューゲル
https://upload.wikimedia.org/wikipedia/commons/a/aa/Pieter_Bruegel_The_Peasant_Dance.jpg
p.417　三美神　ルーベンス
https://upload.wikimedia.org/wikipedia/commons/2/20/Rubens%2C_Peter_Paul_%28workshop%29_-_Die_drei_
Grazien_-_1620-24.jpg
p.417　ラス＝メニーナス　ベラスケス
https://upload.wikimedia.org/wikipedia/commons/3/31/Las_Meninas%2C_by_Diego_Vel%C3%A1zquez%2C_from_
Prado_in_Google_Earth.jpg
p.417　夜警　レンブラント
https://upload.wikimedia.org/wikipedia/commons/5/5a/The_Night_Watch_-_HD.jpg
p.417　真珠の耳飾りの少女　フェルメール
https://upload.wikimedia.org/wikipedia/commons/6/66/Johannes_Vermeer_%281632-1675%29_-_The_Girl_With_The_
Pearl_Earring_%281665%29.jpg
p.418　裸のマハ　ゴヤ
https://upload.wikimedia.org/wikipedia/commons/4/4c/Goya_Maja_naga2.jpg
p.418　マドリード、1808 年 5 月 3 日　ゴヤ
https://upload.wikimedia.org/wikipedia/commons/3/3f/Francisco_de_Goya_y_Lucientes_-_Los_fusilamientos_del_tres_
de_mayo_-_1814.jpg
p.420　サン＝ベルナール峠を越えるボナパルト　ダヴィド
https://upload.wikimedia.org/wikipedia/commons/3/31/David_-_Napoleon_crossing_the_Alps_-_Malmaison1.jpg
p.420　泉　アングル
https://upload.wikimedia.org/wikipedia/commons/4/43/Jean_Auguste_Dominique_Ingres_006.jpg
p.421　メデューズ号の筏　ジェリコー
https://upload.wikimedia.org/wikipedia/commons/e/ea/Th%C3%A9odore_G%C3%A9ricault%2C_Le_Radeau_de_la_
M%C3%A9duse.jpg
p.421　民衆を率いる自由の女神　ドラクロワ
https://upload.wikimedia.org/wikipedia/commons/a/a7/Eug%C3%A8ne_Delacroix_-_La_libert%C3%A9_guidant_le_
peuple.jpg
p.424　印象・日の出　モネ
https://upload.wikimedia.org/wikipedia/commons/5/59/Monet_-_Impression%2C_Sunrise.jpg
p.424　ラ・ジャポネーズ　モネ
https://upload.wikimedia.org/wikipedia/commons/9/99/Claude_Monet-Madame_Monet_en_costume_japonais.jpg
p.425　ムーラン＝ド＝ラ＝ギャレット　ルノワール
https://upload.wikimedia.org/wikipedia/commons/2/21/Pierre-Auguste_Renoir%2C_Le_Moulin_de_la_Galette.jpg
p.425　グランド＝ジャット島の日曜日の午後　スーラ
https://upload.wikimedia.org/wikipedia/commons/7/7d/A_Sunday_on_La_Grande_Jatte%2C_Georges_
Seurat%2C_1884.jpg
p.426　サント＝ヴィクトワール山　セザンヌ
https://upload.wikimedia.org/wikipedia/commons/9/92/Mont_Sainte-Victoire_with_Large_Pine%2C_by_Paul_
C%C3%A9zanne.jpg
p.426　ひまわり　ゴッホ
https://upload.wikimedia.org/wikipedia/commons/4/46/Vincent_Willem_van_Gogh_127.jpg

出典一覧　455

p.426　タンギー爺さん　ゴッホ
https://upload.wikimedia.org/wikipedia/commons/5/5f/Van_Gogh_-_Portrait_of_Pere_Tanguy_1887-8.JPG
p.426　タヒチの女　ゴーギャン
https://upload.wikimedia.org/wikipedia/commons/7/73/Paul_Gauguin_056.jpg
p.428　眠るジプシー女　ルソー
https://upload.wikimedia.org/wikipedia/commons/7/7e/Henri_Rousseau_010.jpg
p.428　自画像　ルソー
https://upload.wikimedia.org/wikipedia/commons/d/d7/Rousseau09.jpg

【執　筆】
第3章：徳植 勉（TAC公務員講座）
第4章：三ノ輪 恭子（TAC公務員講座）
第5章：三ノ輪 恭子（TAC公務員講座）

◎本文デザイン／黒瀬 章夫（ナカグログラフ）
◎カバーデザイン／河野 清（有限会社ハードエッジ）

こう む いん し けん　か こ もんこうりゃくぶい　　　　　　　　　　じんぶん か が く　げ　　だい　はん
公務員試験　過去問攻略Vテキスト　21　人文科学（下）　第3版

2019年6月15日　初　版　第1刷発行
2023年3月30日　第3版　第1刷発行

編 著 者	Ｔ Ａ Ｃ 株 式 会 社	
		（公務員講座）
発 行 者	多 田 敏 男	
発 行 所	Ｔ Ａ Ｃ 株 式 会 社　出版事業部	
		（TAC出版）

〒101-8383
東京都千代田区神田三崎町3-2-18
電話　03（5276）9492（営業）
FAX　03（5276）9674
https://shuppan.tac-school.co.jp

組 版	朝日メディアインターナショナル株式会社
印 刷	日 新 印 刷 株 式 会 社
製 本	東 京 美 術 紙 工 協 業 組 合

© TAC 2023　　　Printed in Japan

ISBN 978-4-300-10100-1
N.D.C. 317

本書は、「著作権法」によって、著作権等の権利が保護されている著作物です。本書の全部または一部
につき、無断で転載、複写されると、著作権等の権利侵害となります。上記のような使い方をされる場合、
および本書を使用して講義・セミナー等を実施する場合には、あらかじめ小社宛許諾を求めてください。

乱丁・落丁による交換、および正誤のお問合せ対応は、該当書籍の改訂版刊行月末日までといた
します。なお、交換につきましては、書籍の在庫状況等により、お受けできない場合もござ
います。
また、各種本試験の実施の延期、中止を理由とした本書の返品はお受けいたしません。返金も
いたしかねますので、あらかじめご了承くださいますようお願い申し上げます。

公務員講座のご案内

大卒レベルの公務員試験に強い!

2021年度 公務員試験

公務員講座生[1]
最終合格者延べ人数[2]

6,064名

国家公務員（大卒程度）	計	**3,024**名
地方公務員（大卒程度）	計	**2,874**名
国立大学法人等	大卒レベル試験	**100**名
独立行政法人	大卒レベル試験	**21**名
その他公務員		**45**名

※1 公務員講座生とは公務員試験対策講座において、目標年度に合格するために必要と考えられる、講義、演習、論文対策、面接対策等をパッケージ化したカリキュラムの受講生です。単科講座や公開模試のみの受講生は含まれておりません。
※2 同一の方が複数の試験種に合格している場合は、それぞれの試験種に最終合格者としてカウントしています。(実合格者数は3,220名です。)
＊2022年1月31日時点で、調査にご協力いただいた方の人数です。

1位 全国の公務員試験で 合格者を輩出!

詳細は公務員講座（地方上級・国家一般職）パンフレットをご覧ください。

2021年度 国家総合職試験

公務員講座生[1]

最終合格者数 **212**名

法律区分	**56**名	経済区分	**32**名
政治・国際区分	**63**名	教養区分[2]	**30**名
院卒/行政区分	**21**名	その他区分	**10**名

※1 公務員講座生とは公務員試験対策講座において、目標年度に合格するために必要と考えられる、講義、演習、論文対策、面接対策等をパッケージ化したカリキュラムの受講生です。単科講座や公開模試のみの受講生は含まれておりません。
※2 上記は2021年目標公務員講座最終合格者のほか、2022年目標公務員講座生の最終合格者が30名含まれています。
＊上記は2022年1月31日時点で調査にご協力いただいた方の人数です。

2021年度 外務省専門職試験

最終合格者総数52名のうち
48名がWセミナー講座生です。[1]

合格者占有率[2] **92.3%**

外交官を目指すなら、実績のWセミナー

※1 Wセミナー講座生とは、公務員試験対策講座において、目標年度に合格するために必要と考えられる、講義、演習、論文対策、面接対策等をパッケージ化したカリキュラムの受講生です。各種オプション講座など、単科講座のみの受講生は含まれておりません。また、Wセミナー講座生はそのボリュームから他校の講座生と掛け持ちすることは困難です。
※2 合格者占有率は「Wセミナー講座生(※1)最終合格者数」を、「外務省専門職試験の最終合格者総数」で除して算出しています。また、算出した数字の小数点第二位以下を四捨五入して表記しています。
＊上記は2021年9月15日時点で調査にご協力いただいた方の人数です。

WセミナーはTACのブランドです

資格の学校 TAC

合格できる3つの理由

1 必要な対策が全てそろう! ALL IN ONEコース

TACでは、択一対策・論文対策・面接対策など、公務員試験に必要な対策が全て含まれているオールインワンコース(=本科生)を提供しています。地方上級／国家一般職／国家総合職／外務専門職／警察官・消防官／技術職／心理職・福祉職など、試験別に専用コースを設けていますので、受験先に合わせた最適な学習が可能です。

▶ **カリキュラム例：地方上級・国家一般職 総合本科生**

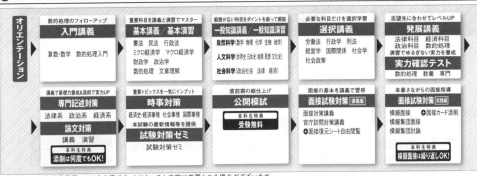

※上記は2023年合格目標コースの内容です。カリキュラム内容は変更となる場合がございます。

2 環境に合わせて選べる! 多彩な受講メディア

※上記は2023年合格目標コースの一例です。年度やコースにより変更となる場合がございます。

3 頼れる人がそばにいる! 担任講師制度

TACでは教室講座開講校舎と通信生専任の「担任講師制度」を設けています。最新情報の提供や学習に関する的確なアドバイスを通じて、受験生一人ひとりを合格までアシストします。

▶ **担任カウンセリング**

学習スケジュールのチェックや苦手科目の克服方法、進路相談、併願先など、何でもご相談ください。担任講師が親身になってお答えします。

▶ **ホームルーム(HR)**

時期に応じた学習の進め方などについての「無料講義」を定期的に実施します。

パンフレットのご請求は

TACカスタマーセンター **0120-509-117** (ゴウカク イイナ)

受付時間 平日 9:30～19:00 土曜・日曜・祝日 9:30～18:00

※受付時間は、変更させていただく場合がございます。詳細は、TACホームページにてご確認いただきますようお願い申し上げます。

TACホームページ **https://www.tac-school.co.jp/**

公務員講座のご案内

無料体験入学のご案内
3つの方法でTACの講義が体験できる！

教室で体験
迫力の生講義に出席　**予約不要！　最大3回連続出席OK！**

1. 校舎と日時を決めて、当日TACの校舎へ
TACでは各校舎で毎月体験入学の日程を設けています。

2. オリエンテーションに参加（体験入学1回目）
初回講義「オリエンテーション」にご参加ください。終了後は個別にご相談をお受けいたします。

3. 講義に出席（体験入学2・3回目）
引き続き、各科目の講義をご受講いただけます。参加者には体験用テキストをプレゼントいたします。

- 最大3回連続無料体験講義の日程はTACホームページと公務員講座パンフレットでご覧いただけます。
- 体験入学はお申込み予定の校舎に限らず、お好きな校舎でご利用いただけます。
- 4回目の講義前までに、ご入会手続きをしていただければ、カリキュラム通りに受講することができます。

※地方上級・国家一般職、理系（技術職）、警察・消防以外の講座では、最大2回連続体験入学を実施しています。また、心理職・福祉職はTAC動画チャンネルで体験講義を配信しています。
※体験入学1回目や2回目の後でもご入会手続きは可能です。「TACで受講しよう！」と思われたお好きなタイミングで、ご入会いただけます。

ビデオで体験
校舎のビデオブースで体験視聴

TAC各校の個別ビデオブースで、講義を無料でご視聴いただけます。（要予約）

各校のビデオブースでお好きな講義を視聴できます。視聴前日までに視聴する校舎受付までお電話にてご予約をお願い致します。

ビデオブース利用時間　※日曜日は④の時間帯はありません。
① 9:30～12:30　② 12:30～15:30
③ 15:30～18:30　④ 18:30～21:30

※受講可能な曜日・時間帯は一部校舎により異なります。
※年末年始・夏期休業・その他特別な休業以外は、通常平日・土日祝祭日にご覧いただけます。
※予約時にご希望日とご希望時間帯を合わせてお申込みください。
※基本講義の中からお好きな科目をご視聴いただけます。（視聴できる科目は時期により異なります）
※TAC提携校での体験視聴につきましては、提携校各校へお問合せください。

Webで体験
スマートフォン・パソコンで講義を体験視聴

TACホームページの「TAC動画チャンネル」で無料体験講義を配信しています。時期に応じて多彩な講義がご覧いただけます。

TACホームページ　https://www.tac-school.co.jp/

※体験講義は教室講義の一部を抜粋したものになります。

資格の学校 TAC

2022年度 本試験データリサーチ

参加無料！ / 10試験種以上実施予定！ / スマホ P.C.対応！

本試験結果がわかります！

本試験データリサーチとは？

Web上でご自身の解答を入力（選択）いただくと、全国の受験者からのデータを集計・分析した試験別の平均点、順位、問題別の正解率が確認できるTAC独自のシステムです。多くの受験生が参加するTACのデータリサーチによる詳細なデータ分析で、公務員試験合格へ近づきましょう。

※データリサーチは択一試験のみ対応しております。論文・専門記述・面接試験等の結果は反映されません。予めご了承ください。
※順位判定・正解率等の結果データは、各本試験の正答公表日の翌日以降に閲覧可能の予定です。　※上記画面はイメージです。

2021年度 データリサーチ参加者 国家一般職（行政） 2,175名

多彩な試験種で実施予定！

国家総合職／東京都I類B（行政［一般方式・新方式］）／特別区I類／裁判所一般職（大卒）
国税専門官／財務専門官／労働基準監督官A／国家一般職（行政・技術職）／外務省専門職
警視庁警察官I類／東京消防庁消防官I類

※実施試験種は諸般の事情により変更となる場合がございます。
※上記の試験種内でもデータリサーチが実施されない区分もございます。

本試験データリサーチの活用法

■ 相対的な結果を知る！
「手応えは悪くないけれど、周りの受験生はどうだったんだろう？」そんなときに本試験データリサーチを活用すれば、自分と他の受験生の結果を一目瞭然で比べることができます。

■ 併願対策に！
問題ごとの正解率が出るため、併願をしている受験生にとっては、本試験結果を模試のように参考にすることができます。自分の弱点を知って、その後の公務員試験対策に活用しましょう。

データリサーチの詳細は、
- TACホームページ　https://www.tac-school.co.jp/
- TAC WEB SCHOOL　https://portal.tac-school.co.jp/

等で各種本試験の1週間前から告知予定です。

TAC出版 書籍のご案内

TAC出版では、資格の学校TAC各講座の定評ある執筆陣による資格試験の参考書をはじめ、資格取得者の開業法や仕事術、実務書、ビジネス書、一般書などを発行しています！

TAC出版の書籍

*一部書籍は、早稲田経営出版のブランドにて刊行しております。

資格・検定試験の受験対策書籍

- ○日商簿記検定
- ○建設業経理士
- ○全経簿記上級
- ○税理士
- ○公認会計士
- ○社会保険労務士
- ○中小企業診断士
- ○証券アナリスト
- ○ファイナンシャルプランナー(FP)
- ○証券外務員
- ○貸金業務取扱主任者
- ○不動産鑑定士
- ○宅地建物取引士
- ○賃貸不動産経営管理士
- ○マンション管理士
- ○管理業務主任者
- ○司法書士
- ○行政書士
- ○司法試験
- ○弁理士
- ○公務員試験(大卒程度・高卒者)
- ○情報処理試験
- ○介護福祉士
- ○ケアマネジャー
- ○社会福祉士　ほか

実務書・ビジネス書

- ○会計実務、税法、税務、経理
- ○総務、労務、人事
- ○ビジネススキル、マナー、就職、自己啓発
- ○資格取得者の開業法、仕事術、営業術
- ○翻訳ビジネス書

一般書・エンタメ書

- ○ファッション
- ○エッセイ、レシピ
- ○スポーツ
- ○旅行ガイド (おとな旅プレミアム/ハルカナ)
- ○翻訳小説

(2021年7月現在)

書籍のご購入は

1 全国の書店、大学生協、ネット書店で

2 TAC各校の書籍コーナーで

資格の学校TACの校舎は全国に展開！
校舎のご確認はホームページにて

資格の学校TAC ホームページ
https://www.tac-school.co.jp

3 TAC出版書籍販売サイトで

CYBER TAC出版書籍販売サイト
BOOK STORE

TAC 出版　で　検索

24時間
ご注文
受付中

https://bookstore.tac-school.co.jp/

- 新刊情報を いち早くチェック！
- たっぷり読める 立ち読み機能
- 学習お役立ちの 特設ページも充実！

TAC出版書籍販売サイト「サイバーブックストア」では、TAC出版および早稲田経営出版から刊行されている、すべての最新書籍をお取り扱いしています。
また、無料の会員登録をしていただくことで、会員様限定キャンペーンのほか、送料無料サービス、メールマガジン配信サービス、マイページのご利用など、うれしい特典がたくさん受けられます。

サイバーブックストア会員は、特典がいっぱい！(一部抜粋)

通常、1万円（税込）未満のご注文につきましては、送料・手数料として500円（全国一律・税込）頂戴しておりますが、1冊から無料となります。

専用の「マイページ」は、「購入履歴・配送状況の確認」のほか、「ほしいものリスト」や「マイフォルダ」など、便利な機能が満載です。

メールマガジンでは、キャンペーンやおすすめ書籍、新刊情報のほか、「電子ブック版TACNEWS（ダイジェスト版）」をお届けします。

書籍の発売を、販売開始当日にメールにてお知らせします。これなら買い忘れの心配もありません。

公務員試験対策書籍のご案内

TAC出版の公務員試験対策書籍は、独学用、およびスクール学習の副教材として、各商品を取り揃えています。学習の各段階に対応していますので、あなたのステップに応じて、合格に向けてご活用ください!

INPUT

『みんなが欲しかった!
公務員
合格へのはじめの一歩』
A5判フルカラー
- ●本気でやさしい入門書
- ●公務員の"実際"をわかりやすく紹介したオリエンテーション
- ●学習内容がざっくりわかる入門講義

・法律科目(憲法・民法・行政法)
・経済科目
 (ミクロ経済学・マクロ経済学)

『過去問攻略Vテキスト』
A5判
TAC公務員講座
- ●TACが総力をあげてまとめた公務員試験対策テキスト

全21点
・専門科目:15点
・教養科目:6点

『新・まるごと講義生中継』
A5判
TAC公務員講座講師
新谷 一郎 ほか
- ●TACのわかりやすい生講義を誌上で!
- ●初学者の科目導入に最適!
- ●豊富な図表で、理解度アップ!

・郷原豊茂の憲法
・郷原豊茂の民法Ⅰ
・郷原豊茂の民法Ⅱ
・新谷一郎の行政法

『まるごと講義生中継』
A5判
TAC公務員講座講師
渕元 哲 ほか
- ●TACのわかりやすい生講義を誌上で!
- ●初学者の科目導入に最適!

・郷原豊茂の刑法
・渕元哲の政治学
・渕元哲の行政学
・ミクロ経済学
・マクロ経済学
・関野喬のパターンでわかる数的推理
・関野喬のパターンでわかる判断整理
・関野喬のパターンでわかる
 空間把握・資料解釈

要点まとめ

『一般知識
出るとこチェック』
四六判
- ●知識のチェックや直前期の暗記に最適!
- ●豊富な図表とチェックテストでスピード学習!

・政治・経済
・思想・文学・芸術
・日本史・世界史
・地理
・数学・物理・化学
・生物・地学

記述式対策

『公務員試験論文答案集
専門記述』A5判
公務員試験研究会
- ●公務員試験(地方上級ほか)の専門記述を攻略するための問題集
- ●過去問と新作問題で出題が予想されるテーマを完全網羅!

・憲法〈第2版〉
・行政法

地方上級・国家一般職(大卒程度)・国税専門官 等 対応　TAC出版

過去問学習

『ゼロから合格 基本過去問題集』
A5判
TAC公務員講座
●「解ける」だから「つづく」／充実の知識まとめでこの1冊で知識「ゼロ」から過去問が解けるようになる。独学で学習を始めて完成させたい人のための問題集です。

全12点
・判断推理　・数的推理　・空間把握・資料解釈
・憲法　　　・民法I　　　・民法II
・行政法　　・ミクロ経済学・マクロ経済学
・政治学　　・行政学　　　・社会学

『一問一答で論点総チェック』
B6判
TAC公務員講座講師 山本 誠
●過去20年の出題論点の95%以上を網羅
●学習初期の確認用にも直前期のスピードチェックにも

全4点
・憲法　・民法I
・民法II　・行政法

『出るとこ過去問』A5判
TAC出版編集部
●本試験の難問、奇問、レア問を省いた効率的なこの1冊で、合格ラインをゲット！速習に最適

全16点
・憲法　　　・民法I　　　・民法II
・行政法　　・ミクロ経済学・マクロ経済学
・政治学　　・行政学　　　・社会学
・国際関係　・経営学　　　・数的処理(上・下)
・自然科学　・社会科学　　・人文科学

直前対策

『小論文の秘伝』
A5判
年度版 2022年2月刊
TAC公務員講座講師 山下 純一
●頻出25テーマを先生と生徒のブレストで噛み砕くから、解答のツボがバッチリ！

『面接の秘伝』
A5判
年度版 2022年3月刊
TAC公務員講座講師 山下 純一
●どんな面接にも通用する「自分のコア」づくりのノウハウを大公開！

『時事問題総まとめ＆総チェック』
A5判
年度版
TAC公務員講座
●知識整理と問題チェックが両方できる！
●試験種別の頻出テーマが一発でわかる！

『過去問＋予想問題集』
B5判 年度版
TAC公務員講座
●過去3年分+αの本試験形式の問題を解いて志望試験種の試験に慣れる
●問題は便利な抜き取り式、丁寧な解答解説付

・国家一般職(大卒程度・行政)
・東京都I類B(行政・一般方式)
・国税専門官
・特別区I類(事務)
・裁判所職員一般職(大卒程度)

TAC出版の書籍はこちらの方法でご購入いただけます

1. 全国の書店・大学生協
2. TAC各校 書籍コーナー
3. インターネット　CYBER BOOK STORE　TAC出版書籍販売サイト　アドレス https://bookstore.tac-school.co.jp/

(2022年1月現在・刊行内容、刊行月、表紙等は変更になることがあります／年度版 マークのある書籍は、毎年、新年度版が発行される予定です)

書籍の正誤に関するご確認とお問合せについて

書籍の記載内容に誤りではないかと思われる箇所がございましたら、以下の手順にてご確認とお問合せを
してくださいますよう、お願い申し上げます。

なお、正誤のお問合せ以外の書籍内容に関する解説および受験指導などは、一切行っておりません。
そのようなお問合せにつきましては、お答えいたしかねますので、あらかじめご了承ください。

1 「Cyber Book Store」にて正誤表を確認する

TAC出版書籍販売サイト「Cyber Book Store」の
トップページ内「正誤表」コーナーにて、正誤表をご確認ください。

CYBER TAC出版書籍販売サイト
BOOK STORE

URL:https://bookstore.tac-school.co.jp/

2 **1の正誤表がない、あるいは正誤表に該当箇所の記載がない**
⇒ **下記①、②のどちらかの方法で文書にて問合せをする**

★ご注意ください★

お電話でのお問合せは、お受けいたしません。
①、②のどちらの方法でも、お問合せの際には、「お名前」とともに、
「対象の書籍名（○級・第○回対策も含む）およびその版数（第○版・○○年度版など）」
「お問合せ該当箇所の頁数と行数」
「誤りと思われる記載」
「正しいとお考えになる記載とその根拠」
を明記してください。
なお、回答までに１週間前後を要する場合もございます。あらかじめご了承ください。

① ウェブページ「Cyber Book Store」内の「お問合せフォーム」より問合せをする

【お問合せフォームアドレス】

https://bookstore.tac-school.co.jp/inquiry/

② メールにより問合せをする

【メール宛先　TAC出版】

syuppan-h@tac-school.co.jp

※土日祝日はお問合せ対応をおこなっておりません。
※正誤のお問合せ対応は、該当書籍の改訂版刊行月末日までといたします。

乱丁・落丁による交換は、該当書籍の改訂版刊行月末日までといたします。なお、書籍の在庫状況等
により、お受けできない場合もございます。
また、各種本試験の実施の延期、中止を理由とした本書の返品はお受けいたしません。返金もいたし
かねますので、あらかじめご了承くださいますようお願い申し上げます。

TACにおける個人情報の取り扱いについて
■お預かりした個人情報は、TAC(株)で管理させていただき、お問合せへの対応、当社の記録保管にのみ利用いたします。お客様の同意なしに業務委託先以外の第三者に開示、提供することはございません(法令等により開示を求められた場合を除く)。その他、個人情報保護管理者、お預かりした個人情報の開示等及びTAC(株)への個人情報の提供の任意性については、当社ホームページ(https://www.tac-school.co.jp)をご覧いただくか、個人情報に関するお問い合わせ窓口(E-mail:privacy@tac-school.co.jp)までお問合せください。

(2022年7月現在)